圖解系列

圖解

三大特色
- 一讀就懂的素養導向課程知識
- 文字敘述淺顯易懂、提綱挈領
- 圖表形式快速理解、加強記憶

素養導向課程的規劃與實施

以設計思考觀點出發

郭至和 著

閱讀文字
觀看圖表
理解內容

圖解讓
素養導向課程
更簡單

五南圖書出版公司 印行

推薦序一

謝謝小和老師的邀約，何德何能，能夠成爲這本新書的推薦者。

從認識小和老師以來，我就深深折服於老師在教學理論與實務上的專業結合，他對於教學詳細記錄與在不同平台上分享的高效率，也一直都是我希望自己能達到的標準。我們總是能看到小和老師密集且穩定的分享紀錄，無論再忙，老師總是能將孩子的故事與教學撇步化爲線上的教學札記，將與家長的溝通刊登在學校的刊物與媒體的報導中。無論再累，老師還是努力地利用不同管道，讓孩子的故事被更多人看見。而現在，小和老師出書了！老師把所有的四步驟教學技巧集大成，不藏私的與您分享！

我與小和老師的緣分從2010年第一屆DFC（全球孩童創意挑戰行動）挑戰時開始，老師曾跟我分享，當時他是在學生六年級畢業前的空檔，碰巧看到DFC挑戰，覺得應該很適合用來引導孩子們運用所學，所以才開始嘗試將DFC四步驟融入在課堂中。一路走來，小和老師就像DFC台灣團隊的引路人，老師的提議、發想，還有與團隊成員的討論，經常催生我們許多專案構想，我們非常感謝老師從一開始就看到DFC四步驟的潛質，也相信我們團隊的努力，讓我們能夠一起走得更遠。而從本書中，因爲可以看出老師十年來的教學成果與心法，將課程設計理念與課綱、與希望孩子們習得的能力整合，我自己也獲益良多！

DFC台灣團隊這十年來收到了超過五十則來自老師的DFC故事，皆是老師帶著不同屆的愛徒們一起完成，我們常對外分享這些動人的故事：無論是孩子們讓校門口的老樹被列爲台中市受保護樹木、發明吃了就讓家人不吵架的仙丹、搶救並保護了學校附近的古蹟詔安堂等等，在分享時，也常獲得聽眾的正面迴響與掌聲。而與老師的緣分除了一屆又一屆的故事交流之外，團隊更榮幸地在2013年時帶著小和老師與他的學生們前往DFC發源地——印度河濱學校分享他們的故事，當時的分享紀實也收錄在公視的節目裡。

但這幾年下來，我最感動的是，有一年，我也受邀成爲老師班上孩子希望學習的對象之一，我入班成爲他們一堂課的老師，跟孩子們直接面對面交流時，有機會聽到他們參與DFC挑戰的感想，我從旁發現，孩子們會覺得自己做了一件了不起的事，也覺得很有成就感，因爲發現原來自己是有能力可以改變問題的。而且誠如小和老師所說，他們會一直問我：「那我們接下來什麼時候還要再做DFC？」老師曾跟我們分享，教學無論過了多久，都需要用孩子的眼光來看世界，而我發現，這些孩子的動力來自於看到自己重視的問題被人看重後，他們也會想要努力學習、用心回饋。

有「世界的教育部長」稱號的肯·羅賓森爵士曾在《讓天賦發光》這本書裡提到，他認爲教育的目的是：讓學生了解周圍的世界和自身的天分，以幫助他們擁有充實人生，並成爲有熱情、有生產力的公民。而這正是我在小和老師的課堂上看到的學生樣貌，你也想一起在教室造成改變的話，這本書會是你的良伴、好上手的工具，期待這本書所掀起的浪潮。

DFC台灣發起人／執行長
許芯瑋
2020.3.11

推薦序二

十二年國民教育新課綱已於108學年度正式實施，108新課綱強調藉由「核心素養」的養成，來培育具解決問題能力的「終身學習者」。所謂「核心素養」是指一個人爲適應現在生活及面對未來各項挑戰，所應具備的知識、能力與態度。核心素養彰顯學習者的主體性，強調學校教育不應只是學科知識的學習，而是關照學習者能將所學整合運用於「生活情境」，強調其在生活中能夠實踐力行的特質。

本校在107學年度申請擔任新課綱的前導學校，而至和老師在校內長時間帶領學生參與實踐DFC（全球孩童創意挑戰行動）。論者細究DFC的論述及實踐內涵可發現其精神正與十二年國民教育課程綱要互爲表裡，因此在本校校定課程的訂定過程中，亦將DFC列爲主題探究課程之一。很高興至和老師以本校校定課程的發展爲範例，爲學校記錄這一波課程發展的歷程。

至和老師除了教育學術理論的探討之外，更積極從事教學實務上的創新，尤其難得的是在學校正式課程中融入以設計思考爲本的DFC，帶著學生將「社會行動」理念實踐來改變世界。另外，至和老師也在校內成立「迪賽辛肯」教師社群，「迪賽辛肯」就是設計思考（Design Thinking）英文發音的諧音，設計思考是一個以人爲本的解決問題方法論，透過從人的需求出發，爲各種議題尋求創新解決方案，並創造更多的可能性。設計思考是一種較爲「感性分析」，並注重「了解」、「發想」、「構思」、「執行」的過程。至和老師出版了此書，相信能在新課綱素養導向課程設計方面提供不一樣的思維方向，透過本書的出版能夠幫助更多在職教師邁向更專業的領域前進，也相信讀者在閱讀本書之後，將有所深刻體會學生主動學習的重要！

台中市建功國小校長

王鳳雄

2020.3.16

自序

十二年國民基本教育課程綱要已經在108學年度正式上路，許多現場老師或家長也一直看到「核心素養」、「跨領域學習」、「部訂課程」及「校本課程」等相關名詞概念，爲什麼課程需要不斷的變革？什麼又是「核心素養」？又要如何進行素養導向的課程設計？因此本書從全球化的觀點看台灣的課程改革變遷，再以設計思考及全球孩童創意行動挑戰DFC爲參考架構，以感受、想像、實踐、分享四個步驟作爲規劃素養導向課程之步驟及舉例，從學校本位課程整體規劃到教室層級跨領域課程設計，由大到小說明如何進行以設計思考爲主軸的跨領域素養導向課程規劃，最後更搭配主題統整及議題融入的教學實例，將理論與實務合而爲一。

本書還有另一個特色，就是書中總共分爲三篇十二章，先後介紹素養導向課程的理念、設計及教學實例，全書共分100個小單元，每個單元均採一頁文字搭配一頁圖表的方式，將目前課程改革中最強調學生核心素養培養的課程規劃與實施，運用淺顯的文字圖表，讓讀者更容易接受基本的課程相關概念。

本書得以順利出版，首先感謝DFC台灣發起人芯瑋，從我帶著學生參加第一屆台灣DFC的活動至今，每次接觸到Kate都被她的熱情、衝勁所感動，因爲Kate和她DFC團隊夥伴們的努力，提供台灣孩子們更多分享自己改變世界故事的舞台，更帶給台灣教育一股活水，而我自己在參與DFC的活動中，也認識結交許多優秀的好夥伴。其次，感謝本校的鳳雄校長對DFC活動大力的支持，鳳雄校長非常關注學校的課程發展，DFC能在建功慢慢成長茁壯，眞的要感謝鳳雄校長的課程領導，而這一本書的完成也希望提供現場的教學夥伴在進行素養導向課程設計的參考。

另外，也要感謝在國立台中教育大學就讀研究所的師長和同學們，從碩士班到博士班共九年的時間，師長的砥礪奠定我進行學術研究的基礎。還有要感恩在建功國小一起完成許多DFC改變世界故事的孩子們，從學生的身上更讓我相信只要努力，踏出一小步做出改變，自己生活周遭的世界就會變得很不一樣。最後感謝家人在寫作期間的包容與體諒。

願大家都勇敢邁出一小步，世界就會因你而改變！

郭至和

2020.3.16

本書目錄

第一篇 素養導向課程之理念篇

第1章 全球化趨勢下的課程改革

第2章 從能力導向到素養導向課程觀的轉變

第3章 如何以設計思考（Design Thinking）的觀點規劃課程

本書目錄

本書目錄

第三篇 素養導向課程之議題教學篇

第 11 章 以主題統整課程進行跨領域之議題融入教學

第 12 章 議題融入統整課程設計之實例

本書目錄

第一篇　素養導向課程之理念篇

全球化趨勢下的課程改革

章節體系架構

Unit 1-1 全球化趨勢的發展

一、全球化發展的原因

隨著時間進程的發展，世界變動的速度愈來愈快，「全球化」逐漸成為各層面流行的話語。全球化的發展主要受到三種因素的影響（洪鎌德，2002；黃富順，2003）：跨國企業日益顯赫及民族國家觀念的式微、經濟自由化的衝擊、交通及電子通訊突飛猛進的發展。這樣的趨勢不僅促使形成一個彼此互利共生的體系，更還蘊藏了現代社會風險及危機的發生與衝擊。

二、全球化在經濟、政治和文化三大領域發展的進程

全球化不是一個新的現象，Robertson（1992）亦認為它在現代性與資本主義興起之前早已存在，不過現代化傾向加速全球化發展，其發展可以遠溯至 15 世紀。許多學者都將全球化的發展，從政治、經濟與文化三個層面去分析，例如 Waters（2002）指出，全球化進程已經發生於經濟、政治和文化三大領域，有關此三大領域全球化的長期普遍進程說明如下：

1. 經濟朝向市場化，亦即自由化是從命令、限制和地位與階級壟斷中解放出來。

2. 政治傾向於自由化和民主化，也就是權力的分散。

3. 文化朝向普遍化，抽象的價值和標準到達非常高度的普遍性，這將容許文化極度分殊化。

三、面對全球化趨勢的省思

贊成全球化者高唱市場經濟的自由貿易主張，將有利於世界資源的開發與利用；但是來自宗教界、學界及人權、勞工、婦女、環保、消費者保護運動等許多民間團體，則匯集成一股空前的反全球化力量，警告世人全球化所可能帶來的生態浩劫、貧富懸殊、階級差異拉大、地方語言文化傳統瀕臨滅絕威脅、世界性的政治右傾、國際資本的流通利益獨厚西方國家、第三世界或南半球國家被變相剝削或邊緣化、社會正義公理失落等問題，將不利於人類的生存與永續發展（莊坤良，2001）。所以在看待全球化在國內各個層面發展之際，首先要先省視自身的條件與問題為何？又是站在什麼角度來面對這樣強大的趨勢發展？更進而批判這樣的發展是否符合自身的需求？如何面對與解決彼此的衝突與問題？假設在教育層面也受到全球化趨勢的影響，又要採取什麼樣的方式或觀點去面對？

不同學者對全球化的開始年代之看法

學　者	開始年代	主　題
Marx	15世紀	現代資本主義
Wallerstein	15世紀	資本主義世界體系
Robertson	1870-1920	包括多個面向
Giddens	18世紀	現代化
Perlmutter	東、西陣營衝突的結束	全球文明

Waters（2002）提出全球化發展的路徑

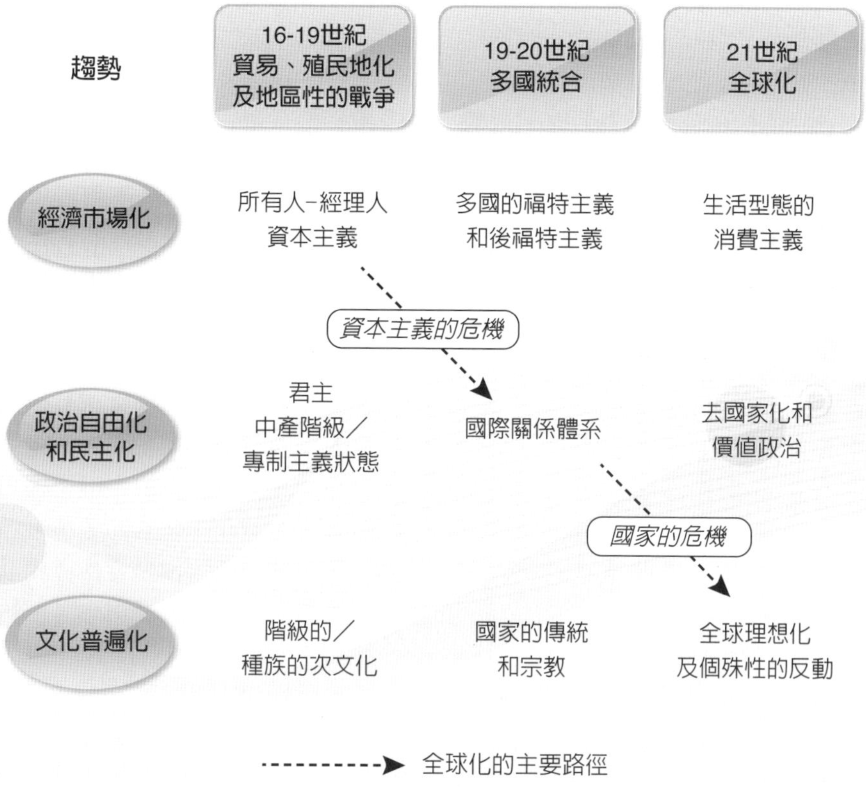

趨勢	16-19世紀 貿易、殖民地化及地區性的戰爭	19-20世紀 多國統合	21世紀 全球化
經濟市場化	所有人–經理人資本主義	多國的福特主義和後福特主義	生活型態的消費主義
政治自由化和民主化	君主 中產階級／專制主義狀態	國際關係體系	去國家化和價值政治
文化普遍化	階級的／種族的次文化	國家的傳統和宗教	全球理想化及個殊性的反動

資本主義的危機（所有人–經理人資本主義 → 國際關係體系）

國家的危機（國際關係體系 → 全球理想化及個殊性的反動）

- - - - - - - -➤ 全球化的主要路徑

Unit 1-2 全球化的定義（一）

一、全球化是全球相互關聯、相互依賴

對於全球化的定義基本上約可區分為兩大類（楊洲松，2002；戴曉霞，2001）：其一主張全球化乃是全球相互關聯和相互依賴的強化、跨國流動的增加，以至於整個世界趨向單一化的發展方向，所以沒有一件地球上發生的事是區域的事件，所有的發明、勝利和災難都會涉及到全世界。

又如Held等人將全球化定義為社會關係及交換在空間之轉化的過程（或一組過程），導致活動、互動、權力運作的跨洲或跨區域的流動與網絡，此一過程可依其廣度、深度、速度和影響來加以評估（Held, McGrew, Goldblatt, & Perraton, 1999）。

二、全球化是時間和空間關係的改變

另一個全球化的定義則強調全球化乃是時間和空間關係改變的結果。例如早在60年代，McLuhan（1962）即提出「地球村」的概念，他認為電子媒體的流行將世界變成一個很大的地球村，特別是電視的出現。而Harvey（1989）則以時空的壓縮（compression）來說明全球性的劇烈變動，因為運輸與科技的迅速發展，使得人類的生活產生巨大的改變，致使空間的距離予以打破，這樣不僅訊息傳播得更快，它更改變了人類的生活結構與生活方式。另外，Giddens（1990）就認為全球化是連結了遠處各地之世界性社會關係的增強，致使本地事件被遙遠異地發生的事件所影響。

三、「全球化」與「國際化」的異同

「全球化」與「國際化」常有所混淆，或常相提並論。國際化乃是在承認國家主權與獨立性的前提下，以國家為單位建立與其他國家或組織的聯繫，這種聯繫或是彼此的合作、或是對特定策略或概念的調適性採用、或是對國際間相互了解的增進；其所影響的面向遍及政治、經濟與文化；而無論是何種關係，通常帶有促進和平的意向。全球化的推展不強調以國家為單位，且對國家的主權與權力有所威脅；全球化中各國、各地、各組織之間的關係也不僅是合作與相互了解，而是有更深的連結與相互依賴性（洪雯柔，2002）。

全球化定義所著重的面向

全球相互關聯、相互依賴 ◀ 全球化 ▶ 時間和空間關係的改變

Beck、Held等人、McGrew

McLuhan、Harvey、Gidden

全球化與國際化的差別

全球化（globalization）	國際化（internationalization）
全球化是去疆域化的概念，存在超越或跨越國界，打破國家界線，成為互相依賴關係。	有國與國疆界的存在，國際化還是非常強調國與國之間的分野界線。
跨越不同國家、民族、文明體系，在這些不同的思想、制度和方法之間有某種趨同的發展。	研究不同國家之間的政治、經濟、文化、教育等方面的交流與合作，是以國家為單位進行比較。
在交流、合作與理解的基礎上進一步提升，即使是在不同區域環境、文明之間的某種趨同，達到一種和諧共處、共同發展、相互依賴、求同存異的境界。	強調某一個國家在與其他國家交流之際，更注重彼此的互動、合作、理解。
全球化則沒有政治或非政治組織的機構運行。	國際化有一定的政治或非政治組織機構來協調。

Unit 1-3 全球化的定義（二）

一、全球化整合型的定義

Robertson（1992）認為全球化作為一種概念，同時指涉世界的壓縮以及增強世界作為一個整體的意識，而這兩個概念凝結了20世紀的全球互賴與全球整體的意識。Tomlinson（1999）就指出在Robertson的全球理念之中，最重要的是他將全球化的一致性作了整體性與全面性的考量，兼容現實世界中整合與差異的特性。

二、不同學派對「全球化」發展論點的比較

對於全球化的概念仍存有許多的爭論，有些學者將全球化概念的爭論分為三個學派：「超全球主義論」、「懷疑論」和「轉型主義論」（Held, McGrew, Goldblatt, & Perraton, 1999）。

洪朝輝（2000）則根據有關全球化的文獻，歸納主流學術界所流行的有關全球化定義、作用和功能的四大學派：新左派、新自由派、轉型學派和懷疑學派。其中新左派和新自由派對於全球化的評價雖然是截然兩極，但兩派卻一致同意全球化所產生巨大的「威力」和必然的趨勢，因此，兩派可以合稱為超全球化學派。

三、全球一體模式的產生

從全球化定義的發展趨勢來看，Burbules & Torres（2000）區分目前有關全球化定義及概念的幾個不同面向，第一種定義的全球化涵蓋兩個層面：一個層面是由上所發動的全球化，也就是在國家脈絡以及國際環境影響菁英份子的行動；另一個層面則強調由下展開的全球化，也就是用來描述社會群眾的反應。第二種定義的全球化則著重在全球性與地方性議題之間的衝突與妥協，這樣的互動來自經濟、文化的差異與企圖統整在西方世界或美國經濟與文化意識的前提之下。

從超全球主義論的觀點及Burbules & Torres（2000）對於全球化定義的發展趨勢的分析觀之，Robertson為避免當代世界體系的分析從政治或經濟的角度簡化全球化的歷程，他試圖跳脫「世界政體」或「世界經濟體」這種相對簡化的模式，企圖建構一個具文化多元主義內涵的全球一體模式（陳錦瑩，2003）。

不同學派對「全球化」發展論點的比較

學派 / 項目	新左派（Neo-Marxists and Neo-Left）	新自由派（Neo-Liberals）	轉型學派（the transformationalist thesis）	懷疑學派（the skeptical thesis）
代表人物	S. Amin, A. Callinicos和S. Gill	K. Ohmade和W. Grieder	Anthony Giddens, J. A. Scholte和M. Castells	P. Hirst和G. Thompson
主要觀點	全球化等於新帝國主義化、西化和中世紀主義。	全球化是人類進步的象徵。	全球化推動社會轉型。	全球化是無中生有。
作用	全球化代表反動的全球帝國主義和資本主義的勝利。	全球化是指全球經濟和市場的整合。	全球化是推動社會、政治和經濟轉型的主要動力。	全球化是一種「迷思」（myth）、一種天方夜譚。
結果	不公正、不公平的兩極分化，國家和政府淪為國際壟斷資本的「代理人」。	全球化是人類進步的先驅，因為促使全球市場和全球競爭一體化的出現，全球化導致全體地球的公民受益。	全球化促使世界秩序中的社會、經濟和制度產生「遽變」（shake-out）。	全球化不可能導致全球經濟政策的一致，另一方面，全球化正遭到許多國家和民眾的有效抵抗。

Unit 1-4 全球化的定義（三）～全球場域模式

一、全球場域模式的四個參照點

Robertson（1992）雖然認為全球趨向一致是不可避免的，但他主張的全球一致性並非一個固定不變、完全相同的世界，他試圖將世界一體的全球化理念建構一個多面向、彈性的模式，此模式稱為「全球場域模式」（global field model）。他認為全球化的探究需要由個體參照總體進行相對化理解，也需要透過國家及超國家之間的參照獲得理解；因此全球場域模式包括了四個主要層面或參照點：國家社會、社會的世界體系、自我及全人類。

二、全球場域模式中四個參照點的關係

在全球化潮流中，這些要素之間開始產生下述現象學的連結與相對化（參照第 9 頁圖形）：

● 個體本身 (1) 被界定為某個國家社會的國民 (2)，與其他社會有所區別 (3)，並且是人類的整體表徵 (4)。

● 從自由與控制的觀點來看，一個國家社會 (2) 與其國民 (1) 之間維持著有問題的關係，國家社會將自身視為國家社群的一員 (3)，並得參照普遍人權 (4) 提供公民權給其國民。

● 國際體系 (3) 仰賴各國家社會 (2) 交出主權，並設定個人行為 (1) 的標準，並為人類的願望 (4) 提供「現實的檢驗」。

● 人（humanity）的觀念 (4) 是由個人權利 (1) 的角度來界定，其表現形式為國家社會 (2) 提供的公民權，而國家社會是透過國際社會體系 (3) 進行合法化與施行。

三、全球場域模式中四個參照點互動所產生的影響

這些互動在四個參考點中產生持續的發展，意即：

1. 個人化：在全球化的重新界定下，將每個人視定為一完整整體，而不是任何在地群體的附屬部分；

2. 國際化：即國與國之間的互賴和協定增加；

3. 社會化：建立「現代的」民族國家成為唯一可能的社會形成；

4. 人性化：建立一種全球觀點——從人的可能性與權利角度觀之，人類不能被種族、階級或性別分化。這些因素的總和構成全球化的社會過程，而這些發展的進行獨立於個別社會的內在動力。全球化有其自身「不可改變的」邏輯，將不可避免地影響這些內在動力（Waters, 2002）。

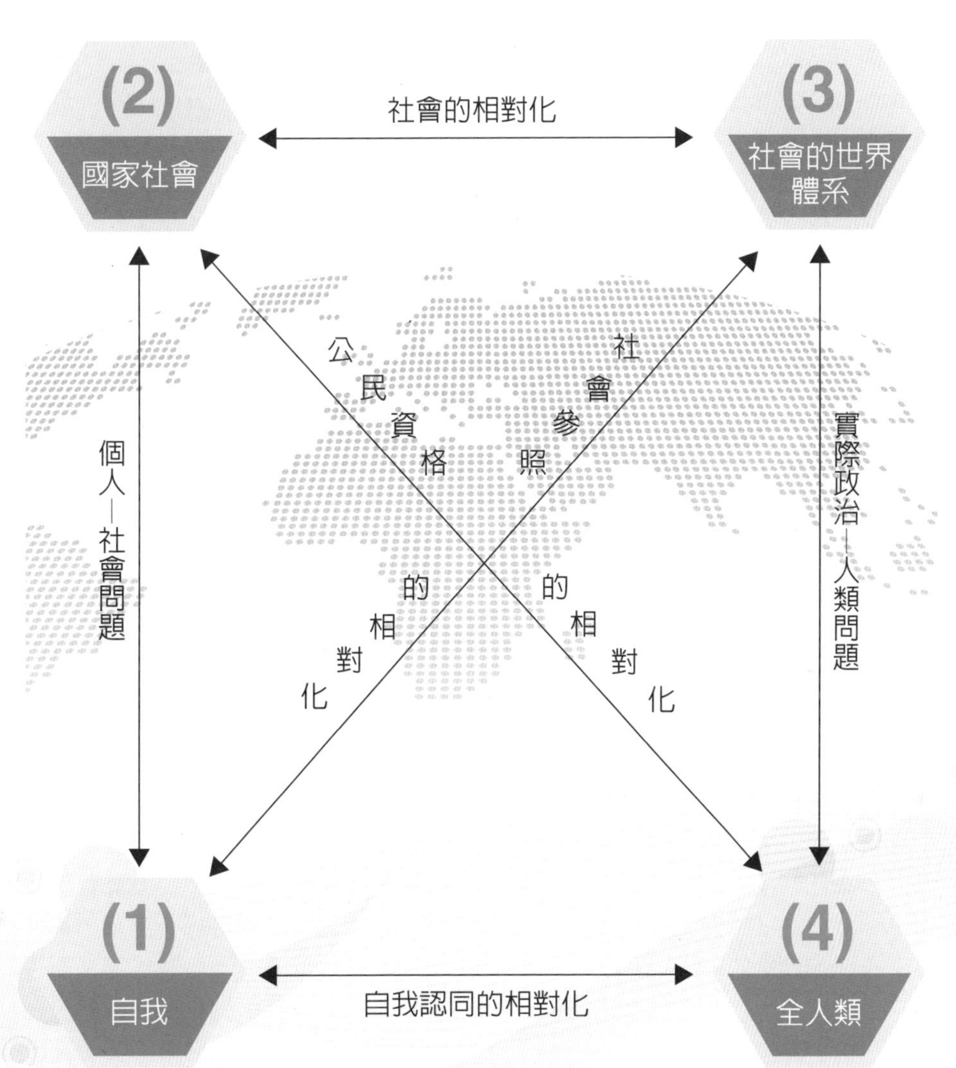
Roberson所提出的全球場域模式
(2)
國家社會
社會的相對化
(3)
社會的世界體系
個人—社會問題
公民資格的相對化
社會參照的相對化
實際政治—人類問題
(1)
自我
自我認同的相對化
(4)
全人類

Unit 1-5 全球場域模式對教育的啓示

一、全球場域模式的侷限

觀諸當代的全球化論述中，Robertson的全球場域模式以較不具爭議的多元參考架構探討當代的全球化現象，試圖處理全球整合以及抗拒全球一體的種種力量，可謂為全球化模式中的典範之一（陳錦瑩，2003）。不過從另一個角度來看，Robertson此種分析模式是從行動者的觀點來檢視全球化中的活動，若以此模式來分析全球化下的各種發展，將會有所侷限，因為其所列出的行動者並未完全反映全球化中的行動者，尤其是跨國組織與跨國公司，這兩類行動者在全球化中極具影響力與特色（洪雯柔，2002）。

透過上述有關全球化定義及概念的發展來看，不同的學者雖然有其不同的關注焦點，但普遍認為全球化現象使得當代人類社會生活的活動空間超越傳統的地域、民族、國家版圖的分界，這些關注的焦點將有助於我們在全球化影響之下面對課程改革可以有不同思考的層面。

二、從全球場域模式思考台灣課程改革方向的議題

作者會著重Robertson的全球場域模式的介紹，主要可以幫助教學工作者重新思考師生、文本在教學過程中的角色，例如教師和學生在全球化發展及影響之下，如何不喪失其主體性？尤其在面對資訊網路學習、英語學習等，學生如何建立起自己的認同感？以Robertson的全球場域模式進行相關議題比較與討論之際，亦可提供以下省思的焦點：假設全球化是大家所共同認同正在進行之中且無法避免的趨勢，而全球化亦將人類的文明帶入一個以西方文化價值為標準的世界，我們自身的主體性又是為何？

三、「未來化」與「全球化」之間的關係

「未來化」與「全球化」之間又有何關係？未來學的興起原因之一，就是在全球化潮流之下，彼此互動日深的關係網絡已使得每一個單一事件背後，都牽繫著另一串關係網；對存在不連續性以及不確定性因素的現在與未來而言，未來化思考的價值在於凸顯過去線性思考方式的不敷使用，以及未來取向的思考分析。

Masini（1993）提出未來學特性

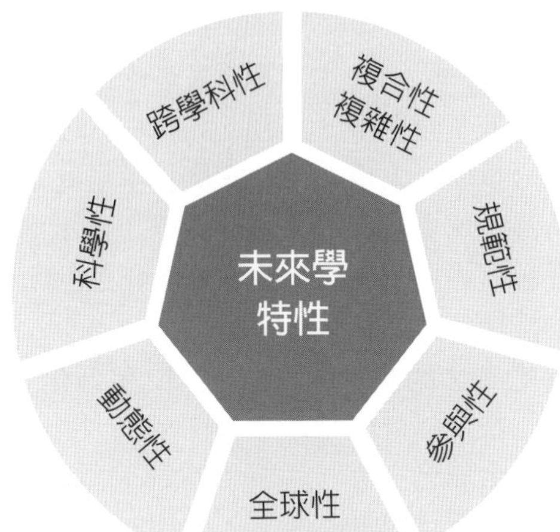

未來研究是針對全球事務性的理念，不過全球的空間正隨著科技的進步而逐漸在縮小。

未來研究中的「3P」

未來研究中的**3P**

或然的未來（Probable Future）	可能的未來（Possible Future）	適宜的未來（Preferable Future）

了解即將發生或出現的是什麼情境	未來的概率性結論或事物發展的導向	用科學的方法和態度進行研究，為創造未來提供最佳方案

Unit 1-6 反全球化

一、「反全球化」現象的產生

自從1999年底在美國西雅圖發生針對世界貿易組織部長級會議的大規模群眾行動以來，在各種全球會議、研討會、高峰會、貿易協定等持續召開的同時，反全球化的抗議者就跟到哪裡。世界各地反全球化主義者所強調的「全球化將會變成只重視利益而加深不平等」，除了批判全球化中所存在的各種問題之外，甚至還試圖阻止全球化的趨勢。

二、為何有「反全球化」現象發生

為什麼會有反全球化聲浪的出現，趙文衡（2003）就指出不論在一國國內或在國與國之間，全球化都造成貧富差距的擴大。具備全球化生存基本技能與條件的個人或國家就能進入所謂的贏者圈中，享受財富不斷累積的優勢。相反的，在全球化過程中被邊緣化者，財富所得將會日益縮水，贏者與輸者間的貧富差距因而日漸擴大。

在Micklethwait & Wooldridge（2001）提出一般世人對於全球化過程所產生的誤解中，就可理解為什麼會有人要「反」全球化：1.全球化意謂著跨國公司或龐大企業組織的勝利；2.全球化造成地球生態的嚴重浩劫；3.全球化使地理概念模糊；4.全球化等同於美國化；5.全球化意謂著勞工薪資的惡性削價與競爭；6.全球化為不可逆轉之趨勢。

三、「反全球化」的全球化現象

從前面反全球化運動的歷程來看，當前的反全球化運動的邏輯混亂，參加人士的思維前後矛盾，除了訴諸暴力令人反感外，反全球示威者僅僅拋出了問題，卻沒有提出可行的解決方案，造成世人對於反全球化份子「有破壞而無建設」（洪哲男，2003）。很有意思的是，近來蓬勃興起的反全球化運動本身也成了一種「全球化」，只不過是另外一種性質的全球化。誠如聯合國前祕書長安南曾經所說，「反全球化」不是反對「全球化」本身，而是反對「全球化」所衍生的各種問題，特別是全球化帶來的貧富差距的更形擴大（桂宏誠，2001）。因此，反全球化的重心並非反對全球化走勢的這種事實，而是更深一層「全球共享」的倫理價值及重視資本主義體制下，全球貧富加大的問題。

反全球化事件之行動歷程

時間	地點	行動歷程
1999 年 11 月	美國西雅圖	世界貿易組織舉行部長會議，約數萬名示威者爆發騷亂，抗議世界貿易組織自成立四年來推動貿易自由政策加劇貧富的懸殊，將幾年以來反全球化的情緒燃燒到沸點。
2000 年 4 月 16 日	美國華盛頓	五一勞動節前夕遊行，工會、勞工組織和環保人士反對世界銀行和國際貨幣基金會的成立，指出它是推動全球化的黑手。
2000 年 9 月 11 日	澳洲墨爾本	示威者在世界經濟論壇（WEF）開幕日包圍會場，希望阻止作為全球富豪菁英的俱樂部之論壇召開。
2000 年 9 月 26 日	捷克布拉格	世界銀行與國際貨幣基金組織（IMF）年會在布拉格召開，約有一萬兩千人向防暴警察拋擲燃燒彈和石塊，至少有二十名警察和十名示威者受傷。示威者認為此兩組織是世界資本主義的工具，因為他們竭盡所能的控制第三世界，使這些國家更加貧窮。
2000 年 12 月 6-7 日	法國尼斯	來自各地示威者冒雨參加反對「歐洲聯盟高峰會議」遊行，反對大財團控制下的歐洲和歐盟一體化政策，爭取一個保障人民生活的歐洲。
2001 年 4 月 20-22 日	加拿大魁北克	反對「美洲自由貿易協定」，指出它方便大資本的流動自由，使美洲各國工人的待遇競相向下調低，致財團利益凌駕於環境保護之上。
2001 年 6 月 14-16 日	瑞典哥德堡	歐洲聯盟峰會引來兩萬五千名示威者，最後暴力升級為血腥衝突。反對歐洲聯盟推動經濟自由化及抗議美國總統布希到訪。
2001 年 7 月 20 日	義大利熱那亞	八大工業國高峰會在熱那亞舉行，全市近半居民（約四十萬）為避免騷亂殃及池魚，紛紛收拾行李、離家出走。會議開幕，數十萬名示威者在市內抗議全球化。義大利當局出動兩萬名軍警維持秩序，用實彈鎮壓，至少有一名示威者被軍警開槍打中頭部死亡，另兩百多人受傷。這是當時反全球化示威中，首次有示威者死亡。
2002 年 3 月 16 日	西班牙巴塞隆納	歐盟高峰會舉行，約有三十至五十萬示威者反對歐盟推行的自由化與私有化所帶來的就業不穩定。
2002 年 8 月 25 日	南非約翰尼斯堡	聯合國「世界永續發展會議」26 日在南非開幕，但是 24 日卻已經有反全球化人士先舉行抗議，一群反全球化的南非大學生在約翰尼斯堡示威，反美、反全球化成為最大共識。
2002 年 11 月 11 日	義大利佛羅倫斯	數十萬名示威者為反對美國攻打伊拉克的計畫及反全球化而遊行。
2003 年 9 月 12 日	墨西哥坎昆	世界貿易組織的第五次部長級會議召開舉行，參加示威遊行分別來自十五個國家，其中農民和反全球化人士各五千人。另外，沒有登記的社會活動團體人數約兩萬人左右。他們反對全球化，呼籲解決農產品貿易問題。
2004 年 1 月 21 日	印度孟買	世界經濟論壇於 21 日瑞士召開的同時，反全球化活動人士在印度結束為期六天的世界社會論壇，並且穿過印度城市孟買舉行了遊行活動。反全球化活躍人士呼籲世界團結對抗美國以及其領袖布希總統。
2004 年 6 月 13 日	南韓首爾	世界經濟論壇（WEF）東亞首腦會議在南韓召開，反對新自由主義世界化進程的社會團體、市民團體和大學生、外國非政府機構代表等八千五百多名聚集在漢城大學路馬羅尼矣（Marronnier）公園集會，他們宣稱 WEF 東亞會議不會促進亞洲和平與繁榮，只會促使緊張與壟斷。
2005 年 1 月 26 日	瑞士達佛斯、巴西	約十萬名與會者參與瑞士第五屆世界社會論壇年度會議，而論壇的特徵在於設立上百個工作站，處理諸如債務、貧窮與發展等議題。然而遠在南美洲的巴西，在達佛斯高峰會召開後數個小時，超過五萬名示威者走上街頭；反全球化的行動主義者痛斥達佛斯高峰會為冷酷資本主義的慶祝大會。
2005 年 12 月 13-18 日	香港	世界貿易組織（WTO）第六次部長級會議在香港舉行，來自南韓、印尼、南美、非洲等其他發展中國家抗議人士齊聚香港一連串激烈的抗議活動。尤其是南韓農民團體，共約一千五百多人組隊到香港抗議世貿幫助財團強國壓迫弱勢。

Unit 1-7 全球化與反全球化對在課程教學上的關注點

一、全球化現象對於台灣課程教學的啟示

從不同學派對全球化發展論點觀之，十二年國教社會領域的課程目標當中，還是以超全球主義論（新自由派）或轉型主義論來規劃及設計教學活動。全球化不必然是好是壞，它的倫理特性將由全球住民貫徹，而全球化將形成更單一化或更系統化的世界，即某處發生的事件將影響遠方事件，兩者之間將產生參照關係（Robertson, 1992）。

從Burbules & Torres（2000）所探討關於全球化定義的發展趨勢，第一種定義不論是由上所發動或是由下所展開的全球化，其所包含的範圍擴及經濟、政治與文化等不同廣大的領域；第二種定義著重在全球性與地方性議題之間的衝突與妥協，以便更適切地將全球化趨勢發展與國內課程與教學方面作緊密的連結。

二、反全球化對台灣課程教學的啟示

以台灣當前對「全球化」的認知而言，如果有所謂「反全球化」運動正在醞釀成型，恐怕尚僅僅觸及的是農產品保護與擔心失業率不斷升高而已（桂宏誠，2001）。以社會領域課程內容中，除了全球化趨勢的重視之外，反全球化的觀點亦提供不同的思考方向，尤其是反全球化運動者所提出的相關議題，也確實存在並顯現於現今世界之中，藉由不同議題的思辨與釐清，呈現多元的觀點及思考方向，將更有利於培養學生批判思考的精神。

三、「全球化」與「本土化」之間的平衡

在社會領域課程綱要制訂之際，針對教材內容逐漸加重本土範圍部分，這也使得「全球化」與「本土化」之間的辯證關係更加凸顯出來，而Robertson的理論正可提供這方面的思辨，或許亦可解釋某些事件的現象，「全球化」與「本土化」在現實層面上不見得是相互衝突的概念，從文化共生的觀點來看，本土化需要有全球的視野，而全球化必須由本土的主體出發。

全球化、反全球化與本土化之間的關聯性

Unit 1-8 全球化趨勢對十二年國教課程改革的影響

一、課程綱要修訂的背景

十二年國教課綱總綱中修訂背景就揭示：「近年來家庭日趨少子女化、人口結構漸趨高齡化、族群互動日益多元、網路及資訊發展快速、新興工作不斷增加、民主參與更趨蓬勃、社會正義的意識覺醒、生態永續發展益受重視，加上全球化與國際化所帶來的轉變，使得學校教育面臨諸多挑戰，必須因應社會需求與時代潮流而與時俱進。」由此就可以看出全球化趨勢下的影響。

二、社會變遷的影響

隨著台灣社會快速的變遷，例如2008年台灣生育率1.05是全球倒數第一、未來的工作有六成還未被發明、Web3.0時代、世界是平的～今天你懂的可能明天就沒用、教育的全球化、本土化與個別化等，在這樣快速變遷的時代，教育的目標及內容有必要與時俱進。尤其是台灣嚴重的少子化現象，更要照顧每一個孩子並提升學生未來的競爭力。

三、知識更新太快

2016年世界經濟論壇公布的報告指出，在未來人工智慧、機器人及生物科技的發展，將會造成「第四次工業革命」，「第四次工業革命」帶來的自動化所造成的人力精簡，將導致全球已開發國家失去710萬個工作機會，但在科技、專業服務及媒體等領域需求之下，將創造210萬個新工作機會，也就是說，在未來的五年內，將會有500萬個工作機會因此消失。

報告中也指出，目前就讀小學兒童，將有65%未來從事的行業是目前還不存在的工作，顯見其未來的培育相當重要。世界正在改變，培育能應對未來世界的人才是關鍵的課程改革目標之一。

四、全球化趨勢對未來人才「素養」的重視

聯合國教科文組織、經濟合作暨發展組織（OECD）、歐盟等均大力推動終身學習，很多國家的課程改革都十分重視以「素養」為核心的教育革新。世界經濟論壇預測第四次工業革命（2020年）所需要的能力，包括：解決複雜問題、獨立思考、創新創意、人才管理、與他人合作、情緒智商、決策與判斷能力、服務導向、協商溝通能力、靈活的認知能力。國內學校的課程教學亦需與時俱進，幫助學生面對未來的改變。

世界經濟論壇所公布2015及2020 TOP 10 SKILLS之比較

2015	2020
1. 解決複雜問題（Complex Problem Solving）	1. 解決複雜問題（Complex Problem Solving）
2. 與他人合作（Coordinating with others）	2. 批判性思考（Critical Thinking）
3. 人才管理（People Management）	3. 創新創意（Creativity）
4. 批判性思考（Critical Thinking）	4. 人才管理（People Management）
5. 協商溝通能力（Negotiation）	5. 與他人合作（Coordinating with others）
6. 質量控制（Quality Control）	6. 情緒智商（Emotional Intelligence）
7. 服務導向（Service Orientation）	7. 決策與判斷能力（Judgment and Decision Making）
8. 決策與判斷能力（Judgment and Decision Making）	8. 服務導向（Service Orientation）
9. 主動聆聽（Active Listening）	9. 協商溝通能力（Negotiation）
10. 創新創意（Creativity）	10.認知靈活性（Cognitive Flexibility）

台灣學校課程教學需要幫助學生面對未來所具備的能力

情緒智力EI

文化的理解力

創新

人際經營

協商

協同合作

認知靈活性

複雜問題解決

數位能力

判斷與決策

批判式思考

終身學習

自信

服務導向思維

第 2 章

從能力導向到素養導向課程觀的轉變

章節體系架構

Unit 2-1 九年一貫課程能力導向的課程觀點

一、九年一貫課程的緣由

台灣在政治解嚴之後，社會急遽邁向多元、開放、競爭與富裕，學校的課程與教材更顯現與社會脫節的嚴重現象。在面對國內、外社會急速的變遷，不僅教育部積極著手課程綱要的修訂，民間教育改革也希望透過教育實驗的方式（如森林小學、種子學苑、全人中學等）進行新的課程改革，終於教育部於民國87年公布「國民教育階段九年一貫課程總綱綱要」，並於90學年度起逐年實施九年一貫課程。

二、九年一貫課程的特色

九年一貫新課程強調培養學生具備人文情懷、統整能力、民主素養、鄉土與國際意識以及能進行終身學習之健全國民。九年一貫課程以「綱要」而非「成品」的方式呈現，此次改革的目的在以學校為中心，發展具學校特色與意義的課程；以統整的學習領域取代現行分科教學；以提供更多彈性時間及空間推動教師專業自主、發展學校與班級課程；以培養現代公民基本能力為課程設計之核心；並以學力指標的訂定加強學校與教師的績效責任（陳伯璋，1999）。

三、發展基本能力

此課程迥異於過去課程的特點之一，就是以「基本能力」取替「學科知識」，意圖突破傳統重學科知識所產生的束縛與窠臼，希冀由課程中以學生為主體，以生活經驗為重心，培養學生具備「帶著走的」十項能力，以成為活潑樂觀、能合群互助、探究反思、恢弘前瞻與創造進取的健康國民與世界公民（教育部，2000）。

九年一貫課程提出七大學習領域，以「領域取代科目」的課程規劃。七大學習領域依不同學習階段又制訂不同的能力指標，能力指標的功能就是陳述學生在經歷一個學習階段的學習之後所應該具備的學習結果。

四、教師角色的轉變

九年一貫課程只提供「課程綱要」、「能力指標」，在我國課程發展史上是前所未有的重大變革，因此教師不再是傳統課程中的「使用者」角色，更期望轉變課程設計者與發展者的角色。

九年一貫課程強調合科及統整的精神，開始注重大單元及主題教學，因此協同教學、聯絡教學、小班教學、個別化學習等，均促使教師在教學方法及評量辦法的改進。

九年一貫課程綱要的修訂與改變

九年一貫課程的特色

Unit 2-2 十二年國民基本教育課程綱要的特色

一、十二年國教課綱之願景

十二年國教課綱延續並落實十二年國教基本政策理念，也就是說，十二年國教的五大理念必須仰賴課程端的規劃與實施，讓學生學習得更好，才能適性揚才、因材施教、有教無類、優質銜接與多元進路。另一方面，透過十二年國教的契機，在學校教育落實課程的連貫及統整。

十二年國教課綱之願景是「成就每一個孩子～適性揚才、終身學習」，希望透過多元的課程讓學生適性學習，適性發展，秉持自發、互動、共好的理念，透過與生活情境的結合，學生能夠理解所學，進而整合和運用所學，解決問題、推陳出新，終身保有不斷更新成長的動力，成為與時俱進的終身學習者。

二、十二年國教課綱之理念

（一）「自發」是要學生有想學的意願及能學的本事。總綱重視學生的主體性，除了培養基本知能與德行，也保有學生的學習動機與熱情，進而培養進取及創新精神，使學生能適性發展、悅納自己、自主學習並展現自信。

（二）「互動」是要能活用知識，變成帶得走的能力。總綱重視學生語言、符號、科技的溝通及思辨能力，尊重、包容與關懷多元文化差異，並能與他人團隊合作，深化生活美感素養。此外，學生也應能學習如何與他人、環境、文化產生更多互動，並在生活中實踐。

（三）「共好」是要願意付出，能與他人分享。總綱重視使學生珍愛生命、愛護自然、珍惜資源，培養對社會文化、土地情感及全球視野，促進社會活動的主動參與、自然生態的永續發展及彼此更好的共同生活，以體現生命價值，導向永續發展的共好生活。

三、十二年國民基本教育課程綱要的特色

十二年國教課綱的制訂是要整合十二年國教從國小到高中課程，解決過去國中小九年一貫與高中課綱分開的銜接落差。「核心素養」是這一波課綱課程發展的主軸，課綱中也減少高中必修、增加選修，每一所高中必須依據學校願景和特色，發展校訂必修課程4到8學分，並逐步建立高中生「學習歷程檔案」，學生必須學習探索興趣和認識自己（教育部，2014）。

十二年國教的五大理念

十二年國教課綱之理念

自發

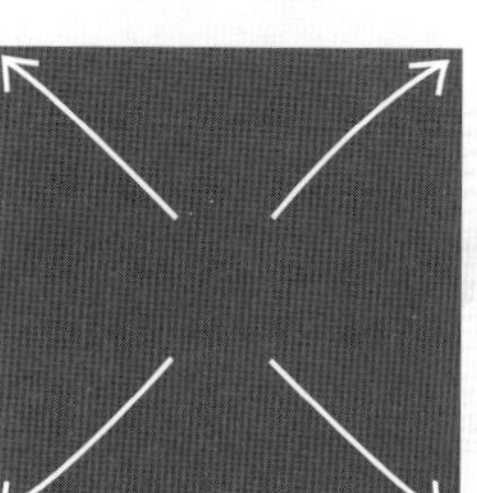

有意願，有動力

互動

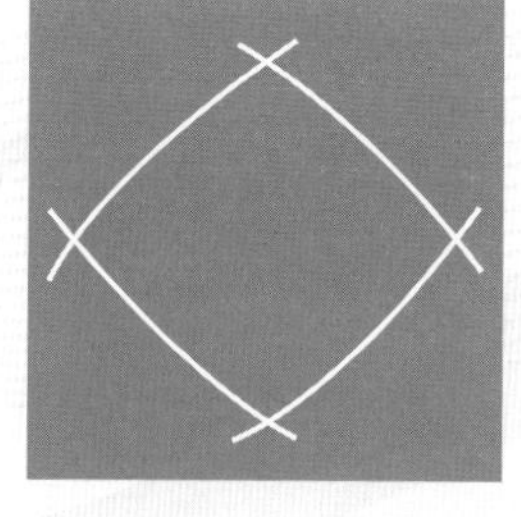

有方法，有知識

共好

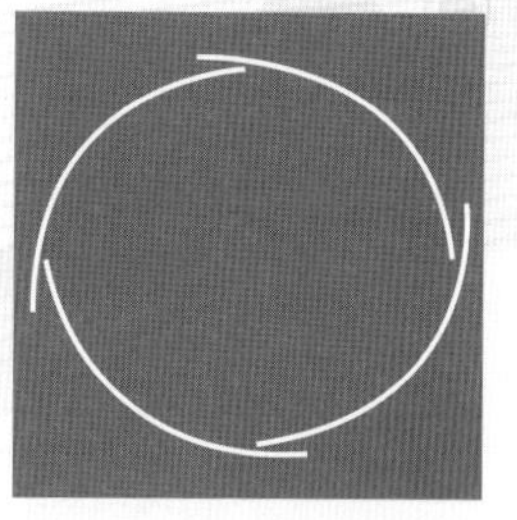

有善念，能活用

Unit 2-3 核心素養的意義

一、芬蘭基礎教育教給學生的跨界核心能力

芬蘭的國家教育委員會（Finnish National Board of Education, FNBE）在2016年提出新一輪基礎教育課程改革，要以培養學生未來社會所需的核心素養與能力為基本出發點和根本目標，並且認為未來人才需要具備以下七大方面核心素養與能力：1.思考與學習能力；2.文化辨讀、互動與表達能力；3.照顧自己、日常生活技能和保護自身安全的能力；4.多元語言的能力；5.數位能力；6.工作生活能力和創業精神；7.參與、影響對未來負責任。這些目標都是藉由跨學科的學習獲得（于承平，2018）。

二、台灣十二年國教課綱中核心素養的意義

（一）「核心素養」是指一個人為適應現在生活及未來挑戰，所應具備的知識、能力與態度。

（二）核心素養較過去課程綱要「基本能力」、「學科知識」涵蓋更寬廣和豐富的教育內涵。

（三）核心素養的表述可彰顯學習者的主體性，不以「學科知識」為學習的唯一範疇，強調其與情境結合並在生活中能夠實踐力行的特質。

（四）核心素養強調「終身學習」的意涵，注重學習歷程、方法及策略。

核心素養強調教育的價值與功能，其三面九項涵蓋知識、能力與態度，在學習過程中引導學生解決生活情境中所面臨的問題，並能與時俱進成為終身學習者。

三、核心素養、基本能力、核心能力三者的關係

「核心素養」是指一個人為適應現在生活及未來挑戰，所應具備的知識、能力與態度。核心素養強調學習不宜以學科知識及技能為限，而應關注學習與生活的結合，透過實踐力行而彰顯學習者的全人發展（國民及學前教育署，2020）。素養是一種能夠成功地回應個人或社會的生活需求，包括使用知識、認知與技能的能力，以及態度、情意、價值與動機等；核心素養的內涵涉及一個成功的生活與功能健全社會對人的期望。

核心素養的表述可彰顯學習者的主體性，不再只以學科知識為學習的唯一範疇，而是關照學習者可整合運用於「生活情境」，強調其在生活中能夠實踐力行的特質。

芬蘭與台灣的新課綱中所欲培養學生的核心素養

芬蘭2016新課綱	台灣十二年國教課程綱要
1. 思考與學習能力。 2. 文化辨讀、互動與表達能力。 3. 照顧自己、日常生活技能和保護自身安全的能力。 4. 多元語言的能力。 5. 數位能力。 6. 工作生活能力和創業精神。 7. 參與、影響對未來負責任。	● 三大面向：自主行動、溝通互動、社會參與。 ● 九大項目：1.身心素質與自我精進、2.系統思考與解決問題、3.規劃執行與創新應變、4.符號運用與溝通表達、5.科技資訊與媒體素養、6.藝術涵養與美感素養、7.道德實踐與公民意識、8.人際關係與團隊合作、9.多元文化與國際理解。

核心素養的三大面向九大項目

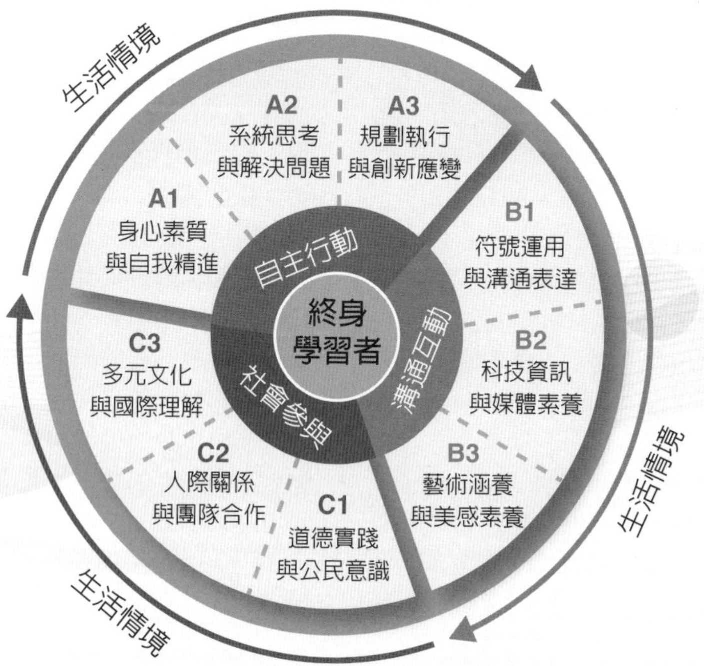

Unit 2-4 核心素養的發展

一、核心素養與能力的混淆

根據林永豐（2012）在國家教育研究院的教育大辭典中，解釋「核心素養」（core competencies）是指一組最重要的能力，使個人得以過著成功與負責任的生活；使社會得以面對現在與未來的挑戰。核心素養又稱為「基本能力」或「關鍵能力」，而素養（competence）一詞或譯為能力，在英語中常與「ability」、「capacity」、「skill」及「proficiency」等詞互用。

二、聯合國教科文組織所提出的核心素養

聯合國教科文組織（UNESCO）於1996年和2003提出學會求知、學會做事、學會共處、學會自處以及學會改變等五大支柱，2013年2月，UNESCO發布《走向終身學習～每位兒童應該學什麼》報告，在報告中提出核心素養即是從「工具性目標」（把學生培養成提高生產率的工具）轉變為「以人為本之目標」，使人的情感、智力、身體、心理等各方面的潛能和素質都能通過學習得以發展。在基礎教育階段特別重視身體健康、社會情緒、文化藝術、文字溝通、學習方法與認知、數字與數學、科學與技術等七個向度的核心素養。

三、歐盟所提出的核心素養

歐盟於2005年正式發布《核心素養：歐洲參考框架》，歐盟所界定的核心素養乃是知識、技能與態度的整合，並能運用於特定的情境中。這八項包括母語溝通、外語溝通、數學與基本科技素養、數位素養、學習如何學習、人際及跨文化與社會和公民素養、創業家精神、文化表達等核心素養內容。

這些核心素養作為整個歐盟教育和培訓系統的總體目標體系，其核心理念是使全體歐盟公民具備終身學習能力，從而在全球化浪潮和知識經濟的挑戰中能夠實現個人成功與社會經濟發展的理想。

四、經濟合作與發展組織所提出的核心素養

經濟合作與發展組織（OECD）廣邀學者自1997年至2005年進行了為期近九年的「素養的界定與選擇」專題研究，確定三個向度及九項素養。在2005年提出的自律自主的行動、互動的運用工具溝通、與異質性團體互動等三大向度的核心素養（蔡清田，2019）。

聯合國教科文組織所提出的核心素養

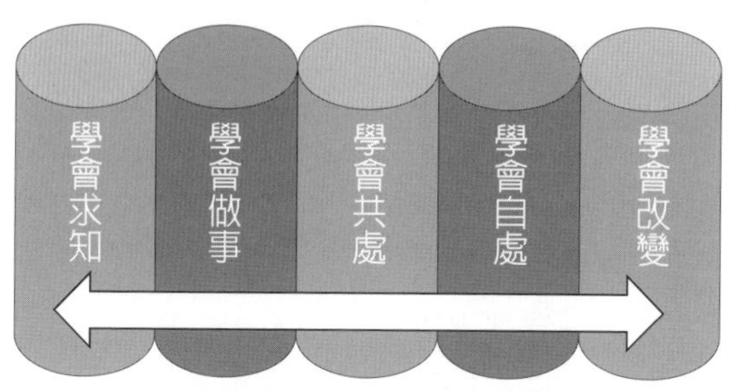

歐盟所提出的核心素養

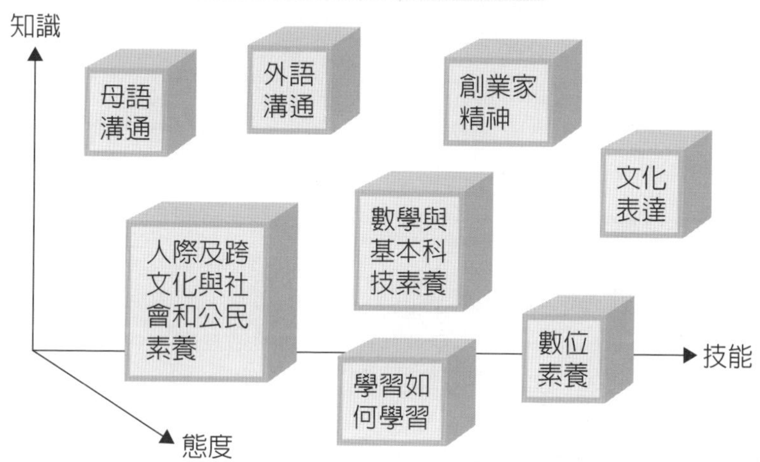

經濟合作與發展組織所提出的核心素養

自主行動	運用工具溝通	異質團體互動
1. 在較大脈絡情境中行動的能力。 2. 個人管理規劃的能力。 3. 主張與維護自身權益興趣及需求的能力。	1. 使用語言、符號和文本。 2. 使用知識和資訊。 3. 運用科技互動。	1. 人際互動。 2. 團隊合作。 3. 處理衝突。

Unit 2-5 十二年國教課綱中核心素養的意涵

一、素養導向的規劃與九年一貫課程的關係

在十二年國教課綱中所強調的「素養導向」，其實並不是一個全新的概念。事實上，在九年一貫課程所標舉的十大基本能力，強調能力導向的課程與教學設計，其精神與內涵和此次提出的核心素養有相當的契合與延續之處，並非斷裂關係，簡而言之，核心素養豐富與落實基本能力的內涵。「核心素養」強調學習不宜以學科知識及技能為限，而應關注學習與生活的結合，透過實踐力行而彰顯學習者的全人發展。

二、十二年國教課綱中核心素養的意義

十二年國教課綱中強調培養學生的「核心素養」，所謂「素養」，就是「知識、技能、態度」三者綜合起來，而最關鍵的是提升「態度」的地位。

（一）「知識」是指學生對一套學科知識或理論的理解，例如知道地圖中比例尺的計算方式、圖例說明等。

（二）「技能」是指學生學習到的實作能力，例如可以從衛星導航地圖中的距離大概預估到達目的地的時間。

（三）「態度」是指對前兩者的價值判斷和個人感受，例如學生知道自己喜歡跑馬拉松健身，所以他結合了「知識」與「技能」這兩者，從此成為一位在路線距離明確的道路上愛跑馬拉松的人，並且能運用長跑訓練的知識能夠獲得良好的耐力及避免運動傷害，按照路程預估時間和距離進行配速，最後以自己的目標時間參加比賽。

三、「素養」教學的特性

（一）必須是跨領域、跨科目習得：在真實的生活中，必須統整所有的學科知識，素養的學習並非靜態的、單向性的接收，還必須加上與他人的溝通互動。

（二）以學生為主體：現在的知識來源多元複雜，變動又太快，教師是要教學生如何學習的方法，從學生生活情境中的問題出發，找出解決問題的方法，才能成為終身學習者。

（三）同時重視知識、技能和態度：學校教育必須涵蓋更寬廣和豐富的教育內涵，除了重視知識、技能之外，更強調情意態度的層面。

（四）與「生活情境」緊密結合：教育要培養的就是未來人才，除了企業需要能力，更必須是有社會參與感的公民，用知識解決真實問題。

十二年國教課綱中核心素養的意涵

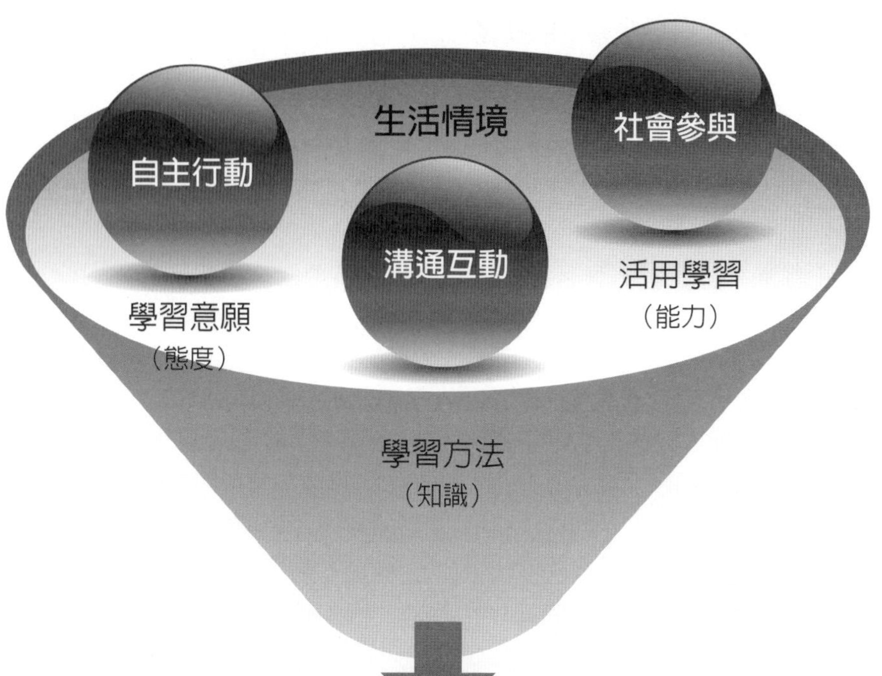

以人為本的終身學習者

Unit 2-6 素養導向的課程設計

一、從總綱到領綱核心素養的轉化

核心素養的課程轉化是由理念到實際、由抽象到具體、由共同到分殊，環環相扣，層層轉化。在各領域或科目之下應該要考量本身的理念與目標，結合各教育階段核心素養，以發展及訂定「各領域／科目核心素養」及「各領域／科目學習重點」。「各領域／科目核心素養」與「各領域／科目學習重點」之間也必須彼此呼應，雙向互動。因此十二年國教課綱中，可透過總綱的「核心素養」、「各教育階段核心素養」，及各領域或科目綱要的「各領域／科目核心素養」、「各領域／科目學習重點」來進行轉化與表述。

二、核心素養的轉化與發展

十二年國教課綱要以「學習重點」進行整合，各領域或科目的學習重點又由「學習表現」與「學習內容」兩個向度所組成，兩者之間需要結合編織在一起，才能構築學生完整的學習。素養導向下的課程、教學及教材發展，在強調終身學習者的陶養，面對快速變遷的資訊及社會，除了重視知識之外，更要注重行動及態度，並透過「覺察及省思」將此三者串連為三位一體。

「素養」就像是「能力」的升級進化版，「素養」更豐富與落實「能力」的內涵，因此教師在核心素養教學導向之下的課程規劃及實施之際，除了學科領域的學習知識和基本能力，更需要注意如何與學生的生活情境進行連結。

三、如何運用設計思考進行課程的設計

設計思考就是藉由有系統的方法，進入創意「發散」和「收斂」的階段，逐步產生符合使用者的解決方案。可運用下列表格進行設計思考「發散」與「收斂」的循環歷程，將感受的議題與課程綱要中的「核心素養」、「學習重點（學習表現與學習內容）進行連結。

- 步驟 1：確認感受議題～假設學生提出「零廢棄」、「古蹟保存」及「假新聞」三大議題。
- 步驟 2：轉化核心素養～針對各學習階段及各領域／科目的核心素養進行轉化。
- 步驟 3：找出對應學習重點～先由教師個人找出對應各領域或科目的學習重點→發散。
- 步驟 4：凝聚共識～再由領域小組教師或社群找出對應各領域或科目的學習重點，最後全體成員達成共識→收斂。

從課程總綱到課程領綱中核心素養的轉化歷程

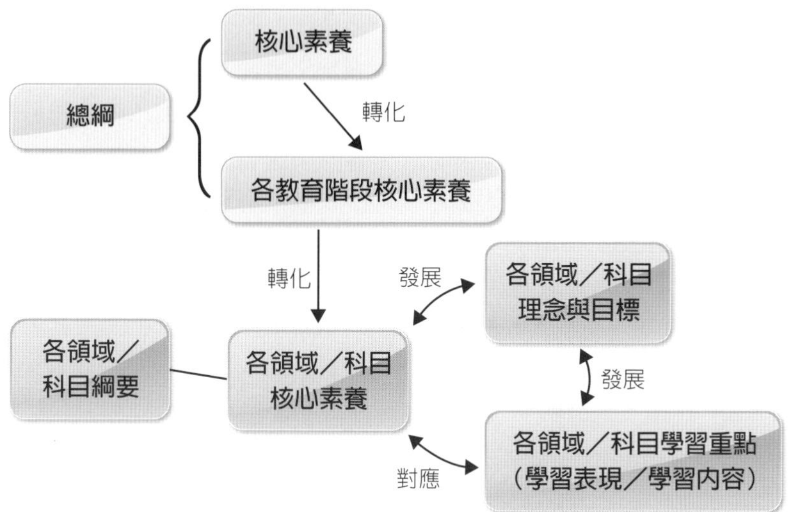

運用下列的表格進行設計思考「發散」與「收斂」的循環歷程，將感受的議題與課程綱要中的「核心素養」、「學習重點」（學習表現與學習內容）進行連結。

感受主題	零廢棄	古蹟保存	假新聞
核心素養	社-E-A2 社-E-A3 社-E-C1 社-E-C2	社-E-A2 社-E-A3 社-E-B3 社-E-C11 社-E-C2	社-E-A2 社-E-A3 社-E-B2 社-E-C11 社-E-C2
學習表現（個人）	2a-Ⅱ-1 2a-Ⅱ-2	2a-Ⅱ-1 2a-Ⅱ-2 2b-Ⅱ-2	2a-Ⅱ-1 2a-Ⅱ-2
學習表現（小組）		2a-Ⅱ-1	
學習表現（全體）		2a-Ⅱ-1	
學習內容（個人）	Da-Ⅱ-2	Cb-Ⅱ-1	Ac-Ⅱ-2
學習內容（小組）			
學習內容（全體）			

Unit 2-7 能力導向與素養導向課程設計的異同

一、九年一貫課程能力導向的課程設計

九年一貫課程的教育目標是培養學生十大基本能力：1.了解自我與發展潛能、2.欣賞表現與創新、3.生涯規劃與終生學習、4.表達溝通與分享、5.尊重關懷與團隊合作、6.文化學習與國際理解、7.規劃組織與實踐、8.運用科技與資訊、9.主動探索與研究、10.獨立思考與解決問題。為培養學生十大基本能力，在各領域不同學習階段有其能力指標的設計，所以能力指標是一種「能力導向」的「課程目標」，乃是指示某種能力表現應有的內涵與水準的命題（陳新轉，2002）。「能力指標」即是教師決定課程之教學目標、選擇教學內容、安排教學活動、擬定學習評量策略之主要依據。

二、十二年國教課程素養導向的課程設計

十二年國教課綱中兩項最重要改變：1.將基本能力擴展為核心素養概念；2.將能力指標擴展為學習重點雙向細目表（含學習內容與學習表現）。有關核心素養的概念在前面已經介紹，而學習重點分成兩個層面：「學習內容」及「學習表現」，這兩者並不是十二年國教課綱的新創，在九年一貫課綱內的「能力指標」中，就可能包含學習內容和學習歷程，不容易解讀並掌握整體架構；另外，高中課綱則有教材綱要、核心能力，但通常大家都只看教材綱要而忽視了核心能力。於是十二年國教課綱中以「學習重點」進行整合，其中「學習內容」比較偏向學習素材部分，「學習表現」比較偏向認知歷程、行動能力、態度的部分，兩者需結合編織在一起，構築完整的學習。

三、素養導向課程設計的原則

（一）連結實際的生活情境脈絡，真正的理解是把學習內容和過程與經驗、事件、情境、脈絡做適切的結合，才能讓學生的學習產生意義。

（二）強調學生參與和主動學習，提供機會能運用與強化相關的能力。

（三）兼顧學習的內容（學習內容）與歷程（學習表現），素養包含知識、技能、情意的統整能力，強調學習是完整的，不應偏重在知識層面。

（四）針對不同核心素養項目，應有不同的教學設計重點，課程規劃及教學設計需把學習內容與探究歷程結合在一起。

九年一貫課綱及十二年國教課綱比較

	九年一貫	十二年國教
課程理念	•（十大）基本能力 • 能力指標	•（三面九項）核心素養 • 學習重點（學習內容、學習表現）
課程	•（七大）學習領域	• **八大**領域
	• 語文領域	• **語文領域新增「新住民語文」**選項
	• 原為自然與生活科技領域	• 分為**「自然科學」及「科技」**領域
	• 低年級「生活課程」與「綜合活動」分設	• 低年級**「綜合活動」融入「生活課程」**
	• 原為藝術與人文領域	• 改名稱為**藝術**領域
	• 彈性學習「節數」，其使用無明確規範	• 彈性學習**「課程」**，其使用**有**明確規範
	• 重大議題設置課綱	• 時事議題**融入各領域**
學習節數	• 節數採彈性比例制	• 節數採**固定制** • 學習總節數不變

九年一貫課程到十二年國教課綱中兩項重要的改變

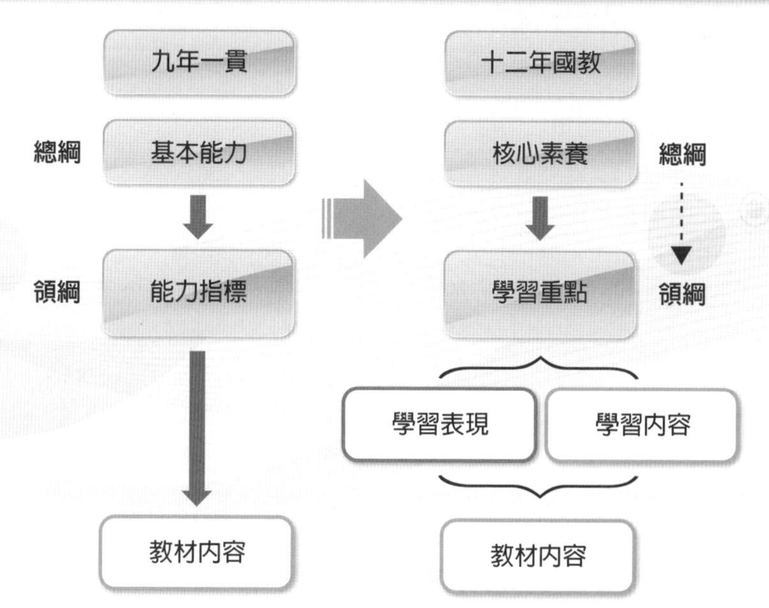

Unit 2-8 曼陀羅九宮格思考法（Mandala Chart）

一、起源

九宮格法從曼陀羅思考法演化而來，由今泉浩晃先生提出的計畫運用工具，主要是使用一張「內含核心的3X3九宮格」來呈現「整體與局部的相互關係與平衡」，是一種可以化繁為簡、持簡馭繁的思考工具，能夠協助個人與團隊進行創造力思考並提升執行力。

二、使用時機

美國職棒天使隊「二刀流」大谷翔平在16歲時運用「曼陀羅思考法」所繪製的九宮格表，完成一張複雜的「目標達成表」，引起廣大的注意。其使用時機如下：1.無法整理混亂的思緒，2.無法集中注意力在特定的對象上，3.無法運用大腦進行整體思考，4.無法仔細分析問題的結構，5.無法整合個別分散的資訊，6.無法同時明確掌握細節與整體架構，7.無法理解主題並擷取重點，8.無法把蒐集來的資訊從短期記憶轉變成長期記憶。

三、類型

曼陀羅法基本形式為3X3九宮格的長方矩陣，以一個主題為中心概念，向外八個空格強迫思考相關的概念，以激發出更多新的想法，所以又稱為九宮格法。運用九宮格圖像讓思考直覺化，更有條理和效率。主要可以分為下列兩種類型：

（一）向四面擴散的「輻射線式」（發散思考）

1.以九宮格的中央方格為核心主題，向外聯想出相關的概念。

2.其餘八格的概念都與核心主題有關聯，但彼此不必然有相關性。

（二）逐步思考的「順時鐘式」（收斂思考）

1.以中央方格為起點，依順時鐘方向將預定的工作項目或行程逐一填入。

2.若已擬定每週行程，每一方格可以代表一天；若欲擬定每天行程，可以每一方格代表兩小時。

3.過濾一週或一天最重要的工作決定中心方格內容。

4.文句儘量簡潔。

5.剩餘的最後一格可作為附註說明或提醒之用。

四、使用原則

1.想到就寫，2.用詞簡明，3.儘量填滿，4.實地行動，5.逐步整理，6.視覺管理，7.可大可小，8.使用顏色。

五、使用步驟

1.設定分析主題，2.聯想與主題相關的事物，3.分解九宮格，4.完成細節步驟。

曼陀羅法的兩種類型及步驟

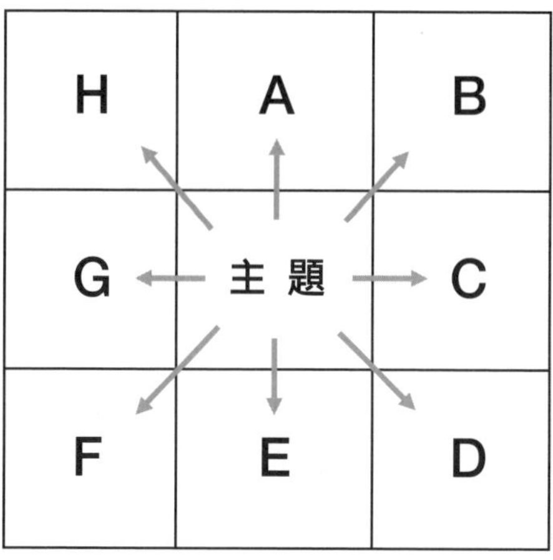

輻射線式（發散思考）

1. 在九宮格的中間填上想要發揮的主題。
2. 選擇進行方式：(1)關聯性、(2)差異化、(3)歸納整理、(4)列出問題。
3. 把其他八個空格填滿。
4. 無限延伸（非必要）。

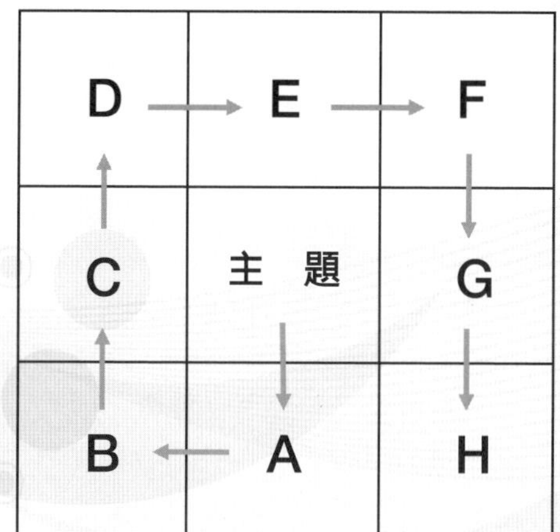

順時鐘式（收斂思考）

1. 在九宮格的中間列出主題。
2. 以順時針的方式安排行程。
3. 最後一格可作為附註說明或提醒之用。

Unit 2-9 實例分享～運用九宮格思考法分析課綱課程目標

以下以九宮格思考法的方式，帶領教師或是師培生進行社會領域課綱的探討。

一、準備事項

（一）十二年國民基本教育課程綱要國民中小學暨普通型高級中等學校——社會領域（可以是課程主題挑選不同領域或參與成員必須了解的官方資料）。

（二）進行分組，一組大約五～六名成員，每一組準備一把剪刀（或美工刀）、小透明膠帶、不同顏色簽字筆或彩色筆。

二、個人舊經驗回顧及小組分享（發散）

提出下列問題，讓參與的教師或師培生進行回想，並寫在白紙上：

（一）我在高中、國中、國小時，在社會領域課程學到什麼？

（二）在上社會領域相關課程中，令我印象最深刻的是什麼？

三、分享活動（收斂）

（一）小組成員每人一分鐘的時間輪流分享，務必每位成員均需發言。

（二）小組所有成員分享完畢後，各組挑選一則最特殊或最具代表性的案例，再由各組分別輪流向全體成員進行分享。

四、以「社會學習領域」為主題進行九宮格思考法（發散）

（一）以「社會學習領域」作為九宮格中央方格的核心主題。

（二）根據小組成員舊經驗或蒐集相關資料，向外聯想出相關的概念。

（三）九宮格中央方格之外的其他八個空格填滿之後，再以這八個次概念為核心繼續往外延伸。

五、核對課程綱要課程目標，找出其中異同（收斂）

（一）找出社會學習領域課程綱要的課程目標，找出關鍵詞。

1.增進對歷史、地理、公民與社會學科及領域知識的探究與理解能力。

2.發展跨學科的分析、思辨、統整與評估的能力。

3.發展個人的主體意識，以及自律自治、自發精進與自我實現的素養。

4.提升自主思考、價值判斷、理性決定與創新應變的素養。

5.發展民主溝通互動、團隊合作、問題解決及社會參與等公民實踐的素養。

6.培養對於族群、社會、地方、國家和世界多重公民身分的敏察覺知，並涵育肯認多元、重視人權和關懷全球永續的責任意識。

（二）核對小組所完成九宮格圖中各項主次概念，找出與課程目標異同之處。

（三）條列出異同之處，進行全體分享報告。

運用九宮格思考法分析社會領域課綱課程目標的流程

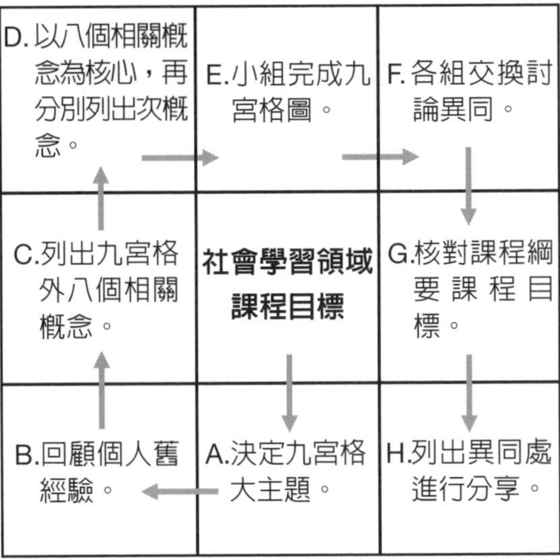

以社會學習領域為主題進行九宮格思考法分析

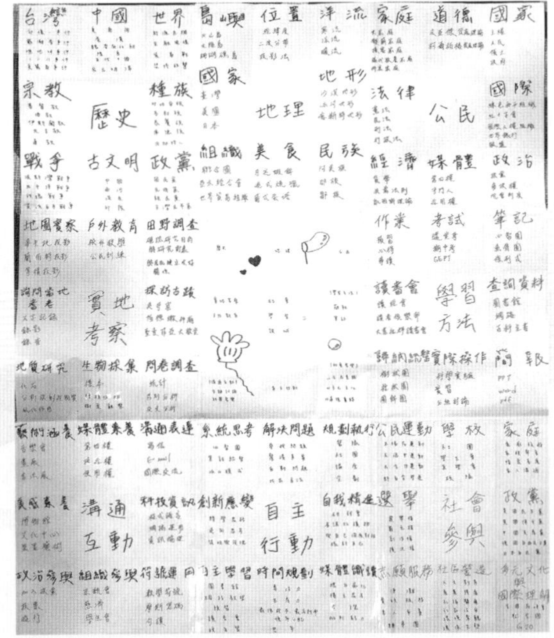

第 3 章

如何以設計思考（Design Thinking）的觀點規劃課程

章節體系架構

Unit 3-1 設計思考的定義

一、「設計思考」的來源

1987年時，「設計思考」一詞首次出現，當時是由哈佛設計學院院長Peter Rowe發表的《*Design Thinking*》一書所提出，但其書所談論的是應用於建築與都市設計的設計思考，探討建築師與都市設計師在形塑建築或城市空間時的思考行為。

1990年David Kelley和另外三個設計團隊合併，共同創辦了IDEO，沿用了「設計思考」一詞，發展一套「以人為中心來解決問題」的方法，成功的結合商業價值與科技，設計出了眾所皆知的案例。2004年David Kelley在美國史丹佛大學設立專門教授設計思考的d.school，教導各種不同領域的學生創新的產品設計概念，David Kelley在擔任史丹佛大學設計學院院長時，把自己過去幾十年來從設計角度思考解決問題的經驗，萃取成一門碩士級學程，建立起設計思考的學術地位。

二、什麼是「設計思考」？

IDEO的CEO Tim Brown（2008）在《哈佛商業評論》（*Harvard Business Review*）提出的定義：「設計思考是以人為本的設計精神與方法，考慮人的需求、行為，也考量科技或商業的可行性。」而隨著設計意識及創新概念的抬頭，設計思考也成為了企業輔導及學校教育的方法主流之一。

設計思考代表的是一種概念及精神，或是一種思考的模式，其特色是在思考過程中，特別注重是否結合人文的環境、使用的便利性、解決問題等面向，也思考解決問題的創意程度，是不是具備對整體大概念的洞察力、提出的解決方案是不是有創造性等等。

三、「設計思考」與「創意思考」的異同

設計思考與一般分析思考不同，設計思考是一種創造性思維，不過「設計思考」強調以人為本，而「創意思考」則比較強調如何去突破框架。因此設計思考考量的面向比較廣，基本上都圍繞著以人（使用者）為主。而人又與環境、自然共生，因此設計思考的著眼點，不僅僅是一個設計物品的誕生，更是這個設計物品本身與使用者、使用者與環境的組合結果。

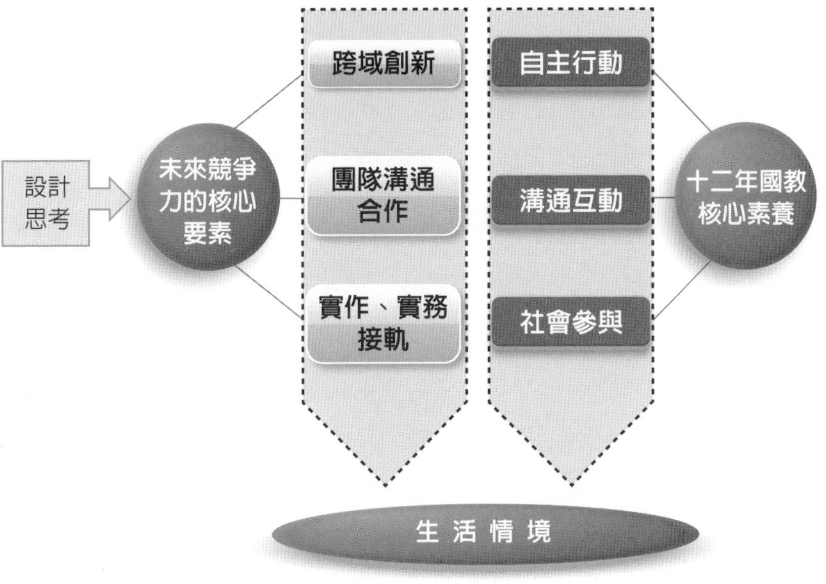
藉設計思考培養未來競爭力並對應
十二年國教課綱核心素養的三大面向
設計
思考
未來競爭力的核心要素
跨域創新
團隊溝通合作
實作、實務接軌
自主行動
溝通互動
社會參與
十二年國教核心素養
生活情境

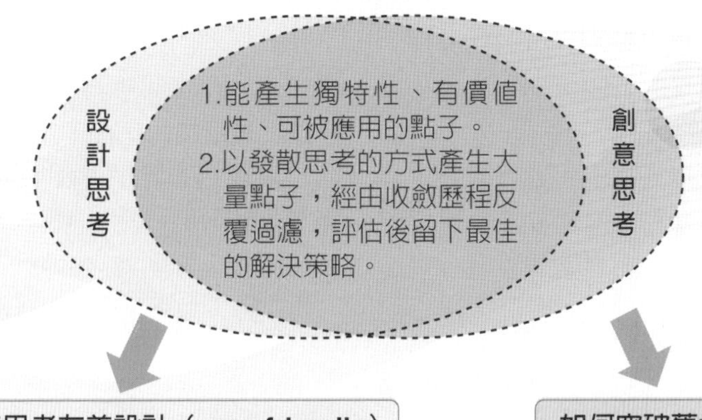
設計思考與創意思考之關係（兩者重疊度高）
設計思考
1.能產生獨特性、有價值性、可被應用的點子。
2.以發散思考的方式產生大量點子，經由收斂歷程反覆過濾，評估後留下最佳的解決策略。
創意思考
為使用者友善設計（user friendly）
如何突破舊框架

Unit 3-2 設計思考的精神與特色

IDEO的CEO Tim Brown（2008）在《哈佛商業評論》提出「以人為本」的設計思考之定義，以使用者的觀點作為出發，進行所有的思考、體驗與感受。Tim Brown認為所有成功設計案有不可或缺的三大要素：

（一）**洞見**：洞見是指「從他人的生活學習」，既然是別人的生活經驗開始，就要親自走到社會各個角落，實際觀察各行各業真實生活的點點滴滴。

（二）**觀察**：觀察就像做行銷的人，並不是長時間坐在電腦前，而是從和消費者的談話過程中，仔細觀察他們的作息與需求。

（三）**同理心**：同理心則是要「設身處地、感同身受」的「換位思考」，不是為了設計而設計。

除了「以人為本」這個核心理念之外，在執行的各個流程中也包含有一些同樣重要的精神與態度：

（一）**以人爲本**：以人的需求作為設計的出發點，因此要從使用者的觀點去體驗，去同理他的感觸，以達到真正最貼近使用者的設計。所以從教育的場域來看，「使用者」可能是教師本身，也可能是班上的學生、家長，更可能是學校的同事職員等。

（二）**同理心**：不是從「我」出發，而是先去看「使用者」的問題，像使用者一樣的角度或觀點看待世界，理解他的行為動機，作為同理他人，感同身受的去體驗。

（三）**跨域團隊合作**：不同領域背景的成員，因為具備不同的專長、不同的觀點，看待事物的角度也會有所不同。因此一個跨域的創新團隊，不只是能夠做出跨領域整合的成果。此外，透過不同的觀點討論，也更容易激發出更多創新的可能。

（四）**做中學習**：設計思考的每一個步驟，都必須用行動來實踐。因此不要在乎問題的大小、時間的長短或預算的多寡等，抱持正向積極的態度，相信自己都能創新改變。

（五）**快速原型製作**：原型的製作由粗略而且簡易的模型開始，快速完成原型的目的可以提供快速反覆的修正，藉由回饋再修改、再測試，不斷反覆這樣的歷程。

（六）**及早失敗**：設計思考鼓勵及早失敗的心態，寧可在初期成本與時間投入相對較少的狀況下，儘早面臨失敗，並做出相對應的修正。

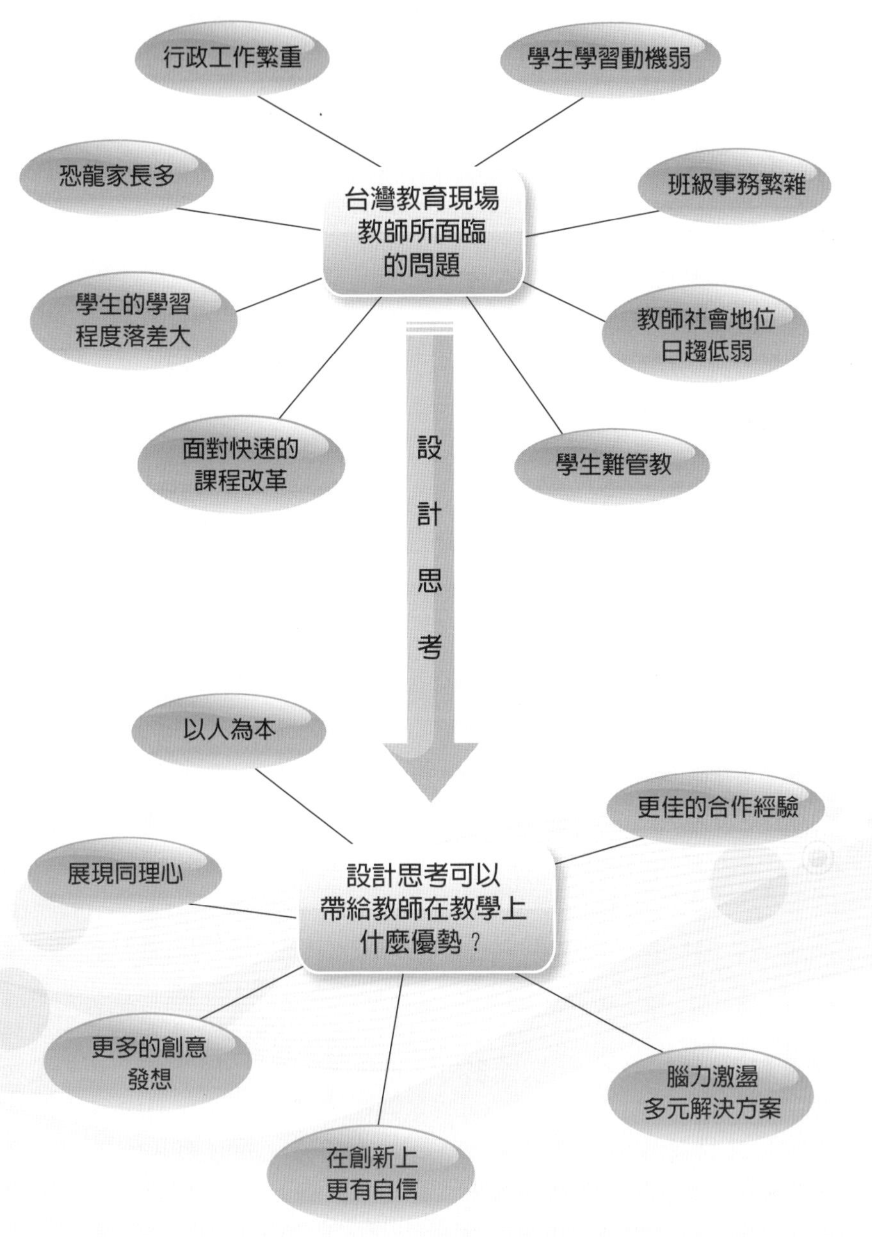
面對教育現場問題之下設計思考所帶來的優勢
行政工作繁重
學生學習動機弱
恐龍家長多
台灣教育現場
教師所面臨
的問題
班級事務繁雜
學生的學習
程度落差大
教師社會地位
日趨低弱
面對快速的
課程改革
學生難管教
設
計
思
考
以人為本
更佳的合作經驗
展現同理心
設計思考可以
帶給教師在教學上
什麼優勢？
更多的創意
發想
腦力激盪
多元解決方案
在創新上
更有自信

Unit 3-3 設計思考的階段

一、同理心（Empathy）：站在使用者角度思考

中文的「同理心」的意思接近於「體驗」、「體諒」、「體察」三者的融合體。也就是以使用者為中心的設計，透過多元的方式了解使用者的需求，可以藉由訪談、田野調查、體驗、問卷、觀察或是參與的方式，確實記錄使用者的體驗或情緒感受，以使用者的角度出發，找尋使用者真正的問題、需求。

二、需求定義（Define）：確認關鍵問題點

需求定義是將「同理心」這一個步驟中所蒐集到的眾多資訊，經過「架構」、「刪去」、「挖深」、「組合」後（可交互使用），對問題重新作更深入的定義，就像探索水平面下的冰山，更進一步找出使用者真正的需求，並用簡短的一句話定義使用者的需求。定義問題的最後一步，也是邁向第三階段創意發想的第一步：要先學會問對問題。

三、創意動腦（Ideate）：快速發想解決方案

創意動腦的過程中，就是要找出眾多的解決方案，用來解決「需求定義」的步驟中所找發現的問題。發想的過程透過三不五要的原則（三不五要：不要打斷、不要批評、不要離題。要延續他人想法、要畫圖、要瘋狂、數量要多、要下標題），激發出腦內無限的創意點子，並透過不同的投票標準找出真正適合的解決方案。

四、製作原型（Prototype）：模擬新服務的流程

在設計流程中，採用製作一個原型的用意，就是透過一個具體的呈現方法，可以作為團隊內部或是與使用者溝通的工具，並可透過製作的過程讓思考更加明確，因此這是一個動手思考的過程。此外，可以由簡略的草圖呈現，進一步不斷修整進而達到更完美的效果。在本階段的產出結果，會作為測試之用。

五、實際測試（Test）：根據使用者回饋作修正

實際測試是利用前一個階段製作出的原型與使用者進行溝通，透過情境模擬，使使用者可以測試是否適用，並從中觀察使用者的使用狀況、回應等，透過使用者的反應，重新定義需求或是改進我們的解決辦法，並更加深入的了解我們的使用者。（《親子天下》編輯部，台大創新設計學院，DFC台灣團隊，2017）

設計思考的五個階段及其內涵

1.出現了什麼問題？
2.問題本身的意義是什麼？
3.問題背後隱藏的次問題是什麼？
4.期待的結果是什麼？
5.解決這個問題所帶來的價值是什麼？

發散

1.確定想要解決的問題。
2.對象（使用者）是誰？
3.細分所欲達成的目標，並按照輕重緩急排序。
4.找出關鍵成功要素是什麼？

需求定義（Define）

收斂

創意動腦（Ideate）

發散

1.蒐集大量資料，找出同類相似事件的解決經驗是什麼？
2.接觸終端使用者，認識他們，了解他的需要是什麼？
3.進行初步的市場調查，看看其他人怎麼面對這項問題。
4.確認終端使用者的需求。
5.蒐集大量的點子，廣納雅言，嚴禁批評點子的好壞。

製作原型（Prototype）

收斂

1.將點子分類、加以提煉，產生對症下藥的點子。
2.組合點子並形成初步幾種模型。
3.選擇一個大家滿意或相對滿意的想法。
4.將所得最佳方式向使用者說明，並解釋背後的理由。
5.用各種方法製作出模型、動畫或是示意圖。

實際測試（Test）

收斂

1.製作任務清單，確定資源。
2.分配任務、執行任務。
3.利用各項器材記錄使用狀況。
4.確認解決方案是否已經達到預期效果。
5.對任務進行微調整。
6.記錄所有過程，並持續控管。

Unit 3-4 設計思考步驟一～站在使用者角度，探究問題全貌

一、發散性思考

同理心（Empathize）是設計思考的第一個步驟，透過「發散」的方式來看問題的全貌。所謂「發散性思考」就是根據既有的訊息產生更大量、多樣化的訊息。在進行發散性思考時，所有成員搜尋所有的可能答案，這種思考模式常發生在沒有固定結論的時候。發散的歷程不以現存知識為範圍，也不遵循傳統的確切方法去思考的能力，此種思考的結果，可能由已知而獲知未知。

二、如何洞察使用者的實際需求

同理心著重於觀察與了解使用者，愈能了解使用者的每一項行為、當下的情緒，以及為什麼有這樣行為的原因，才能夠激發出洞察的能力，設計出符合使用者「實際需求」的產品或服務。另外，觀察使用者的真實需求，不只在使用者的身上，更包含其背後文化跟社會價值的連帶關係。

三、探究問題全貌的方法

（一）**訪談與聆聽**（Interview and Listen）：準備好訪問問題，與使用者進行深度對話。將每個問題視作下一個出發點，訪談時不要使用引導式問句，多詢問屬於開放性的問題，仔細聆聽使用者回答的內容，再根據使用者的回答繼續往下追問，在每次回答後多問一次「為什麼」，才能協助找出使用者真實的感受。

（二）**看與觀察**（Watch and Observe）：除了採訪中的談話，更要仔細觀察使用者「生活中」的行為、表情與肢體語言。洞見常常存在於使用者自己本身也沒有觀察到的行為意義，心中時常存疑，抱持好奇心來了解每個行為與想法的意義。

（三）**接觸**（Engage）：除了觀察使用者執行的行為之外，並嘗試讓使用者在每個步驟都能說明其想法。或是拿出便利貼，將實際聽到使用者說的話或是看見的情境立即寫下來，當作下個流程分析的原始資料。

四、「同理心」在教學上的應用

教師在教授學生們「同理心」時，鼓勵孩子們討論自己班級、學校，甚至社區所面臨的問題和使用者心中可能的感受，試著讓每位學生表達自己在班級、學校、社區等不同區域內在面對難題時，可能會說出或表達出那些情緒性詞語。

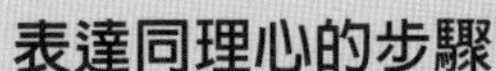

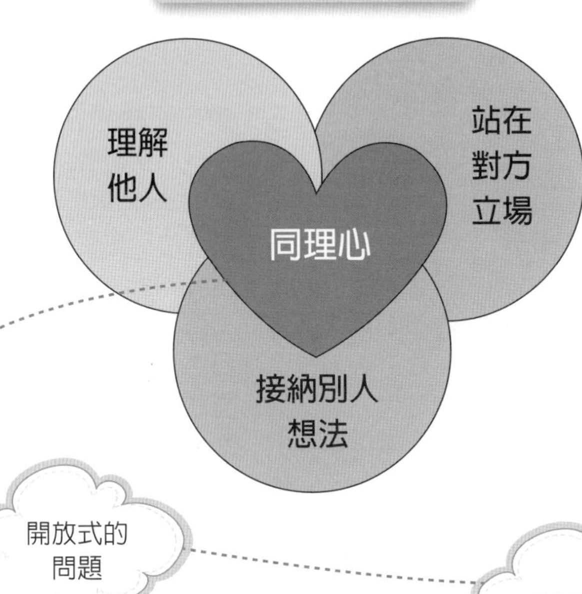

開放式的
問題

讓使用者引導到他想去，或是希望我們了解的地方。

放慢腳步

冷靜地體會與覺察自己的情緒與想法。

別立即
下判斷

避免先入為主。

注意自己的
身體反應

覺察自己的身體反應，注意自己的表情和手勢。

了解
過去

思考來源、了解自己的人格特質。

讓故事
說出來

了解「問題背後的問題」。

設定
界線

避免混淆彼此的情緒，提供更客觀的回應。

Unit 3-5 設計思考步驟二～如何定義一個好問題

一、收斂性思考

「需求定義」是設計思考的第二個步驟，透過「收斂」的方式進一步找出使用者真正的需求。所謂「收斂性思考」就是以舊有知識與經驗為思考的依據，收斂性思考層次的問題通常都需要經過分析和整合的步驟，目標是引導到預期目標的結果或解答。因此，進行收斂性思考時個人能運用本身已有的經驗，把事實統合於邏輯或和諧的順序當中，並遵循傳統的方法與已存的知識，進行有條理又有組織的思考。

二、對問題重新並作更深入的定義

「定義需求」這個步驟要收斂上一個「同理心」步驟所觀察到的相關資訊，經過「架構」、「刪去」、「挖深」、「組合」之後（可交互使用），從中挖掘使用者的實際需求，對問題重新作更深入的定義，這在設計思考當中是非常重要的一環！

問對問題是重要的，在一開始就必須先把問題澄清，而這個問題描述不僅是幫助我們去釐清「當前最重要的問題」，也將有助於引導下一個步驟的解決方案發想。

三、定義問題的三個元素

（一）**使用者**（User）：使用者是三者中最為具體的，比較容易探索和模擬，通常會使用人物誌設計法入手，再深入探討需求和洞見。

（二）**需求**（Need）：基於人類生理與情感所需，從使用者的資料中去發現隱含於某種假設與推理。

（三）**洞見**（Insight）：洞見是超越現有的關鍵，洞見可以是使用者自己也沒有意識到的部分，也可以是需求背後的動機。

四、如何定義需求

在這個階段建議使用簡短的一句話去定義使用者的需求，為了避免是站在自己的角度，通常建議不用「名詞」，而是以「動詞」提出解決方案。例如一位大學生走進教室，對著快要坐滿的座位東張西望，他的需求是什麼？你可能會認為：「他需要一個座位」，但這個答案是名詞；你可以嘗試用動詞來代替，此時他的需求的可能就是「他需要找個地方坐下來上課」。藉由動詞挖掘使用者需求，就可以進一步思考幫助他「上課」的方法，不會被原本自己預設的解決方案（座位）所侷限。

探索使用者的需求和洞見的歷程

<table>
<tr><td>使用者（User） ～小和</td><td>需求（Need）</td></tr>
<tr><td>● 目前就讀大三，平常沒課有去打工，大多搭乘捷運上下課。</td><td>● 想要買一輛摩托車，這樣從租屋處到學校上下課就很方便。</td></tr>
<tr><td colspan="2">
● 此時，我們可以詢問小和喜歡哪一種摩托車，然後幫他介紹。
● 或是，詢問小和為什麼想買摩托車？有沒有喜歡的車型？或是騎過哪一種摩托車？
</td></tr>
<tr><td>● 因為同學幾乎都有摩托車，假日想要出門去玩，搭捷運很不方便。</td><td>Q：其他的交通工具呢？可以搭公車或火車。</td></tr>
<tr><td>● 我的同學幾乎都是騎摩托車上下學。</td><td>Q：你想像中最理想到學校上課的方式要怎麼過去？</td></tr>
<tr><td>● 出門後可以更自在悠閒的方式，不用人擠人而有效率的到達自己想要去的地方。</td><td></td></tr>
<tr><td colspan="2">
洞見（Insight）
● 經過進一步的了解之後，發現小和其實想解決的是同學們都有摩托車，自己沒有辦法和同學一起騎摩拖車出遊。
● 購買摩托車對小和來說是一種解決的方式，並沒有真的很想要買摩托車的慾望，可以安排小和跟不同的朋友出去遊玩，或是提供小和更多運用大衆運輸工具的管道，或是和同學摩托車共乘的方式。

以上洞見是我們推測的，需要再與小和聊一聊什麼才是他真正的需求。</td></tr>
</table>

Unit 3-6
「五個為什麼（5 Whys）」問題分析法

一、5 Whys基本原理

五個為什麼（5 Whys），又稱為「五個為何」或「五問法」，是一種不斷循環提出問題的方法，用來探究造成特定問題的因果關係。運用這種方式來釐清問題，創新的目的就是要來解決問題，而解決問題最重要的是找到問題真正的根本原因。

二、5 Whys的發展歷程

這種方法最初是由豐田佐吉提出的，他在工作場所讓每位員工都找出一個工作上的問題，藉由反覆思考五次「為什麼？」以及找出真正的原因。

之後由豐田生產方式（TPS，Toyota Production System）的創始人大野耐一極力倡導的技巧，要求每個人面對問題時，一定要反覆詢問五次「為什麼」，強迫自己跳脫直覺思考，徹底了解狀況與定義問題，才去思考解決方案，確保所做的改善能夠發揮最大效益。

三、5 Whys在教學上的應用

在實際教學應用當中，有可能將這種提問進一步擴展到六問、七問，甚至是更多的「為什麼」。這麼做很可能合乎教學實際情況，因為「五個為什麼」之中所說的「五」並非一成不變的次數；反而，這個「五」字實際上說的就是多次反覆提出為什麼，一般來說足以找出根本原因。簡而言之，就是鼓勵解決問題的人要有「打破砂鍋問到底」的精神。實施步驟如下（郭至和，2016）：

（一）每一組同學上台讓全體同學了解各組的問題。

（二）教師解說5 Whys進行方式，在一組學生分享小組問題之後，由班上其他同學來詢問「為什麼？」。會以這樣的方式進行，主要透過全班討論的機會，讓全體的學生能熟悉活動方式，也希望藉由更多同學的意見，擴展每一組孩子思考的層面。

（三）輪流請每一組學生說明自己所提出的問題，然後再由班上其他同學提問，由該組學生回答，接著再由其他小組學生繼續發問，一直到小組問題能夠澄清為止。

5 Whys實施的流程

次數	問　題	回答
1	為什麼……	因為……
2	為什麼……	因為……
3	為什麼……	因為……
4	為什麼……	因為……
5	為什麼……	因為……

豐田汽車公司前副社長

大野耐一運用範例

在生產線上發現機器總是停轉，雖然修過多次，但仍不見好轉，於是詢問工人機器停機的原因。

問題1：**為什麼** 機器停了？
因為機器超載，保險絲燒斷了。

問題2：**為什麼** 機器會超載？
因為 軸承的潤滑不足。

問題3：**為什麼** 軸承會潤滑不足？
因為 潤滑泵失靈了。

問題4：**為什麼** 潤滑泵會失靈？
因為 它的輪軸耗損了。

問題5：**為什麼** 潤滑泵的輪軸會耗損？
因為 雜質跑到裡面去了。

經過連續五次不停地問「為什麼」，才找到問題的真正原因和解決的方法，在潤滑泵上加裝濾網。

5 Whys的作法

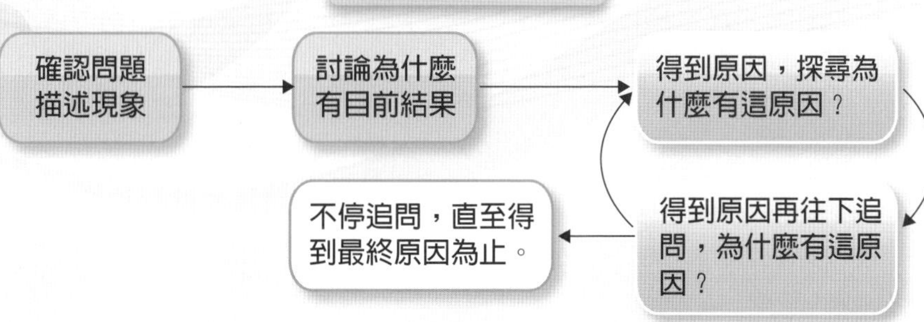

Unit 3-7 設計思考步驟三～腦力激盪找尋可能的解決方案

一、創意動腦要做些什麼

創意動腦（Ideate）是一個發散過程，在同理心階段時已經逐漸了解使用者及其需求，並在需求定義階段中綜合分析處理所觀察的結果，最後歸納出從使用者角度出發的問題陳述。有了前面兩個步驟的準備，大家就可以開始跳出原有思維的侷限，為上一步驟的問題描述找到新的解決方案，發想出可能的「問題解決方案」，而且發想出的點子是愈多愈好。同時，也可以開始試著從不同角度去觀察這個問題。

二、腦力激盪法

Osborn（1963）是第一位提出腦力激盪與核定清單的學者，這種方式是由一群人或一個人運用腦力，進行創造性思考（creative thinking），在短暫的時間內，對某項問題的解決，提出大量構想的技巧。

三、腦力激盪的基本原則

（一）對任何想法都不加以批判，所有成員的意見都允許提出，急著下定論或做決定反而會打斷發想點子的氛圍與激發創意的積極性。

（二）歡迎所有的想法，鼓勵任何天馬行空的點子，即使是不合理也可以接納，這個階段就是點子愈多愈好。

（三）愈多想法愈好，想法的品質可稍後再決定。

（四）雖然鼓勵自由聯想，但也要自我控制，不說廢話，集中焦點對準主題，尤其不要脫離前一階段所定義出的問題陳述。

（五）逐一發言，以成員們的意見作為基礎接力構想。鼓勵成員能巧妙運用彼此意見並改善他人的構想。

（六）運用多元的呈現方式，可以圖文並茂，成員可利用便利貼或白板，將所有想到的點子都展示在牆上，充分了解彼此的想法。

四、腦力激盪的注意事項

在腦力激盪的過程中，所有成員都有自由發言的權利，因為任何想法都值得被重視，提醒大家不要隨意去批評別人的點子。在帶領學生進行腦力激盪的同時，教師也必須注意：1.避免學生再去發明市面上既有的任何產品；2.所有想法均由孩子自己構想，大人不宜介入太多。在歷經腦力激盪後有大量的點子，團隊就能在一定的基礎之下，進行後續的點子評估，執行下一階段的任務。

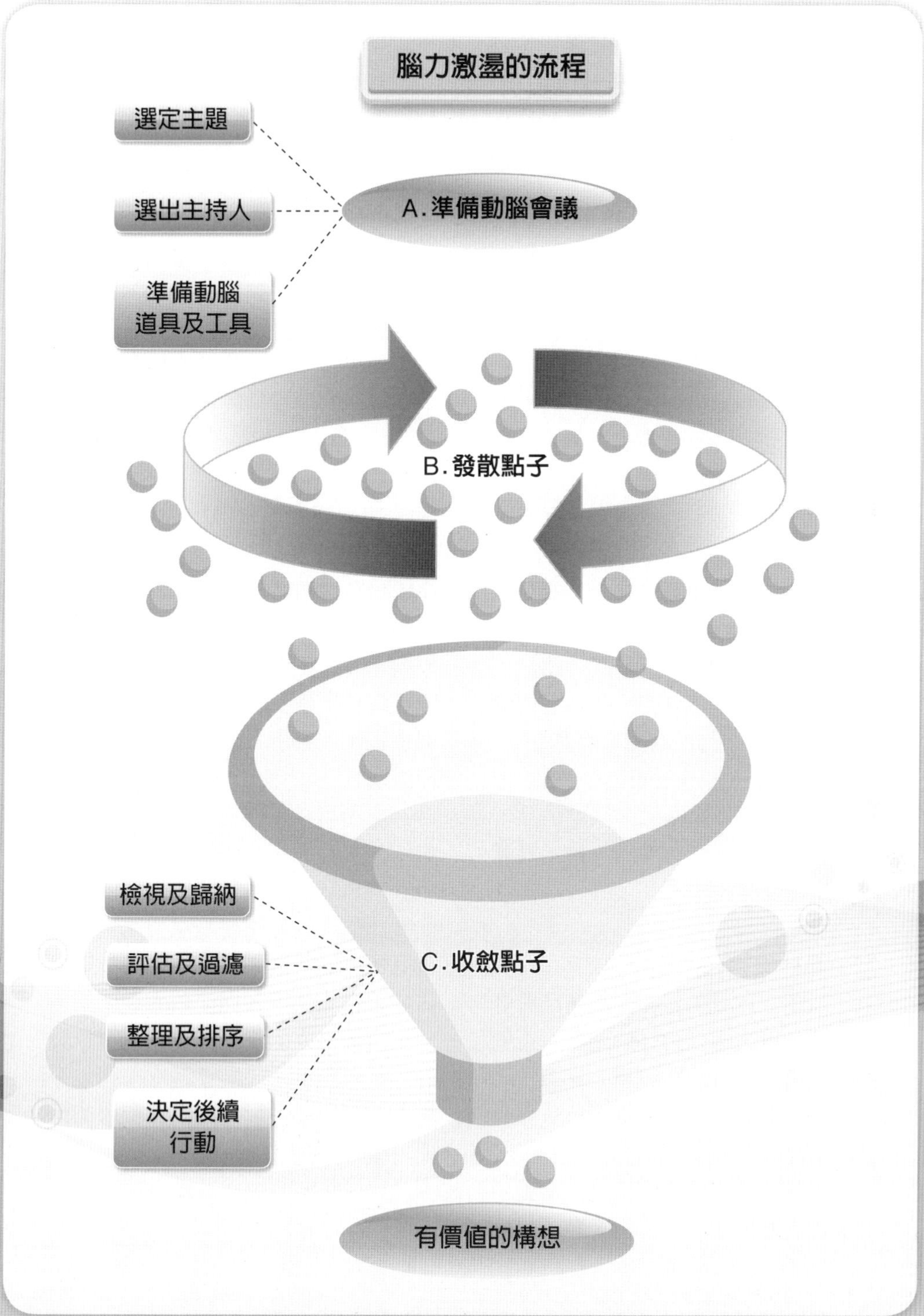

腦力激盪的流程

選定主題
選出主持人
準備動腦道具及工具
A. 準備動腦會議

B. 發散點子

檢視及歸納
評估及過濾
整理及排序
決定後續行動
C. 收斂點子

有價值的構想

Unit 3-8 設計思考步驟四～快速製作原型

一、收斂評估創意點子的方式

當然團體成員在上一階段廣泛的拋出大量點子之後，下一步就是開始收斂，收斂評估創意點子的方式如下：

（一）最高票選法（Highlighting）：成員們可以訂出「最特別」、「最喜歡」、「最可行」等篩選標準，由大家進行投票，選出2～3個方案製作原型。

（二）利弊分析法（A.L.U.分析）

1.Advantages（優勢）：發想後的利益，先評估想法的優點、好處。

2.Limitations（限制）：發想中的限制，再評估想法的缺點、壞處。

3.Unique Connection（獨特連結）：最後將優點擴大、缺點去除，根據獨特的想法作為連結，提出具體可實施之方案 。

二、為什麼製作原型

原型（Prototyping）為產品設計的雛型，用來驗證設計的產品是否適切，有無欠考量或未發現的盲點，必要時在正式生產前加以更正，免除製造出不合格或不符合品質的產品。

製作原型這個步驟就是一個動手的歷程，要把前一步驟創意點子具體化。產品原型製作的好處就是在新產品開發階段正式大量生產之前，可以檢討並微調產品缺失。另外，透過一個具體原型的呈現方法，可以作為團隊內部或是與使用者溝通的工具，並可透過做的過程讓設計者思考更為明確。

三、如何開始製作原型

製作原型的過程如下：1.確定團體成員及使用者的基本需求和功能，2.構造初始原型，3.製作、評價、修改原型，4.確定原型後處理。當學生動手「製作原型」時，教師在教室裡來回巡視，並且引導學生說出自己「製作原型」想呈現的功能。

原型可以是任何形式的東西（例如物品、介面、空間等），也可以是一則故事或表演，只要能找到便利並能彼此溝通的方法皆是原型。例如運用有順序的「故事板」，利用故事板內的圖畫和文字，向使用者說明如何使用設計出來的創意方案。也可以設計「玩偶劇」，設計者建立一個小型場景，利用小型玩偶反映人們會如何使用服務。

製作原型的方式

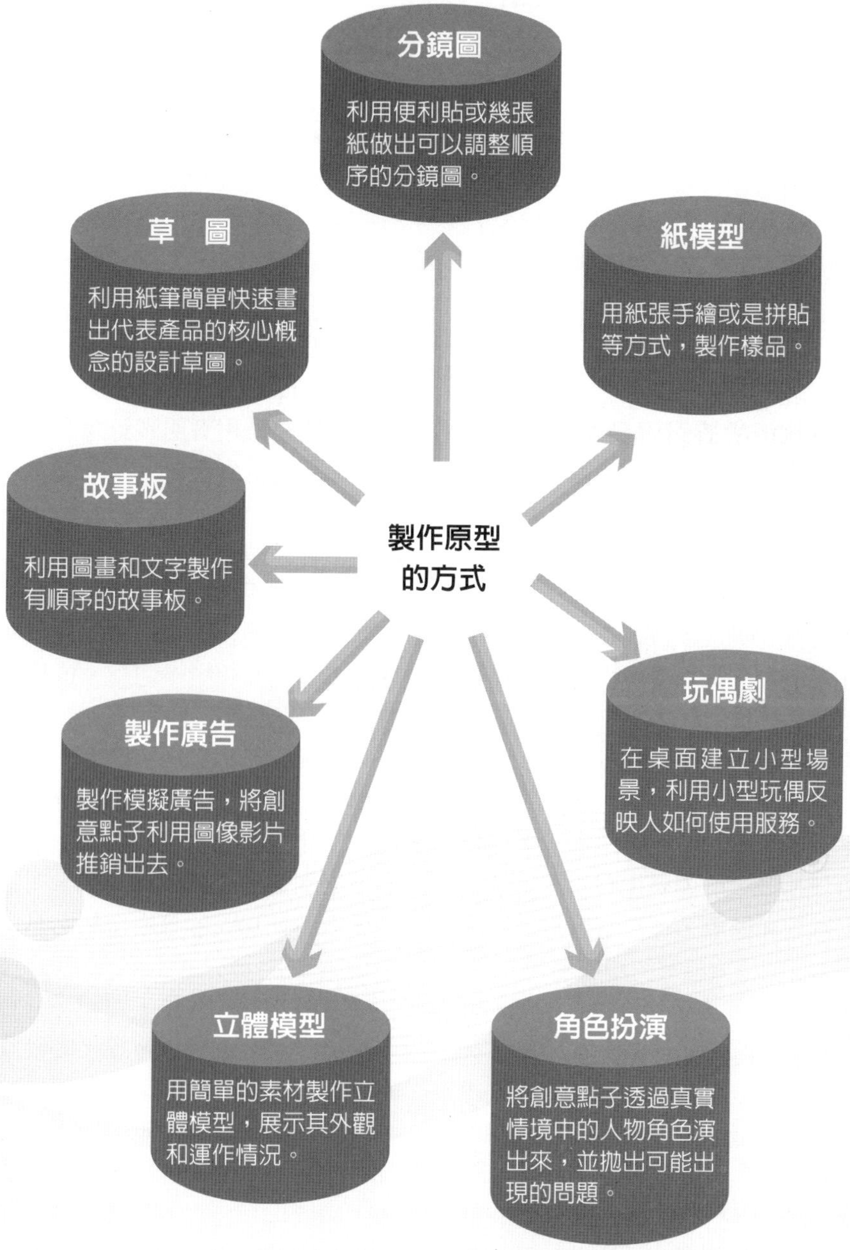

製作原型的方式

分鏡圖

利用便利貼或幾張紙做出可以調整順序的分鏡圖。

紙模型

用紙張手繪或是拼貼等方式，製作樣品。

玩偶劇

在桌面建立小型場景，利用小型玩偶反映人如何使用服務。

角色扮演

將創意點子透過真實情境中的人物角色演出來，並拋出可能出現的問題。

立體模型

用簡單的素材製作立體模型，展示其外觀和運作情況。

製作廣告

製作模擬廣告，將創意點子利用圖像影片推銷出去。

故事板

利用圖畫和文字製作有順序的故事板。

草　圖

利用紙筆簡單快速畫出代表產品的核心概念的設計草圖。

Unit 3-9 設計思考步驟五～透過實際測試再修正

一、實際測試的目的

實際測試（Test）是利用前一個步驟所製作出的原型與使用者進行溝通，透過情境模擬，讓使用者可以測試是否適用，並從中觀察使用者的使用狀況、回應等，透過使用者的反應，重新定義需求或是改進解決辦法，並更加深入的了解使用者。

二、測試後根據使用者回饋進行修正

製作出原型之後，必須回歸使用者的需求，請使用者試用之後，藉由他們的回饋找出與使用者之間的落差，再根據使用者的意見進行改良，就像是回到了第一個步驟，反覆循環下去，最終找出真正滿足使用者需求的方案。

進入到這一個步驟，教師先告訴學生「實際測試」的重要性，然後透過情境模擬，引導學生觀察使用者的使用狀況和回應，再決定是重新「定義需求」或是改善解決辦法。

三、設計思考屬於非線性本質

設計思考的五個步驟不是直線式流程，可能會同時進行。理性思考（線性思考）是縝密的、有步驟，而且是階段清楚，適合邊界分明的問題，因此線性思考方式有助於深入思考問題，探究事物的本質。設計思考（非線性思考）強調探索、打破框架，不斷快速製作原型，適合複雜困難的問題，所以非線性思考有助於拓展思路，看到事物的多元連結。

四、回饋捕捉的運用

史丹佛大學d.school發展出回饋捕捉（Feedback capture grid），是一套有系統的將使用者回饋記錄下來的方法，能分別得到使用者「喜愛的」、「不喜愛的」、「希望的」、「疑問的」四種類型的回饋。使用回饋捕捉可以獲得使用者即時的回饋意見，也有助於事後進行分析。團隊成員亦可藉此工具，互相給予回饋，或是團隊成員要捕捉使用者對原型的回饋。

使用回饋捕捉的方式是先在一張海報紙上畫上一個大十字，分別區隔出四個象限，在左上、右上、左下、右下分別畫上加號、三角形、問號和電燈泡，在加號部分用便利貼寫出使用者喜歡的部分，三角形部分寫出使用者建設性的批評，問號部分寫下使用者在體驗過程中所提出的疑問，電燈泡部分則是在與使用者回饋時所激盪出的新想法（《親子天下》編輯部，台大創新設計學院，DFC台灣團隊，2017）。

理性思考（線性思考）方式

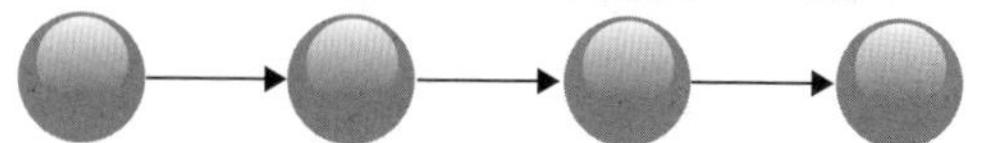

設計思考（非線性思考）方式

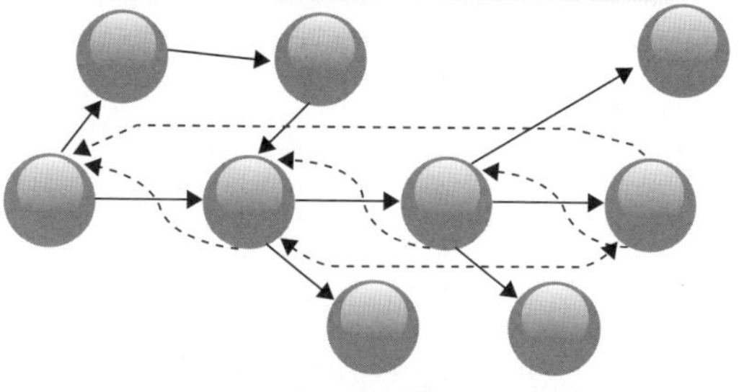

回饋捕捉的運用方式

使用者喜歡的東西

建設性的批評

體驗過程中提出的疑問

回饋時激盪出的新想法

Unit 3-10 設計思考在教學上的運用與啓示

一、解決問題以人為本，學校教學以學生為主體

設計思考強調以人為中心，因此在解決問題之前，必須透過觀察和同理心去發現使用者需求，站在主體是「人」的觀點上，更深入到人的內在與本質，一切都是以人為出發點。

學校課程的規劃及實施亦同，學習的主體是學生，所以每一位教師只要多彎下一點腰，聽聽孩子們的聲音，從學生的角度出發，同理孩子們的需求，改變一下教室內部分的課程、教法或學習環境，如果我們還是從成人的觀點出發，一切的改變都只是流於形式。

二、從自己的生活情境中發現並解決問題

從設計思考的步驟中可以看到觀察、洞見、同理心等，都重視社會文化脈絡與生活情境；設計思考的過程是輕鬆且開放的，孩子們可以從自己日常生活情境中去發現問題，從活動歷程中去探索更多的可能性，成人也不給予標準答案，學生們的每個點子都很有可能堆疊或碰撞出新的機會。

設計思考將「問題」與「解決方案」強力分開，在解決問題之前，先質疑問題的適當性及背後的脈絡條件，養成敏感的觀察習慣。另外，設計思考是一門必須親自動手做的方式，重視實作歷程，鼓勵學生將自己想法實作成模型。

三、培養同理心，把失敗當作朋友

同理心是設計思考中相當重要的概念，在第一步驟中就是透過觀察、有品質的訪談、訪談技巧，去深入了解及尋找使用者被隱匿的需求，培養同理心就是讓學生能換位思考，避免凡事以自我為中心。

設計思考在第四步驟就是快速製作原型，在創意發想以及設計產品時，讓學生「及早失敗」的成本是很小的，「擁抱失敗」將更能一步一步去修正。

四、跨領域學習，腦力激盪堆出好點子

設計思考需要跨領域合作，設計思考講求的是面向多元的創意解決方案，來自不同領域的專家，提供多元的創意點子，強調群體智慧，在真實生活中的問題本來就不是以單一領域去劃分或解決的。因此在學校的課堂學習之中，跨領域的主題課程才是連結現實世界，學生的學習也必須連結現實生活情境，真實的生活問題就無法以單一學科或領域的知識能夠解決。

設計思考的跨領域合作

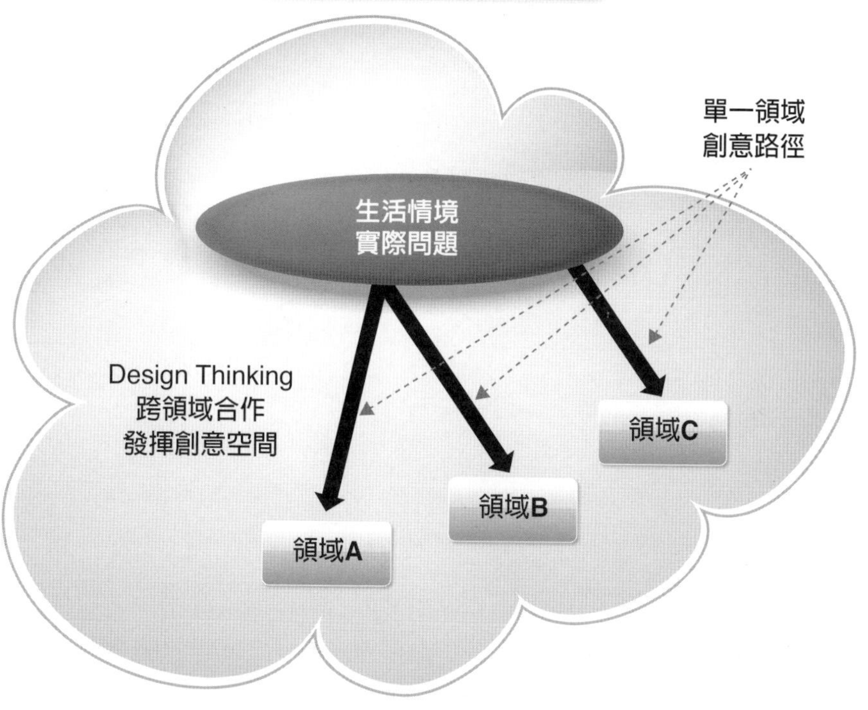

設計思考觀點下學生學習面向的改變

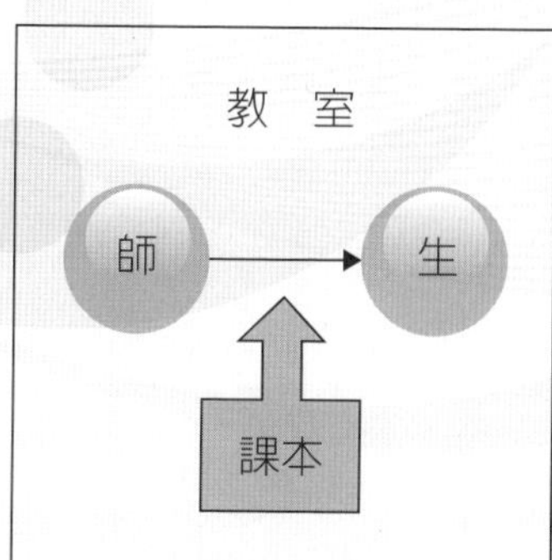

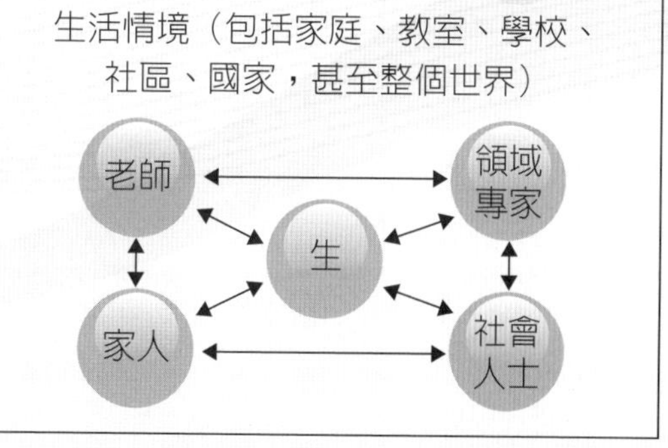

第 4 章

國內相關活動及教學法結合素養導向課程之規劃

章節體系架構

Unit 4-1 全球孩童創意行動挑戰的發展與宗旨

一、全球孩童創意行動挑戰的緣起

全球孩童創意行動挑戰（Design for Change，簡稱DFC）是由印度河濱學校（Riverside School）創辦人暨校長吉蘭・貝兒・瑟吉（Kiran Bir Sethi）女士首創的全球教育創新運動，瑟吉校長於 2001年在印度的亞美達巴德市（Ahmedabad）創辦了河濱學校與同名基金會，平面設計出身的瑟吉校長為了追求更好及創新的教學方式，她和同為設計師出身的三位好朋友一起腦力激盪，將每位設計師都必須要經歷的「設計思考流程」簡化成四個步驟，希望透過孩童的學習來進行挑戰。

2009年她於TED India大會上分享「化知道為做到」、創造讓老師引導孩子主動學習的辦學理念，演講中，她邀請全球的教育工作者在各地響應全球孩童創意行動挑戰，亦即「透過設計來改變問題」，並開始串連全球的孩童行動。

二、台灣DFC挑戰活動的開展

2010年，台灣的許芯瑋在TED短講平台上看到瑟吉校長的演講，除了深受感動之外，也相信「化知道為做到的力量」能夠改變世界，於是將此活動引進台灣。後來在2011年成立台灣童心創意行動協會，以非營利組織方式在台灣辦理全球孩童創意行動挑戰，四處到學校巡迴演講推動此課程與分享成果。

三、DFC挑戰活動的精神

瑟吉校長讓孩子自發性挖掘並解決生活情境中的問題，希望孩子知道「解決生活周遭的事」並非遙不可及的事，其教育理念應該從「老師告訴我」轉變成「讓我（學生）親自試試看」；更應該讓孩子從「我行嗎？（Can I ?）」的自我懷疑，到透過實際行動，從而建立「我可以！（I Can !）」的自信心（許芯瑋、上官良治，2013）。

DFC的理念是相信並期待孩子有改變的力量，能活用知識，積極解決生活周遭問題，讓孩子在面對問題時，願意勇於不斷嘗試。可以享受自我決定、倡導議題的感受，相信自己可以做得更多、更好，並對身旁的人事物保持關心，對世界的脈動產生關注。

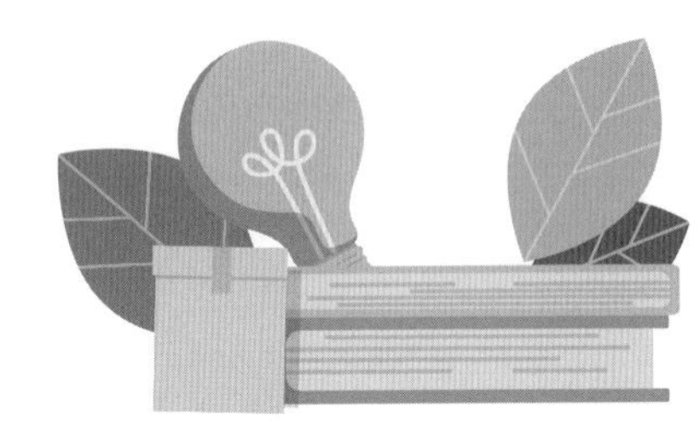

全球孩童創意行動挑戰（DFC）的發展歷程

時間分期及推動地區範圍	發展情形
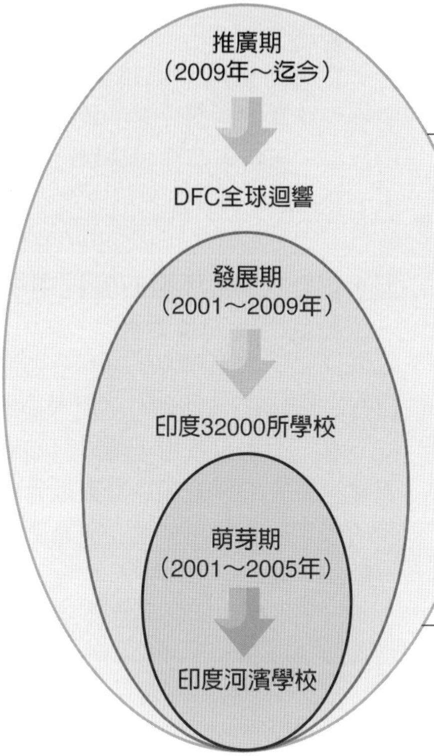 推廣期（2009年～迄今）→ DFC全球迴響	2009年11月瑟吉校長接受TED.com的邀請分享〈教導孩子如何發揮影響力〉，9分鐘的演講，引起全球熱烈回應。讓世界各地的教師勇於踏出舒適圈，擁有自信心，帶領學生們試著去改變周遭的生活環境。
發展期（2001～2009年）→ 印度32000所學校	瑟吉校長與朋友設計一套Design for Change孩童創意實踐行動，讓孩子想點子，解決困擾自己的事情，設法改變現況；後來翻譯成八種印度方言，感染更多孩子與其家人。
萌芽期（2001～2005年）→ 印度河濱學校	河濱學校沒有教科書，教師利用各種教學法設計課程，不斷修正改善，運用體驗式的學習讓孩子發現問題，希望培養出對事好奇、更有能力達成目標的孩子。

瑟吉校長的教育思維主張

傳統的教學	→	現在的教學
老師告訴我	→	讓我親自做做看
科目為中心	→	更貼近學生
用「你有多聰明／How SMART are you?」來評價孩子	→	從「如何發揮才智／How are you smart?」的角度來啓發孩子
讓孩子產生「我可以嗎／Can I?」的自我懷疑	→	透過實際行動，建立「我可以／I Can！」的信心

Unit 4-2 DFC 四個步驟

一、感受（Feel）：發現身邊的問題

先從觀察自己的感受開始，讓孩子透過各種方式發現、了解問題，並同理其他與問題相關的人的狀況和需求。盡可能把觀察到的問題挖深一點，甚至是重新定義問題，最後試著整合並清楚表達困擾他們的問題及原因。

二、想像（Imagine）：各種解決的辦法

感受到問題之後，想一想問題解決後的「最佳情境」，當最佳情境作為解決問題的目標後，再讓孩子們透過腦力激盪，想出各種面向、多種的解決方法，就不用擔心討論會失焦。接著，跟孩子一起依據現有資源，進行評估或是調整，並選出最適切的解決方法。

三、實踐（Do）：執行擬定的計畫

與學生們一同善用資源、擬定並付諸行動，實踐計畫。在實踐過程中，不斷重複「執行、遇到困難、解決」的歷程，並蒐集使用者回饋、建議及影響力等相關數據，落實最佳情境。且藉由分享個人心得及心態上的轉變，了解整體行動對他們自身的影響。

四、分享（Share）：擴大自己的影響力

試著帶領孩子們將執行四步驟的歷程統整成一個故事，並將統整後的故事，運用不同方式分享給身邊的人，發揮更大的影響力。

五、從DFC 四步驟的歷程中所學習到的能力及素養

（一）**主動學習：**讓孩子知道自己為什麼而學，藉此讓學習動機提升。

（二）**學以致用：**讓學科知識與真實世界有所連結，從真實世界中運用所學來解決問題，建立與真實世界互動的方式。

（三）**解決問題：**運用 DFC 四步驟，認識問題的不同面向，進而想出解決辦法，並實際行動。

（四）團隊合作：在解決問題的過程中，孩子能清楚地知道自己在團隊中的角色，並從中學習溝通協調，彼此相互學習。

（五）**負責任：**當學習的主動權回到自己身上時，孩子就不再認為課業以外的都與自己無關，而是願意肩負起解決問題的責任，成為改變的開始。

（六）**相信自己：**孩子在解決問題時，從一剛開始的「Can I？」到過程中不斷從困難中學習，且逐漸相信自己是具有改變的力量，最後大聲的說出「I Can！」。

運用DFC四個步驟來展現十二年國教總綱之願景與理念

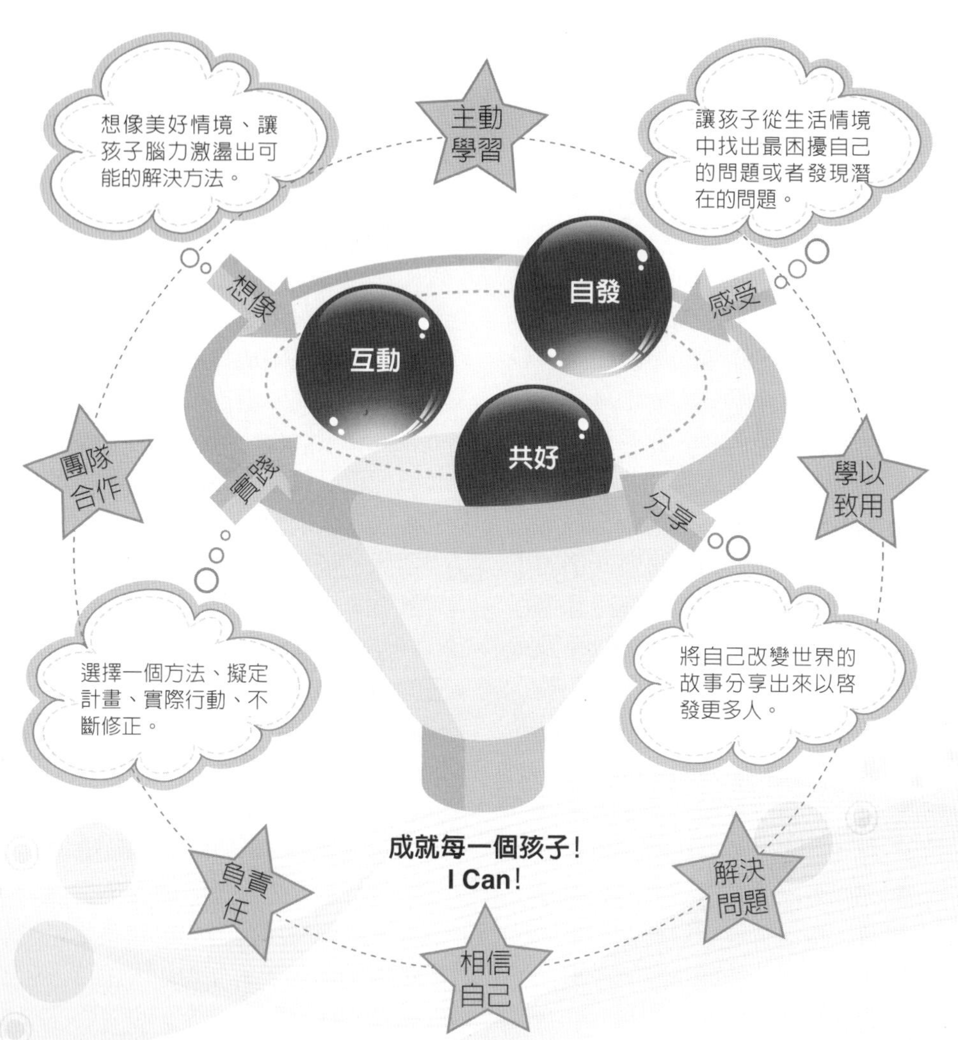

Unit 4-3 DFC四個步驟實際操作～設計背包（一）

一、課程活動前的準備

「設計背包」是一個簡單而快速體驗發散及收斂歷程的活動，除了可以用背包之外，還能以書包、水杯、外套或班服作為設計的主題，更貼近學生的生活經驗。

另外，可視教學時間及學習者狀況，考量在「製作原型」階段是否要讓參與者做出簡單的原型成品，製作原型的材料除了基本的工具（如剪刀、美工刀、雙面膠、白膠等），儘量以環保隨手可得的物件為主，例如廢報紙、回收紙、不要的紙箱等，亦可準備其他意想不到的材料（例如小玩具、貼紙），讓參與者在設計過程中可以添加新奇的元素，可以達到意料之外的效果。

二、暖身活動

首先可以讓參與者或學生兩兩分成一組（最多三人一組），這樣成員之間才能更深入去理解對方的需求。如果可以按異質性分組（例如不同性別、年齡、成績或職業等）或彼此不認識的情況下更佳。

接下來的暖身活動可以發給每一位參與者或學生一張A4的白紙，上下對摺，這樣正反面四個部分正可以安排「暖身活動」、「感受」、「想像」、「實踐」四個部分。在第一部分「暖身活動」，請小組成員為對方夥伴設計一個最適合的背包，這時候提示參與者或學生不能口頭詢問對方的需求，只能就設計者的感官（如眼睛）去猜測或推敲對方可能理想的背包。

除了用繪圖的方式外，設計者可以用簡單的文字加以描述，並提醒參與者或學生此一階段不是繪圖比賽，不見得要設計得十分完善精美，主要必須把自己設計的概念和重點呈現出來。主持人或教師可在成員設計過程中四處巡視走動，確認參與者或學生有無疑問，是否有效完成任務。

三、進入「感受」階段

此一階段藉由調查訪問活動，詢問對方夥伴目前使用背包的狀況，包括目前背包使用的實際情形、價格、材質、形式、圖案、功能和情感關係，了解對方對於背包的使用習慣和需求，將對方所回答的內容儘量完整記錄在A4白紙下方空白處。主持人或教師除了掌控時間之外，也要確認每一組成員都有確實彼此交換身分，詢問對方的意見及需求，才能繼續進行下一個步驟的活動。

「設計背包」的暖身及感受活動練習

※我的姓名：＿＿＿＿＿＿＿＿　※我的夥伴是：＿＿＿＿＿＿＿＿

※**熱身活動**：設計背包（請幫你的夥伴設計一個最適合他的背包）

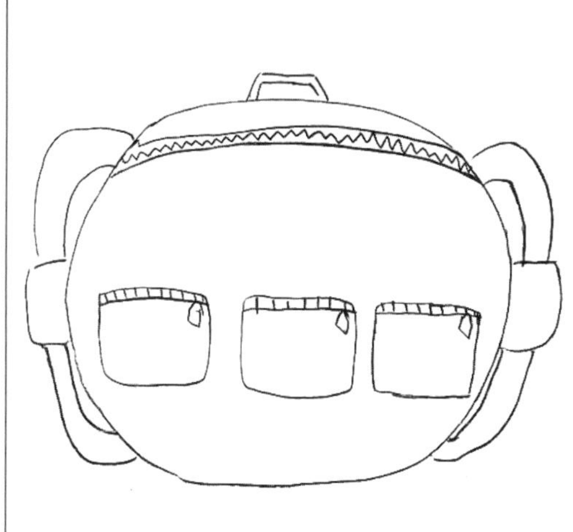

1. 背包的容量要大。
2. 口袋要很多，方便裝不同的東西。
3. 口袋用拉鍊。
4. 用後背的形式。
5. 有手提的功能。

※**第一步：感受**（調查訪問活動：詢問你隔壁的夥伴目前使用背包的狀況。）

現況使用

1.你花多少錢買這個背包？
2.這個背包是用什麼材質做的？
3.你喜歡用多大的背包？為什麼？
4.你喜歡什麼顏色的背包？為什麼？
5.你喜歡背包上有任何圖案、標誌？為什麼？

功能

1.你在什麼時候會使用這個背包？為什麼？
2.你現在使用的背包有哪些功能？
3.你覺得現在使用的背包還缺少了哪些功能？為什麼？

情感連結

1.現在使用的背包有你個人的特色嗎？
2.你喜歡目前的背包嗎？為什麼？
3.這個背包有沒有什麼特別的回憶？
4.如果弄丟這個背包會感到難過嗎？為什麼？

Unit 4-4 DFC 四個步驟實際操作～設計背包（二）

一、「感受」階段的深入探究

在上一步驟詢問夥伴目前使用背包的狀況之後，接著再重新檢視自己所蒐集到的資訊以及對方夥伴的需求，包括：對方使用背包的現狀，以及使用背包的困難點或不足處。最後再用一段話描述夥伴使用背包的需求，在這一個階段主要的目的就是「定義需求」。

鼓勵參與者或學生深入檢視在訪問中所蒐集到的資訊，試著突破表面的現狀問題，探討更深入一點，以便理解對方真正的問題與需求。

二、「想像」出不同的點子

在這個階段就是運用上一階段所發現的「洞見」，重新再設計，可以鼓勵參與者或學生發揮多元創意、突破既有的框架，目標是設計出最能夠滿足對方需求的背包。

因此接下來每位參與者或學生必須要想出四種能夠滿足對方夥伴需求的背包設計，呈現方式可以用寫的，也可以用畫的。

三、「實踐」階段再重新設計

針對剛剛自己所歸納提出的點子，重新畫出改良後的背包設計圖，把自己設計的概念及特點標註在旁邊。

四、「分享」階段獲得新的回饋

最後「分享」階段成員之間在時間內彼此互相分享，比較在暖身活動及重新設計的背包有哪些地方做改變，並且在分享過程中從對方身上獲得建設性的回饋意見。可以假設情境之下，聽完自己擔任「設計師」為對方量身打造的背包之後，詢問對方是否願意接受設計理念及商品並花錢購買，詢問其原因，作為持續改進的方向。

五、活動歷程中的注意事項

（一）每一個步驟的時間要看參與成員的年齡、身分而定。以小學生為例，可以將這些步驟分開成兩節課共80分鐘進行。至於是要以繪圖方式畫出原型或是準備器材製作簡單原型，可視活動時間彈性安排。

（二）為了明確控制每一個步驟的時間，可事前準備適當的音樂，藉由音樂或鈴聲確保時間的進度。

（三）可以將最後討論的焦點放在暖身活動及最後設計成果的相互比較，如果小組兩人是完全不認識或異質性分組，前後設計的比較更能讓參與者體會到設計思考的魅力，更能明瞭要以使用者的觀點出發，培養同理心去查覺對方的需求。

「設計背包」的感受、想像、實踐、分享四步驟活動練習

※**第二步：感受**（定義需求）	※**第三步：想像**（試著想像出四種不同的點子，讓你能夠幫助夥伴滿足他的需求。）
現況：出門前看不同的場合選擇適合造型的背包。 **困難點或不足處**：不好背、容易髒、怕水。 **需求**：希望不要太常清洗，跟新的背包一樣，布料夠厚不容易破、能耐用。	1.對懶人友善、方便。 2.材質夠厚不易破，耐用。 3.肩帶有氣墊。 4.大包+小包→可以隨時拆換。

※**第四步：實踐**（現在，選擇你認為最棒的點子。在下方畫出你的設計，並標上設計理念、用途等說明。）

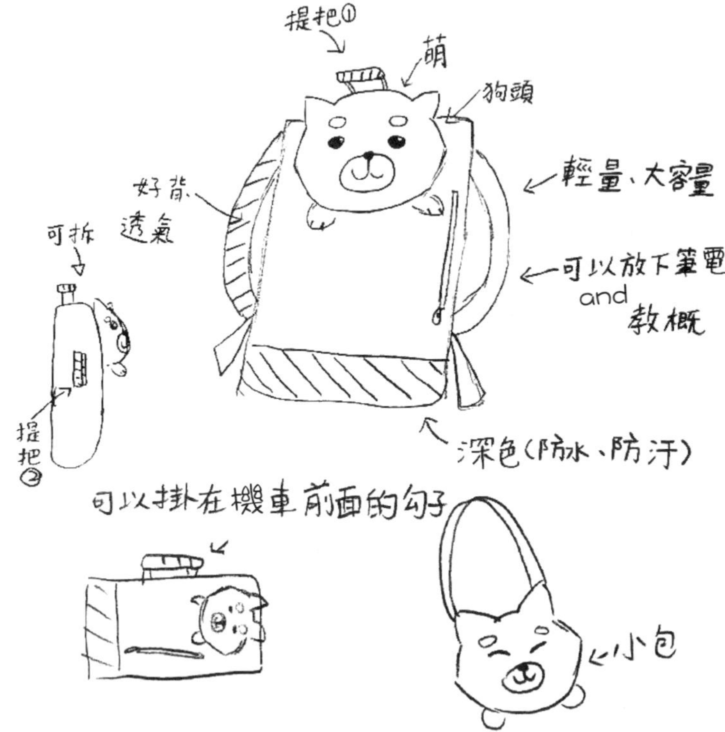

※**第五步：分享**（在聽完設計師為你量身打造的背包之後，如果你願意接受對方的設計理念及商品，並願意花錢購買，請簽下你的姓名：＿＿＿＿＿＿＿＿）

Unit 4-5 金車文教基金會「愛讓世界轉動」

一、「愛讓世界轉動」活動緣起

金車文教基金會自2011年開始持續推動「愛讓世界轉動兒少公益行動」國際教育系列活動，以切合孩子角度的方式分享在世界各地發生的事情。從「國際關懷、在地行動」觀點出發，相信改變不會是一個人做了很多，而是每個人都做了一點點，世界問題將會因孩子從小關注，逐漸受到重視而減輕。

「愛讓世界轉動」就是讓孩子用多元角度看世界，激發跨國際、跨文化的行動力與反思力。從發現問題、分工合作、討論解決、到行動實踐，結合服務學習及生命教育，鼓勵孩子從小關心國際事務，培養其擁有同理心、行動力、團隊溝通力，進而成為改善全球問題的世界公民。

二、活動特色

（一）**國際教育：**將國際教育向下扎根，以宏觀的國際視野，展現縱橫全球的創造力與行動力。

（二）**世界公民：**鼓勵孩子跳脫島國思維框架，看見自身與地球的連結，建立彼此共好關係。

（三）**團隊合作：**讓孩子於同儕間協同合作，學習聆聽他人與表達自己，為共同目標而努力。

（四）**創新思維：**激發孩子的想像力與創造力，以多元形式提出行動方案，創造無限新可能。

（五）**服務學習：**結合服務學習核心精神，在經驗中學習解決問題，培養獨立思考與洞察力。

三、STAGE五步驟

（一）S/See the world──**看見世界：**透過多元管道搜尋資訊，看看世界上有哪些問題？選定想要幫助的問題，深入了解議題牽涉的範圍和面向。

（二）T/Think──**發想：**針對問題與組員腦力激盪，提出最具創意的想法，開始規劃一個兼具創新與可行性的行動方案。

（三）A/Action──**行動：**與夥伴們分工合作，將想法化為實際行動，讓世界開始因為你們的努力而逐漸改變。

（四）G/Gain──**收穫：**試著與他人分享在行動歷程中的收穫與成長，透過反思檢討讓挫折成為再次前進的動力。

（五）E/E-Record──**社群：**將行動過程中任何相關的痕跡妥善留下，將照片、影片分享至社群，以發揮更大的影響力。

「愛讓世界轉動」STAGE五步驟
T/Think
發想
A/Action
行動
G/Gain
收穫
E/E-Record
社群
S/See the world
看見世界
國際關懷
愛讓世界
轉動
在地行動

Unit 4-6 瑪利亞社會福利基金會「小學生公益行動競賽」

一、「小學生公益行動競賽」的緣起

瑪利亞社會福利基金會舉辦「小學生公益行動競賽」，是以全台的小學生從事公益活動，以行動改變生命，也改變世界。瑪利亞基金會每年邀請郝廣才、洪蘭等關注教育的各領域專家們一起推動「小學生公益行動競賽」，目的正是為了讓小學生感受到愛與分享、感恩與付出、生命與公民教育的體現。這一項活動關鍵在於兩個核心價值：校園內，老師是起點；校園外，父母是起點。

二、「小學生公益行動競賽」所培養的核心能力

「小學生公益行動競賽」是專為提供小學生一堂豐富的愛與分享、感恩與付出、生命與公民教育的課程，期待養成四個核心能力：

（一）**希望力**（Hope）～強調自主性（小小年紀，改變世界）：孩子主動發現問題，透過團隊討論規劃公益行動，並展現公益行動自主規劃之能力。

（二）**超越力**（Exceed）～強調影響性（突破自我，實現夢想）：有無透過公益行動解決問題，深入及有效地執行計畫，發揮其深度或廣度影響力及執行力，讓此行動對孩童自身、學校、家庭、社區或整個社會創造出正面影響力。

（三）**救援力**（Rescue）～強調延續性（愛的力量，守護生命）：能否讓此行動形成延續常態性的社會實踐和培養孩子社會責任感，發揮愛的力量，成為生命教育實踐的場域。

（四）**克服力**（Overcome）～強調創新性（打破逆境，創造奇蹟）：啟發孩子想像力、發揮創意執行公益行動，打破逆境，創造奇蹟。

三、DFC、愛讓世界轉動、小學生公益行動競賽三項活動的異同

這三項國內的活動均希望培養孩子們的自發性，能夠主動去發現問題，並根據問題找出解決問題的方法，實際付諸行動，發揮自己的影響力。不過 DFC、「愛讓世界轉動」分為四或五個階段步驟，而「小學生公益行動競賽」強調四個核心能力的養成；其次，DFC 的背後哲學思維是設計思考，著重孩子的創意發想，「愛讓世界轉動」則偏重國際教育，希望能培養學生具備全球思維、在地行動，「小學生公益行動競賽」較重視公益行動、服務學習的付出。

DFC、愛讓世界轉動、小學生公益行動競賽三項活動的比較

金車 愛讓世界轉動

S－See The World

看見世界！蒐集資訊，發現全球有哪些問題？團隊決定幫助什麼問題？為什麼？

T－Think

想想如何幫助這個問題？討論如何幫忙這個問題？

A－Action

分工合作、實際行動

G－Gain

有什麼收穫？日後再持續進行時，怎麼做會更好？

E－E Record

行動紀錄、照片、影片、社群分享。

DFC

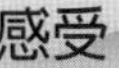

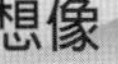

實踐

分享

瑪利亞 小學生公益行動競賽

希望力Hope

孩子主動發現問題，透過團隊討論規劃公益行動，並展現公益行動自主規劃能力。

超越力Exceed

透過公益行動解決問題，深入及有效地執行計畫，發揮其深度或廣度影響力及執行力，讓此行動對孩童自身、學校、家庭、社區或整個社會創造出正面的影響力。

救援力Rescue

讓行動形成延續常態性的社會實踐和培養孩子社會責任感，發揮愛的力量，成為生命教育實踐場域。

克服力Overcome

啓發孩子想像力、發揮創意執行公益行動，打破逆境，創造奇蹟。

Unit 4-7 社會行動取向的課程設計（一）～課程觀點及學習階段

一、社會科教學的四種取向

Barr-Barth和Shermis（1977）曾研究各種取向的社會科學習在涵養學生的公民資格是有一定的共識，但對教學本身的見解卻很不一致，約可分為三大取向：1.以傳遞公民資格模式教授社會科；2.以社會科學模式教授社會科；3.以反省探究模式教授社會科。後來陳麗華、彭增龍、張益仁（2004）特別提出社會行動取向的課程設計，進一步將社會科的教學推展到帶動社會轉型的社會行動層次，稱為社會科課程設計的第四個傳統。

二、社會行動取向的課程觀點

社會行動取向的課程觀點是以反省實踐的教學模式，呈現帶動社會轉型的教學，稱為第四個取向的原因是其強調反省實踐的社會行動力的培養，希望造就學生成為具有公民效能感的公民。而其所根據的理論，則參酌邁向公民社會的公民資格觀，當代民主思潮──批判理論、多元文化主義、後現代主義與後殖民主義的特質，以及其對社會轉型的影響與教育的啟示。

三、社會行動取向的三個學習歷程階段

（一）**社區學習階段**：此階段目標在培養社區意識，主要以社區為教室，讓學生以社區文獻、人物、機構和人文自然現象為學習對象，協助學生體認此一學習乃是個人善盡公民責任、參與公共事務的基礎。在這個階段的社區學習中，教師開發多樣化的學習管道來發展學生的多元智能，並且培養學生認同本土、涵育多元文化觀點，期能尊重和欣賞社區的多元文化。

（二）**社區探究階段**：此階段在發展探究能力，讓學生從廣泛的社區學習中，發掘感興趣的議題或主題，進行深入的探究活動，以增進其研究問題的能力。學生學到的研究能力，包括使用圖書館、網路和其他社區機構的資源、訪問和做紀錄、整理分析資料等。

（三）**社區行動階段**：本階段在培養公民行動能力，主要是讓學生能反省和批判社會問題以及本身的行為，並進一步體認到社會的改革與進步，端賴公民的積極參與與行動。最終能針對自己研究的議題或主題，提出解決方案，並能持續的反省與實踐。

社會科教學的四種取向

	傳遞公民資格的模式	社會科學模式	反省探究模式	反省實踐模式
教學目的	灌輸正確價值觀。	精熟社會科學的各種概念、過程和問題。	透過探究過程中所用到的知識是源自公民作決定和解決問題之所需。	透過反省實踐過程，啓發其歷史及批判意識，培養民主溝通的能力與態度，終而採取負責任的社會行動。
教學方法	傳遞	發現	反省探究	反省辯論與實踐
教學內容	由教師認定的權威所選定的，並且具有說明價值、信念和態度的功能。	社會科學的結構、概念、問題和過程。	學生自我選定的問題，而分析每個公民的價值、需要和興趣等是學生選擇問題的基礎。	取自真實的社會生活，包括學術性議題以及社會性議題。

Unit 4-8 社會行動取向的課程設計（二）～與 DFC 的異同

社會行動取向課程，建構在學校與社區環境資源的基礎上，因此其發展概念亦來自學校與社區裡人的對話與互動，其發展的歷程分成五個步驟：1.情境分析、2.課程規劃、3.課程設計、4.課程實施、5.課程評鑑，而且彼此之間不斷透過檢核與回饋修正，期能契合教學。

而社會行動取向的課程設計與DFC之間有何異同：

一、「變」就是兩者最大共通點

社會行動取向的教學和DFC兩者共同點都是希望孩子們能藉由自己周遭生活所發生的問題作為出發點，期望最後運用各種可能的方法，付出行動力，產生改變，改善問題。

二、社會行動取向課程設計的關注對象是教師

社會行動取向的課程設計理念是由「社區參與學習」延伸而來，其意涵是企圖從「提供機會讓兒童在社區的真實情境中試驗、類化和運用在教室中習得的課業知識，以增進學生在心理、社會、智識與社會責任感等方面的發展」（陳麗華、彭增龍、張益仁，2004），進階至主動覺察社區議題，採取公民行動，最後習得解決問題的能力上。經由社區學習、社區探究到社區行動的過程，讓學童更了解自己的社區，並且實踐公民責任。基本上，這樣的課程方案還是著重在課程設計者（教師）的身上。

三、DFC挑戰活動放在孩子的身上

DFC也是讓孩子去發現問題，但孩子們所「感受」的問題範圍和種類，從台灣歷屆參加的故事中可看出比社會行動取向繁雜多元，也就是說DFC有可能發展出社會行動取向的故事，可是也有很多不是，因為孩子們會運用DFC解決更多和自己切身相關的問題。其次，DFC運用設計思考的方式讓孩子不斷在收斂和發散之間，循環的思考問題和策略，更重視學生創意的發想和運用天馬行空想像力轉化為實際的行動力。

四、衍生社會行動取向第四階段

社會行動取向規劃出三個學習歷程階段，作者根據DFC四個步驟在三個學習歷程階段之後增加第四個「行動分享階段」，教學重點在培養學生的表達發表能力。這裡並不是在比較兩者的優劣，只是在規劃課程設計之際，還是要釐清自己的教學觀點、學生學習的目標等因素，才能靈活運用不同的教學策略。

社會行動取向觀點規劃DFC統整課程架構圖

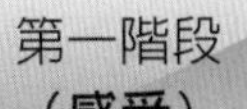

社區學習階段：培養社區意識
教學重點：（廣度學習）
同理關懷、多元文化觀、多元智能發展

第二階段（想像）

社區探究階段：培養探究方法
教學重點：（深度探究）
創意思考、主題探究、社區及全球公共議題

第三階段（實踐）

社區行動階段：培養行動能力
教學重點：（公民行動）
批判思考、社會參與、解決問題

第四階段（分享）

行動分享階段：培養發表能力
教學重點：（表達力）
表達溝通、反省自信、自我實現

反省與回饋

以DFC四階段對照社會行動取向課程發展的歷程

感受	想像	實踐		分享
情境分析	課程規劃	課程設計	課程實施	課程評鑑
教育哲學與理論 結合學校願景 社區資源調查 相關文獻蒐集	轉化學習重點 結合社會體系 結合教育體系 訂定主題或議題	社區學習 社區探究 社區行動	教師增能 課程理解 行政支援	符應核心素養 教師態度 學習成效 相關人員回饋

檢核與回饋

Unit 4-9 問題導向學習（PBL）（一）～起源與特徵

一、起源與定義

問題導向學習（Problem-Based Learning，簡稱PBL）於1960年代起源於加拿大的醫學教育改革，並遵循進步主義者J. Dewey的信念，PBL廣泛運用在臨床醫學教育，後來推廣至教育領域。問題導向學習是指教師在教學過程中，以實務問題為核心，鼓勵學生進行小組合作，以培養學生主動學習、批判思考和問題解決的能力。

二、PBL的特徵

（一）**以問題解決爲核心**：讓學生在真實生活世界的環境中，將所發生的實際問題形成案例，共同討論並提出解決問題的方法。

（二）**以小組模式進行，發展人際關係技巧**（Developing interpersonal skill）：小組內成員之間必須透過各種合作互動去解決學問題，藉由小組合作的學習歷程，成員之間可以有效的學習問題解決方法，發展人際關係技巧。

（三）**以小組討論模式進行**：在小組合作的過程中，必須透過討論的方式對資訊內容進行批判與討論，藉以整合出能夠解決問題的方案。

（四）**強調學習者的自我學習**（Self-directed）：重視以學生為中心的學習方式，學生必須主動思考學習目標、了解自我能力，擬定學習計畫或階段性學習目的與進行自我評估，並在小組學習環境中主動與他人進行互動討論與分享。

（五）**教師作爲引導者**（Tutor-assisted）**從旁協助**：教師從設計真實性的任務中，扮演引導者的角色適時介入小組的學習過程，參與問題解決討論，並提供適當的回饋，以幫助學生釐清過程中所產生的問題。

三、教師在PBL中的角色

在PBL中，教師必須扮演激勵者和觀察者的角色。PBL對教師本身的素養與教學技巧有很高的要求，教師必須引導小組討論的進行，確認成員之間的討論確實符合課程的學習目標。因此，教師在PBL中需要熟練並掌握相關領域的知識，同時必須具備問題解決的能力，還要懂得靈活的運用知識、嚴密的邏輯思維與良好的組織管理能力。

問題導向學習（PBL）的特色

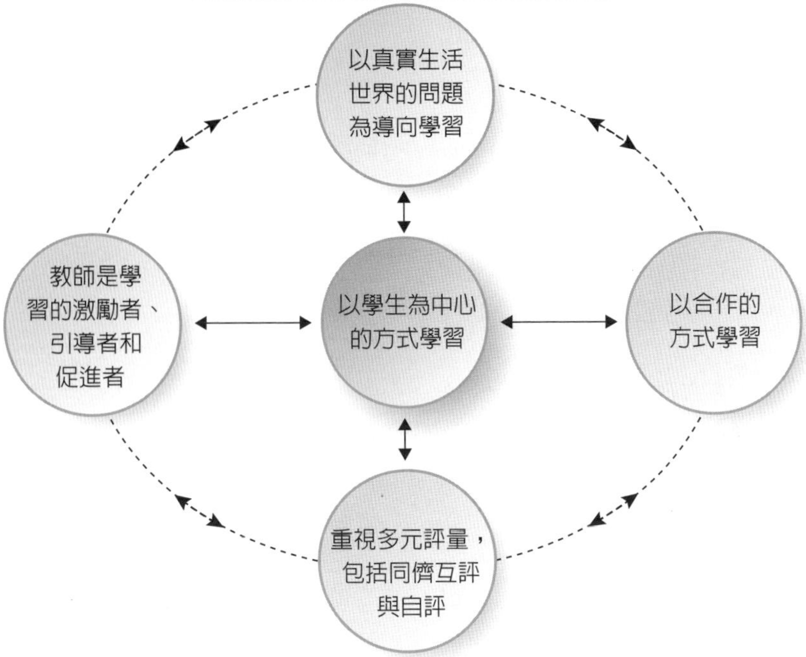

以真實生活世界的問題為導向學習

教師是學習的激勵者、引導者和促進者

以學生為中心的方式學習

以合作的方式學習

重視多元評量，包括同儕互評與自評

教師在PBL中的角色

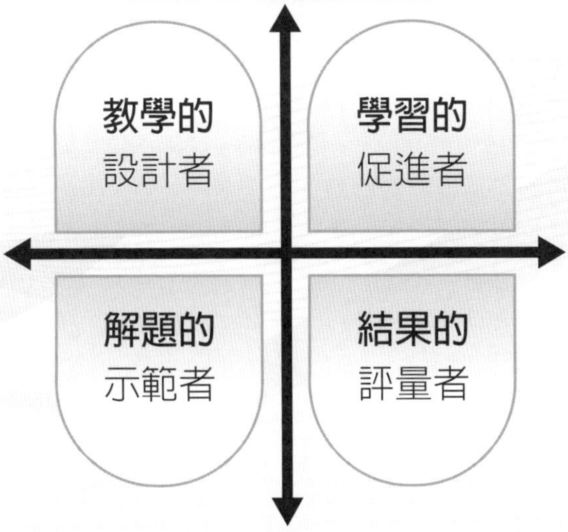

教學的設計者	學習的促進者
解題的示範者	結果的評量者

Unit 4-10 問題導向學習（PBL）（二）～教學流程與評量

一、如何設計好的PBL問題

（一）詢問開放性（open-ended）的問題，設計具有引起學生關注之真實性的問題情境。

（二）能引起學習者的學習動機與興趣，幫助學生能夠反思自身的經驗。

（三）把學習問題設置到複雜的、有意義的情景中，有助於培養小組成員之間合作與高層思考技能。

（四）能與學生的生活經驗相互結合，設計真實性的任務。

（五）能整合課程內容的知識與技能，從而學習潛藏在問題背後的科學知識。

（六）能提供回饋，促進學生自我監控和反思。

二、PBL的教學流程

（一）**遭遇問題：**教師確認或設計一個缺乏結構性的問題。

（二）**解題規劃：**呈現問題給學生，學生之間可能會有不同的觀點意見，可一一記錄下來討論。

（三）**自我學習：**每位學生針對學習目標蒐集資料，個別研讀。

（四）**分組討論：**小組共同分享研讀成果並進行討論，找出彼此知識不足之處，將所有討論記錄下來，教師觀察學生的討論活動。

（五）**呈現結果：**小組整理不同的解決方案，找出可能的解決之道。

（六）**回饋評估：**教師監督學習成效並評估整組的表現。

三、PBL的評量

PBL採取多元的評量方式，可依活動歷程分為形成性評量和總結性評量，透過學生自評、同儕互評及教師評量等不同的方式，確認教學內容或活動是否正確、合宜。教師亦可透過學生的學習成效、家長反應等，更廣泛了解整個課程或活動的優缺點。

四、PBL與DFC的共通點

（一）讓學生找尋真實世界的問題，並提出解決方案，更重要的是在自主學習的環境中，慢慢培養學生成為自我引導學習的終身學習者。

（二）學生從缺乏結構的問題中，透過小組討論可激發其批判和創造思考的能力，因此，兩者的目標是多項能力的培養，而不僅是知識的學習。

（三）學生從感受問題、蒐集資訊、分析資料、建立假設、比較不同解決策略的過程中，可以讓學生不斷進行反思，強化學生後設認知的能力。

（四）培養小組成員能共同合作，在真實情境運用，學生從活動中有參與感和成就感。

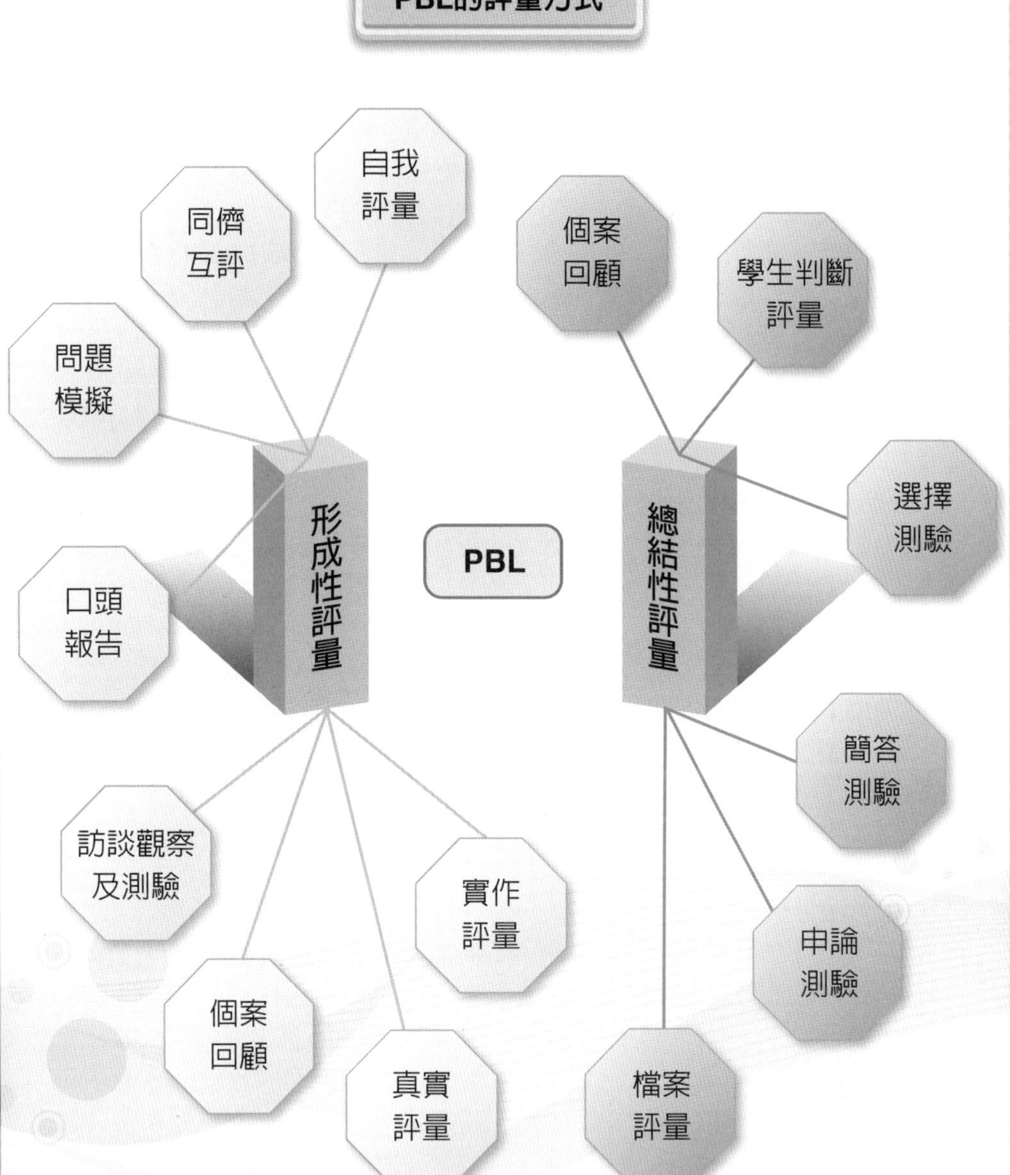
PBL的評量方式
PBL
形成性評量
自我評量
同儕互評
問題模擬
口頭報告
訪談觀察及測驗
個案回顧
真實評量
實作評量
總結性評量
個案回顧
學生判斷評量
選擇測驗
簡答測驗
申論測驗
檔案評量

Unit 4-11 焦點討論法（ORID）

一、起源與定義

焦點討論法（ORID）是有層次的提問方法，又稱為引導式討論，也稱基礎討論方法或是意識會談法，從觀察外在的客觀、事實開始，然後分享內在的感受，接著解釋這些反應的意義和重要性，最後才做出決定。

ORID將提問分成四個層次的溝通方式，讓人們有機會用一定的順序，詢問好的問題，讓被提出討論的主題可以聚焦。尤其在進行團體討論時，運用ORID可以透過引導集體思考的過程，加深彼此的對話關係，並在形成結論後看見眾人的智慧。

二、ORID的四個層次提問

（一）O（Objective）：觀察外在客觀、事實。了解客觀事實的問句如下：1.看到了什麼？2.記得什麼？3.發生了什麼事？

（二）R（Reflective）：重視內在感受、反應。喚起情緒與感受的問句如下：1.有什麼地方讓你很感動／驚訝／難過／開心？2.什麼是你覺得比較困難／容易／處理的？3.令你印象深刻的地方？

（三）I（Interpretive）：詮釋意義、價值、經驗。尋找前述意義與價值的問句如下：1.為什麼這些讓你很感動／驚訝／難過／開心？2.引發你想到什麼？有什麼重要的領悟嗎？3.對你而言，重要的意義是什麼？學到什麼？

（四）D（Decisional）：找出決定、行動。找出決議和行動的問句如下：1.有什麼我們可以改變的地方？2.接下來的行動／計畫會是什麼？3.還需要什麼資源或支持才能完成目標？4.未來你要如何應用？

三、ORID四個層次提問的發散與收斂歷程

從設計思考的觀點來看，ORID也是一種發散、收斂的過程，例如大家共同觀賞一部電影，可以運用ORID的問題設計提問：

（一）O：全盤式回顧電影內容，提出了解客觀事實的問句，把看到、聽到、想到的事物說出來。

（二）R：對電影劇情中有感覺的部分找出來，舉出能夠喚起情緒與感受的問句。

（三）I：丟出問題讓大家去思考，能夠獲得不同的觀點及想法，可提出尋找解釋前述感受的問句。

（四）D：試圖從眾多想法中找出聚焦的結論，可找出決議和行動的問句。

ORID的四個層次提問

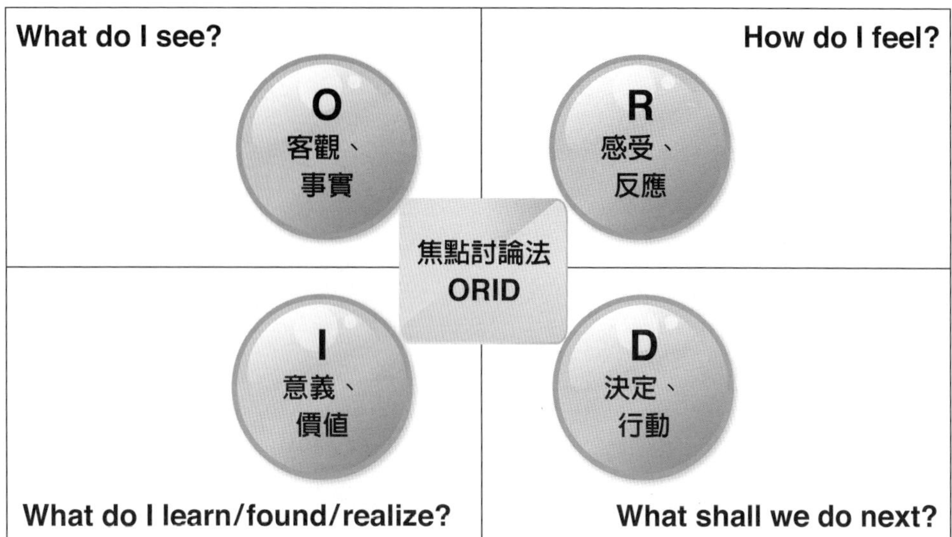

以ORID焦點討論法進行課綱或不同教學法導讀

中心：十二年國教課綱（○○教學法）

O（Objective）：從課綱（或○○教學法）中注意到的數字、資訊及步驟，說明客觀事實。	**R（Reflective/Responsive）**：針對課綱（或○○教學法）提及的客觀事實，聯想到什麼或者提出主觀的感覺。
I（Interpretative）：內在的思考判斷對我們的教學影響是什麼？對老師或學生的影響又是什麼?	**D（Decisional）**：未來我們的課程（或○○教學）需要什麼樣的改變？課程如何規劃？我們決定要如何做？

第二篇 素養導向課程之設計篇

第 5 章

運用設計思考 DFC 四步驟規劃素養導向課程（一）～感受階段

章節體系架構

Unit 5-1 DFC「四鑽」設計思考模型

一、DFC「四鑽」設計思考模型的理念

英國設計委員會（Design Council）在 2005 年提出雙鑽設計流程（The Double Diamond Design Process），主要由 Discover、Define、Develop、Deliver 四階段組成，而每兩個階段就是一次的「發散－收斂」，看起來就像是兩顆鑽石，因而得其名；也因為四個英文字的開頭都是 D，所以又被稱為 4D Model。

二、DFC「四鑽」設計思考模型的步驟

自 2012 年起，香港 DFC 每年均舉辦創意行動挑戰賽，積極在幼兒園及中、小學推動學生參與，每年香港 DFC 都有系統到學校及教育機構進行培訓分享，由開始活動至今，創意行動挑戰賽鼓勵學生運用創意，以行動去解決環保、家庭、健康衛生、動物關懷、改善環境等等多元的社會問題。香港 DFC 希望透過創意「FIDS」四個步驟，鼓勵孩子們運用自己的能力和影響力去改變世界。

以作者在學校進行全球孩童創意行動挑戰活動 DFC 十年的實際教學經驗，這四個步驟：感受、想像、實踐、分享，在不同階段均有發散與收斂的歷程，而且每個步驟內的學習策略也都具有發散與收斂的特徵，也就是說在「感受」階段內所實施「感受地圖」、「心情地圖」等，都是一次次小發散與收斂，而整個「感受」階段就是大的發散與收斂歷程，其餘三個步驟亦同。

其次，DFC 這四個步驟也並非直線式的單一方向進行完整個流程，而且四步驟是不斷循環的歷程，其中一個步驟產生問題，極可能再回到前一步驟重新開始。最後這四個步驟由英國設計委員會的雙鑽設計流程，轉化為 DFC「四鑽」設計思考模型，更能凸顯「感受」、「想像」、「實踐」、「分享」四個步驟在學校課程設計中的特色。

三、如何利用 DFC「四鑽」步驟規劃跨領域素養課程

DFC「四鑽」設計思考模型以孩子日常生活周遭的問題出發，讓學生以合作的方式進行腦力激盪，找出適切的解決方案，實際採取行動。本章節就以 DFC「四鑽」設計思考模型中的四步驟說明如何設計跨領域素養課程。

香港創意協會提出之DFC創意「FIDS」四步驟

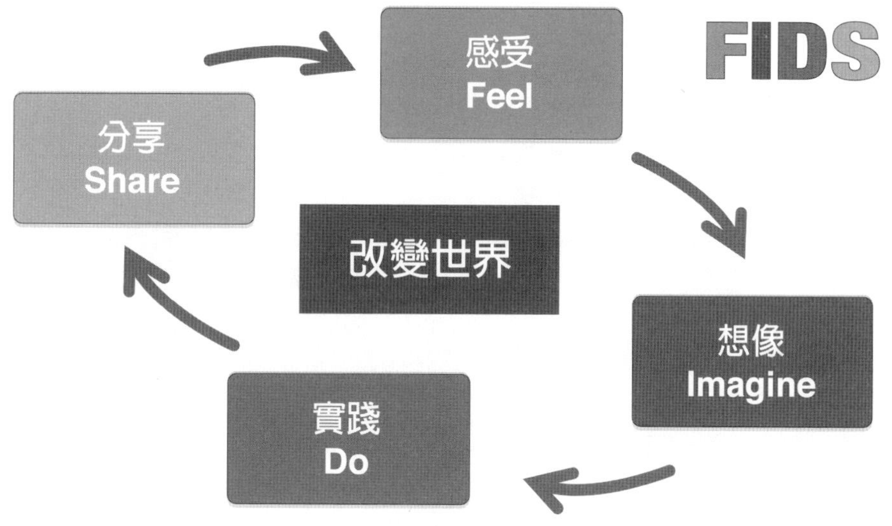

（資料來源：香港創意協會網https://www.dfc.org.hk/，2019）

DFC「四鑽」設計思考模型

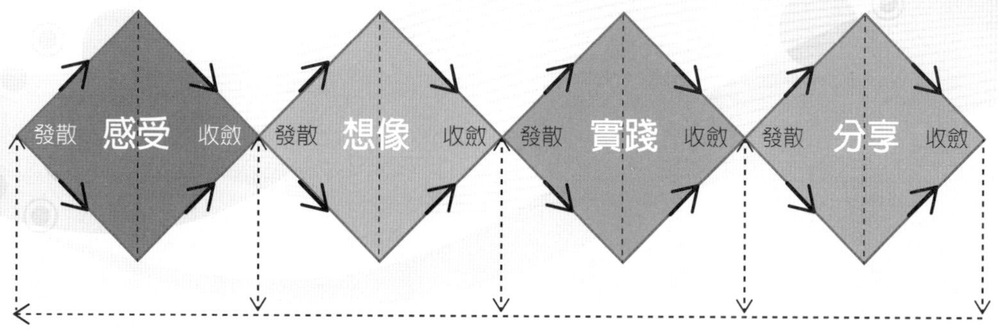

Unit 5-2 「感受」階段的學習重點

一、「感受」階段的學習任務

感受（Feel）階段的任務就是讓學生找出周遭生活中最困擾自己的問題或者發現潛在的問題，讓學生透過身體感官去觀察、接觸身邊的事物，進而覺察、感受生活中的潛在問題，從體驗活動中去發掘需要改變的地方。

二、設計思考中的「同理心」、「定義」到DFC的「感受」

設計思考是從「以人為中心的設計」演變而來，強調以人為本。因此，設計思考的第一步驟即是「同理心」，廣泛蒐集使用者的真實需求，「同理心」亦可以理解為「換位思考」、「感同身受」。因此，透過DFC的「感受」階段，就是引導學生在面對問題情境時，能感受使用者外顯及內隱的需求，讓學生理解他人的情緒和想法、考慮對方的立場和角度，並站在使用者的觀點設身處地進行思考和處理問題，培養對人、事、物的「同理心」。

設計思考的第二步驟「定義需求」就是開始分析所蒐集到的使用者各種需求，明確定義出所要解決的問題。所以在「感受」階段，讓學生對周遭的人、事、物產生同理心之後，接著還要引導學生去覺察生活中的潛在問題，探索周遭需要改變的地方，更進一步要「使用者+使用者的需求+洞察力」，如此才能將同理心化為動力，進而凝聚改善問題的力量。

三、「感受」階段的教學活動順序、教學策略及學習工具

在「感受」階段就是希望學生能從自己的日常生活中去發現問題，因此在此階段列出五項教學活動：如何找出問題、人時地物分析、定義使用者、設計問題轉化、定義「感受」問題。這些教學活動中，教學者可以彈性運用心智圖、魚骨圖、五次為什麼、同理心地圖、感受地圖、繪本教學、問卷調查及訪問活動等教學策略。

作者提供相關教學活動的學習工具，期望更能讓站在第一線的教學者能實際運用。以「設計思考拼貼大海報」為例，作者將DFC四個階段歷程分別以大學習單的方式呈現，第一張「人時地物分析」（見右圖）就是分析問題或現象的相關人時地物等，實際運用時可放大影印A3大小供學生小組成員使用，最後完成即可將這幾張A3大學習單拼貼成一張大海報，這張大海報即可呈現學生的歷程學習。

「感受」階段教學活動順序、策略及工具

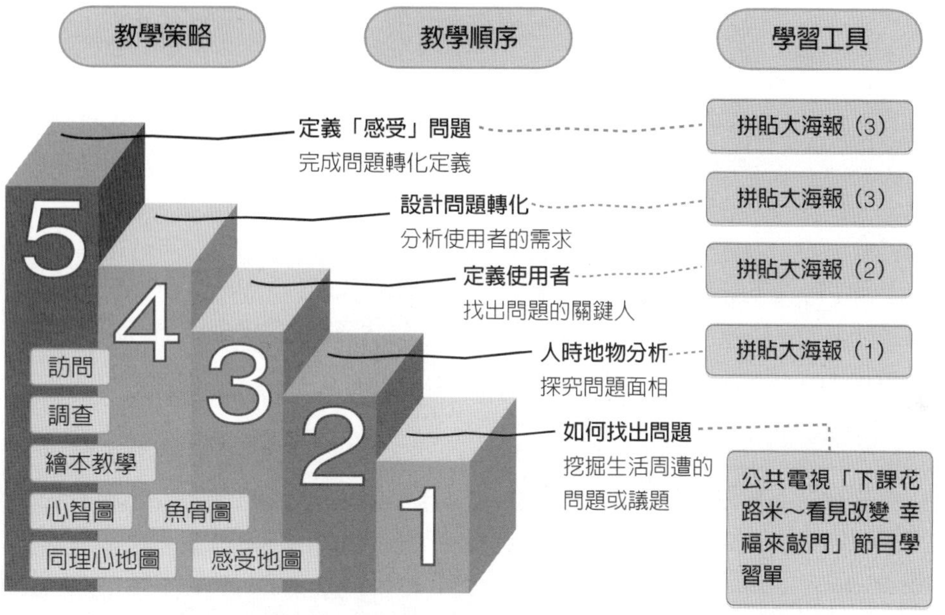

設計思考拼貼大海報（1）～「人時地物分析」

1 感受　第（　　　）組　　我們發現了＿＿＿＿＿＿＿＿＿＿＿＿的現象。

Unit 5-3 「感受」階段的教學活動（一）～如何找出問題

一、提問型文化的特質

麥克・馬奎德（Michael J. Marquardt）認為提問型文化的特質包括（2010）：1.專注於問一些有激勵性的問題，而非打擊信心的問題；2.強調提問與尋求解答的過程，而不是找「對的」答案；3.願意承認我不知道；4.不但接受提問，也鼓勵提問；5.獲得協助、發展出用正面方式提問的技巧；6.接受與獎勵冒險。好的提問重點不是在找到答案，而是獲取不同的想法及觀點（學習），更是個人突破的最佳途徑。

二、如何帶領學生「感受」問題

（一）從自身經驗出發：十二年國教強調由自身的生活情境出發，因此可以讓學生從家庭、班級、學校、社區等平常生活的環境作為起點，運用五官讓學生挖掘有沒有想要有所改變的現象？例如下課十分鐘不夠用、社區公園環境髒亂等，從身邊環境的小問題慢慢擴展去看見大議題。

（二）從課本教材中找問題：學校的公民或社會領域經常提及全球議題，例如環境保護、貧富差距、戰爭和平等，學生不僅可以從這些議題進一步尋找相關的新聞時事，也可以將課堂所學的知識學以致用。

（三）從《國語日報》等報章媒體找問題：現在報章雜誌或網路媒體眾多，其中如《國語日報》可以讓孩子每天接觸世界及台灣各地所發生的重要事件，教師可以在事前蒐集學生可能會關注的社會議題，或讓學生自己剪貼感興趣的新聞，從新聞事件閱讀歷程中同時也關心時事（郭至和，2015b）。

（四）從相關網站中找問題：從一些教育有關的網站中亦能發現多元的議題，例如中小學國際教育資訊網、香港樂施會、台灣DFC、台美生態學校等網站，均提供不少的資源與訊息，學生可以從這些網站發現感興趣而樂於關注的議題。

三、如何從眾多問題中找到共識

前一階段讓學生盡可能提出各種問題，並將想到的問題寫在便利貼上，鼓勵多元發想，甚至天馬行空的想法都接受。在學生們提出各式各樣的問題之後，可以請小組成員利用十分鐘進行分享與討論，讓小組討論決定出自己小組達成共識的問題。教師可以讓學生透過各種管道去蒐集相關資料，了解問題現象所牽涉的範圍和層面。

訓練提問能力的GROW模型

1 Goal（確認目標）

想要達成的目標是什麼？
（1）你想要的是什麼？
（2）期待得到的改變或成果是什麼？

2 Reality（檢核現況）

目前的情況如何？
（1）哪些不符合目標？為什麼？
（2）針對目標嘗試什麼努力？帶來什麼改變?

3 Options（選擇方案）

我們可以做什麼？
（1）有哪些方案可達成目標？
（2）這些方案的利弊分析是什麼？

4 Will（意願行動）

可以採取什麼行動？
（1）該實行什麼？
（2）什麼時候去做？
（3）和誰一起去做？

Unit 5-4 「感受」階段的教學活動（二）～從別人的故事看問題

一、從別人的問題中找問題

在尋找問題的過程中，學生常直接回答沒有問題，但進一步思考：為什麼會想不到問題呢？難道真的沒有問題嗎？首先最有可能只是學生臨時想不到什麼好的問題，其次也可能是許多問題已經「習以為常」，「習慣」之後就不覺得是問題，因此可以鼓勵孩子從家庭、班級、學校及社區等其他人的身上，觀察別人的問題是否可以延伸。

二、如何開始DFC設計思考的活動

首先考量學生是不是是第一次接觸DFC的活動？如果教師本身對DFC也不太了解，可以進入台灣DFC挑戰平台就能獲得相關資訊。因為本校曾有小朋友前往印度參加2013年的Be The Change（BTC）年會，公共電視「下課花路米」節目也把此次活動製作主題節目報導，因此可以上網蒐集「下課花路米～看見改變 幸福來敲門」，看到來自19個國家的DFC團體分享各自的孩子們做了什麼創意行動挑戰，而台中建功國小也在會議中分享「幸福來敲門」的創意行動故事，藉由欣賞國內外不同主題的DFC故事，了解世界各地的小朋友是如何發現問題、解決問題。

三、藉由相同興趣的主題找小組成員

讓學生看不同DFC的故事之後，可以請學生就「個人或家庭」、「班級或學校」、「社區或台灣」三個不同範圍，有曾經困擾自己或是想要解決的問題，這個歷程進入「發散」的階段，當每個孩子都有列出一些問題之後，師生可以進行共同討論，先淘汰或修改不太適切的問題，或是方向不明確及重複的問題，最後從全體學生想出的問題中歸納出大家想要解決的主題，進行「收斂」的功夫。接著由學生們挑選自己最喜愛或感興趣的主題，根據主題來找合作的夥伴。

另外一種方式是先讓學生們分組，找到自己的組員之後，接著要培養合作默契，然後要共同構思「感受」的問題會花費更多的時間。因此，先條列出全體同意所「感受」的問題，讓學生們去找「志同道合」的夥伴，孩子們會把「感興趣的主題」放在優先考慮的因素，大家在「喜歡這個主題」的考量因素上也願意同組合作。

公共電視「下課花路米～看見改變 幸福來敲門」節目學習單

DFC 學習單

學(1) 下課花路米～看見改變 幸福來敲門

三年五班__號 姓名：

今天來看公共電視「下課花路米」，影片中有我們臺中市建功國小的學長昱翔和致其前往印度參加 2013 BTC 年會，請看完影片之後，再回答下列的問題：

一、下列對於印度 2013 BTC 年會活動的描述，正確的請打「∨」：

□1. DFC 全球孩童創意行動挑戰的臺灣發起人是許芯瑋姊姊。

□2. 這一次 2013 BTC 活動臺灣隊代言人是公益大使沈芯菱姊姊。

□3. 2013 Be The Change 國際改變世界小推手同樂會在臺灣舉行。

□4. DFC 行動有四個歷程就是 Feel(感受)、Imagine(想像)、Do(執行)跟 Share(分享)。

二、來自世界各國的小朋友在 2013 BTC 年會分享自己所完成 DFC 的故事，請將哪些國家的小朋友所提出的故事用線連起來：

國家	故事
印　度	募集玻璃瓶，在學校的圍牆上鋪著碎玻璃瓶，保護學校的安全。
辛巴威	發現學校操場旁的大水井破個大洞，發起募款行動，要在水井旁邊蓋一道牆來保護同學安全。
美　國	將會造成汙染的廢棄輪胎製作成再生家具。
哥倫比亞	學校中輟生比例太高，設計活動讓同學參與，請同學設計活動教小朋友認識自己的傳統文化。

三、看完這些故事之後，你覺得小朋友可以改變世界、解決問題嗎？為什麼？

我覺得（□可以　□不可以），因為________________________________

____

四、現在換我要來「感受」自己的問題，請想一想在日常生活中遇到哪些問題想要解決？（提出三個平時困擾自己以及身邊的人的問題）

1. 個人或家庭：________________________________

2. 班級或學校：________________________________

3. 社區或臺灣：________________________________

我的表現：	教師：

● 節目網址連結 https://www.youtube.com/watch?v=05fc2oWiFPI

Unit 5-5 「感受」階段的教學活動（三）～人時地物分析（心智圖）

一、心智圖的起源與優點

心智圖（Mind Map）是由英國的東尼・博贊（Tony Buzan）於1970年代所提出的一種輔助思考工具。運用心智圖可以將各種點子、想法以及彼此之間的關聯性，以圖像視覺的方式加以呈現。最重要的是能夠將一些核心概念、事物與其他不同概念、事物形象等組織起來，所以心智圖的優點就包括簡單易用，找出概念或事物之間的關聯，視覺圖像化讓人容易記憶，尤其提綱挈領，幫助迅速把握問題之間的聯繫。

二、什麼是心智圖

心智圖是一種利用線條、顏色、文字、數字、符號、圖形等各種不同方式，快速記錄資訊和想法的圖像筆記法。現在也發展出繪製心智圖的軟體工具，將原本需要大量文字才能記錄的資訊或點子，清楚簡要記錄在一張心智圖上，用一個關鍵字詞或想法，以輻射線形連接所有的代表字詞、想法、任務或其他關聯專案的圖解方式，結構既開放又井然有序，能輕易的組織各種想法以及刺激出更多的新創意。

三、心智圖繪製步驟

首先擬定主題，在白紙上繪製一個圓形或圖案，稱之為「中心主題」，在中心圈內寫下問題、目的或議題，並利用色彩凸顯主題，強化注意力；然後在中心點引出若干支線，將有關主題的觀點或關鍵字填入，如果再有類似觀點或概念於原支線上加以分支，從大類（概念）開始往下展開，會展開幾個中類（次概念），依此類推至最後的具體內容。最後心智圖時，試著找尋其中可能的關聯、名稱、議題、概念中可能的多面向。

四、運用心智圖進行人時地物分析

（一）引導學生回顧自己想要處理或感興趣的議題、問題或現象。

（二）發給每一小組一張白紙或海報紙，在中心主題位置畫圓或相關圖形。

（三）分別畫出人、時、地、物四個支節。

（四）讓每位學生填寫中心主題中的議題、問題或現象等，相關的人、時、地、物。

（五）讓小組討論與分析每一位成員的想法之間相同及不同處。

（六）將心智圖上色，一個支節一種顏色。另外，有畫插圖的地方也可上色，在重點處加上的圖像，必須要能代表或聯想到重點內容的意涵。

以「假新聞、假訊息氾濫」為中心主題進行人時地物分析

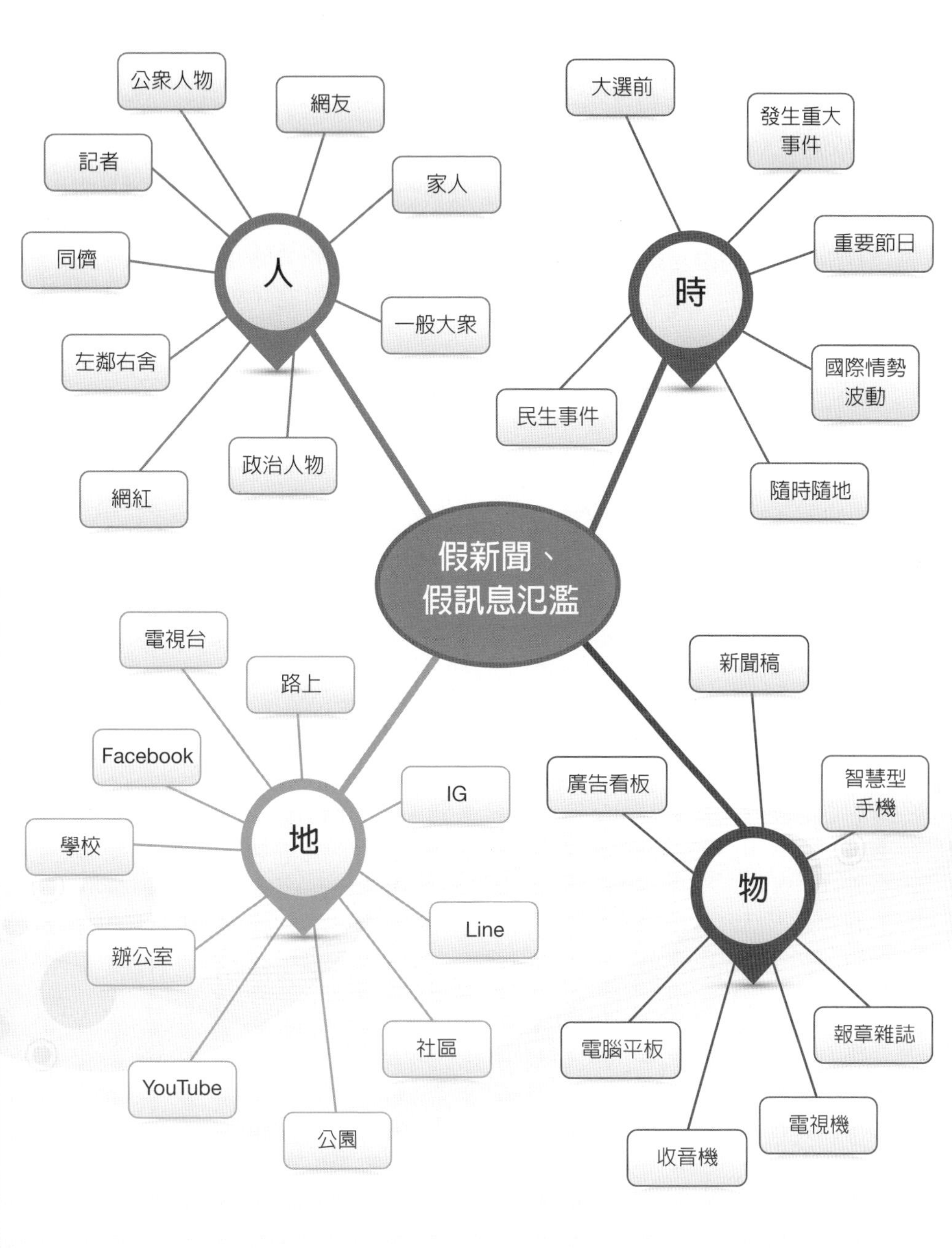

Unit 5-6 「感受」階段的教學活動（四）～原因大探究（魚骨圖）

一、什麼是魚骨圖

魚骨圖（Cause & Effect/Fishbone Diagram）由日本品管專家石川薰（Kaoru Ishikawa）所提出，所以又稱為「石川圖」。這是一種利用圖解方式探求問題事件的原因，或嘗試找出解決問題策略的方法，因此能夠一目了然顯示出結果與原因的影響情形或兩者間關係之圖形。因為其形狀結構很像魚的骨架，故稱為「魚骨圖」。

二、魚骨圖的類型

（一）**整理問題型魚骨圖：**各要素與特性之間不存在因果關係，而是以結構關係呈現，所以在一個大的標題下，根據分支目錄，自由的拓展延伸。

（二）**原因型魚骨圖：**這類型魚骨的魚頭一般在右側，通常以「為什麼……？」開頭來寫，例如：為什麼要實施新課綱、為什麼要跨領域教學、為什麼期中考成績這麼差等。魚骨圖的標題是已知的結果（考試成績差），需要反推其原因。因此，魚大骨描述主要原因類別，魚中骨再細分推理出具體原因。

（三）**對策型魚骨圖：**這種類型魚骨圖的魚頭一般朝左，通常以「如何……？」開頭來寫，例如：如何提升學生的運動量、如何推動素養導向課程實施等。很顯然這一類的魚骨圖目的是為了要達成目標結果，需要不斷設計方法和對策，找出問題的解決方式。

原因型魚骨圖注重推理分析問題的原因，停留在「想」的層次，在這個階段主要是探究「感受」問題的成因，因此採用原因型魚骨圖。

三、魚骨圖的繪製

（一）繪製魚骨圖時先填寫魚頭內所欲探討的主題，再畫出魚身主骨。

（二）畫出大骨，填寫大要因。

（三）畫出中骨、小骨，分別填寫中、小要因。

（四）用特殊符號標識重要因素。

四、分析現象原因

在設計思考拼貼大海報（2）～「分析現象原因」（見右圖）中，第一步驟先列舉寫出問題所產生的原因，儘量寫滿十個原因（發散）。第二步驟「處理的難易程度」及「處理的信心程度」兩個向度，小組討論後，運用圓點貼紙將十個原因貼在適切的位置。最後一個步驟小組成員根據圓點貼紙位置分析的結果，選擇1～2項最優先處理的原因，最後再寫出小組共同選擇1～2項理由。

原因型魚骨圖

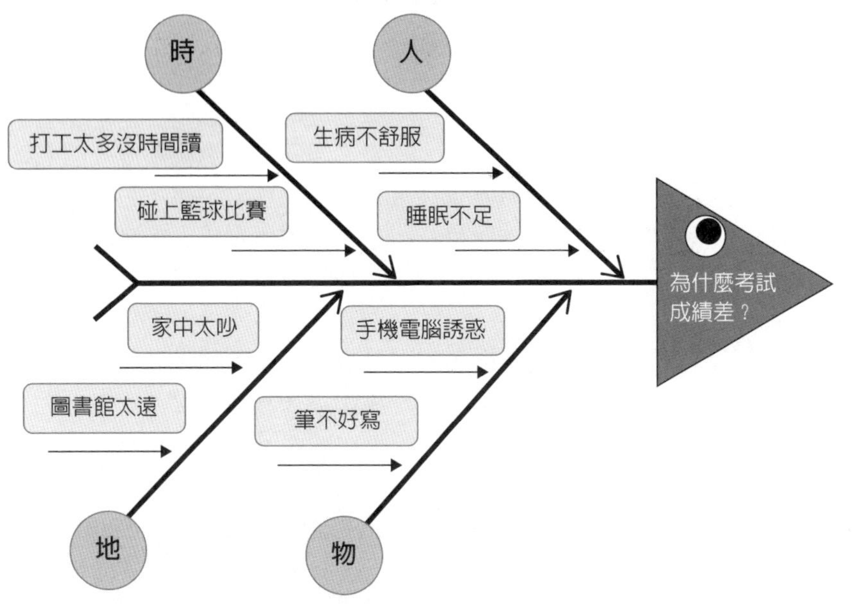

設計思考拼貼大海報（2）～「分析現象原因」

2 感受 第（　　）組　我們發現了＿＿＿＿＿＿＿＿的現象。

原因1：	原因6：
原因2：	原因7：
原因3：	原因8：
原因4：	原因9：
原因5：	原因10：

處理這個原因的難易程度
高
低
低
高
處理這個原因的信心程度

●我們選擇要解決這個現象的原因是：＿＿＿＿＿＿＿＿

因為：＿＿＿＿＿＿＿＿

Unit 5-7 「感受」階段的教學活動（五）～定義「感受」問題

一、什麼是定義問題

什麼是定義問題？「定義問題」就是指在遭遇問題時，不是順著傳統的思維方式直接找出解決方案，而是先釐清幾個點之後再找尋答案。例如：

● 這是我的問題嗎？還是使用者另有其人？

● 這是一則「問題」，還是一個更大的「議題」或「現象」？

● 如果這是一個長久存在的老舊問題，以前的解決方案能否解決？

● 這個問題需要立即解決，還是可以等待？

● 忽略這個問題會有什麼風險及危害？

● 這個問題是否含有道德或價值判斷？

二、找出使用者

在分析問題本質的過程中，最重要的一個步驟，就是要找出這個問題究竟誰是使用者，也就是說到底是誰碰到了問題。我們可以從前面的人時地物分析中先想一想：這個問題和誰最有關係？

以2019年7月開始實施全台四大場所「限用一次性塑膠政策」，在網路上有一家珍珠奶茶專賣鋪在粉專貼文，表示有國中生自備62個環保杯、訂了62杯飲料，還強調都不需要塑膠吸管。以這一則新聞為例，「使用者」可以是珍珠奶茶專賣鋪老闆，也可能是這些國中生，更有可能是學校老師或政府單位。如果以「老師」作為使用者對象，可能老師就會認為竟然要環保，為什麼不拿自己的環保杯去裝白開水；如果換以「學生」的角度出發，其「需求」方向可能完全不同，因此要先找出「使用者」是誰？

三、設計問題轉化

接著要了解使用者並站在他的立場思考問題，想一想目前他們面臨什麼樣的問題？他們的需求會是什麼？以上面這一則新聞為例：

● 使用者：預定要去和平島淨灘的國中學生。

● 面對的問題：口渴時要喝飲料。

● 需求：購買飲料時身邊隨時有環保杯。

運用設計思考拼貼大海報（3）～「定義感受問題」（見右圖）將「使用者」及「需求」列出，根據「使用者」及「需求」兩者加起來所轉化出來的問題即是：如何讓活動結束後口渴的學生，身邊能隨時有環保杯，不再使用一次性容器？在這一階段主要目標是根據所發生的事情定義問題，鎖定問題焦點所在，藉由人時地物分析去分離事件和要因，將問題的構造視覺化，最後定義出具體明確的問題。

以「一次性塑膠廢棄物」為例設計問題轉化

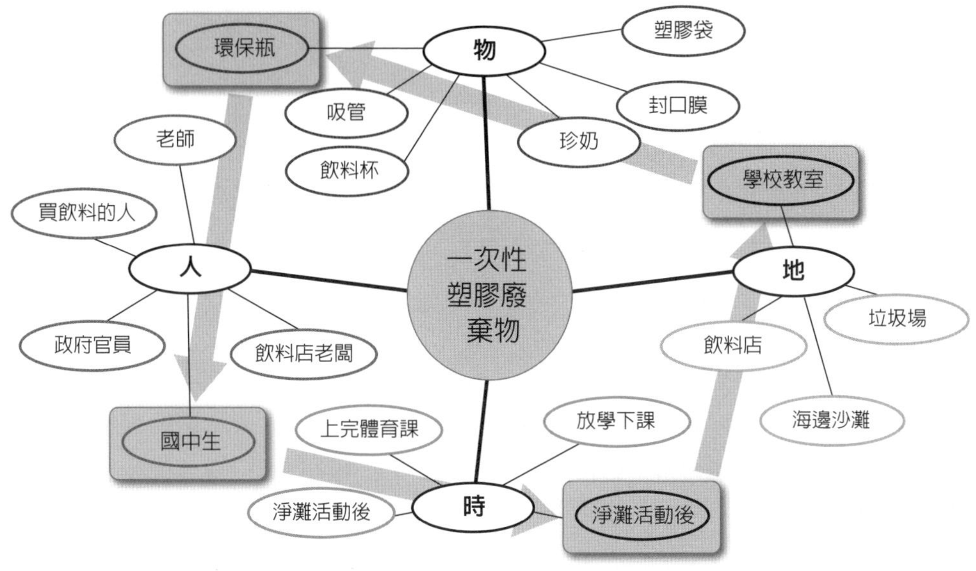

設計思考拼貼大海報（3）～「定義感受問題」

3 想像

●使用者：

●需求：

●感受問題：

●解決方法：

Unit 5-8 「感受」階段的學習策略（一）～用不同的方式「看」世界（繪本教學）

一、繪本的意義與功能

「繪本」早期又稱為圖畫故事書（picture books），是一種以圖畫為主、文字為輔，甚至是完全沒有文字而全是圖畫的書籍（羅美慧，2005）。現在繪本的主題及內容相當豐富，題材廣泛多元，教師可以配合相關的主題方向選擇適切的繪本成為學生延伸學習的教材，周文敏（2004）就指出藉由繪本的學習可以培養孩子的流暢力、獨創力、變通力、精進力、想像力、挑戰性、好奇心、冒險性等特性，符合創造思考的認知層面和情意層面的八個重要關鍵。

二、透過繪本教學提升學生的感官經驗

目前繪本圖書廣泛在學校課堂普遍運用，也因為繪本主題相當豐富多元，可以容易與學校主題課程進行連結，選擇適切的繪本，用內容的討論可以觸發議題的思考和討論。藉由繪本教學可以引導學生議題討論的方式呈現，透過繪本教學讓學生運用自己的感官，結合自身經驗並與繪本內所連結的議題密切關聯。

三、藉由繪本有助於跨領域課程統整

繪本書籍的繪畫表現形式可以連結藝術與人文領域重要素養內涵，藉由探討書中角色所經歷的事件、所做的判斷與決定、以至於故事最後呈現的議題，亦可和社會領域進行統整。以《跟著爺爺看》這一本繪本為例，故事的內容描寫一位小男孩和因為年老而喪失視力的爺爺相處之點點滴滴，爺爺的眼睛雖然看不見，卻可以借助其他感官，如嗅覺、聽覺、觸覺，和孫子分享他歷經歲月洗禮的豐富生命經驗。這一本插圖優美的繪本，溫馨的娓娓道出小男孩跟著爺爺用不同的感官去「看」不同事物的點點滴滴。

運用《跟著爺爺看》這一本繪本所設計的教學目標如下：1.能了解視障者的不便；2.能用不同的感官「看」周遭的世界；3.能欣賞視障者的優勢能力，與了解他們的弱勢能力；4.能表現出對視障人士的體貼與關懷。如果運用在「感受」階段，其教學內容要點可以安排透過文本內容，用不同的方式探索周遭的世界。因此使用繪本能以精美的圖像呈現故事，容易引起學童閱讀的興趣，更可提供教師進行融入與延伸教學。

以繪本《跟著爺爺看》進行「感受」階段之教學活動

● 從書中找出哪些行為可以表現出爺爺的強勢與弱勢能力呢？

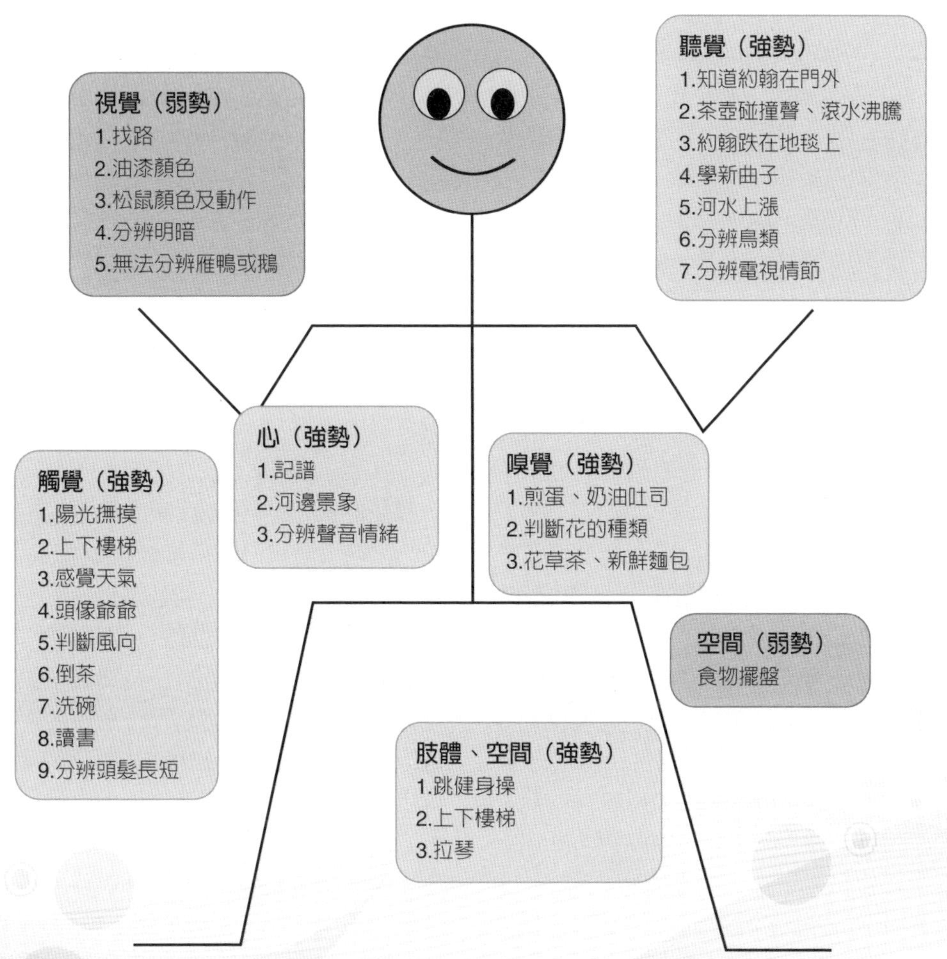

● **體驗活動1：讓孩子戴上眼罩在熟悉的教室中進行平日的作息。**

● **體驗活動2：請學生把眼睛遮起來「跟著爺爺看」，進行下列的體驗活動：**

觸覺	聽覺	嗅覺	肢體、空間	心
□吹直笛 □走樓梯	□猜出學動物叫的學生	□猜出神祕袋中的東西	□走樓梯 □做操	□能體會______的心意

Unit 5-9 「感受」階段的學習策略（二）～同理心地圖

一、什麼是「同理心地圖」

「同理心地圖」（Empathy Map）是用來理解人物誌所處的狀況或情緒的其中一種工具（周若珍譯，2019）。運用同理心地圖有助我們在分析目標或設計行銷策略時，獲得更具體的概念，在設計思考發想初期可以幫助設計師對使用者進行同理的思考與分析。同理心地圖是一個很簡單就能學會的工具，而且可以立即進行初步的分析或是同理心的思考訓練。

二、「同理心地圖」使用方式

設計思考既然是協助我們提出解決方法的思考模式，一開始先從「同理心」去「感受」並了解使用者的「需求」、「動機」、「慾望」，才能更貼近使用者所需。使用同理心地圖之前，要先確定使用者的情境脈絡，以及使用者在此情境之下的目的或任務。如果單純是要進行同理心練習，可以先假定一個情境，例如以「大學生準備期中考」期間的情境。

三、「同理心地圖」的六大區塊

（一）**Hear：**敘述情境中使用者所聽見的聲音，有可能是人的言語或環境的聲音。

（二）**See：**敘述情境中使用者所看到人的行為、事物與環境。

（三）**Say & Do：**想像使用者在公眾面前可能會說什麼以及可能表現出的行為。

（四）**Think & Feel：**試著勾勒出使用者的內心狀態、想法與感受、立場或觀點。

（五）**Pain：**描述真正困擾使用者的恐懼、挫折與阻礙等，讓使用者煩惱害怕的痛點。

（六）**Gain：**描述使用者內心真正想要的東西、成功的標準與達成目標的策略、想獲得的價值等。

四、運用「同理心地圖」的步驟

怎麼開始進行同理心地圖呢？首先尋找小組成員夥伴，將同理心地圖畫出來並留下空白處讓大家填寫，接著再設定所要分析使用者的條件值，例如：年齡、職業、性別、個性、穿著、習慣、價值觀、消費模式等，然後根據「聽到」、「看到」、「想到」、「說到」或「做到」分析使用者會有的想法及反應，最後再分析使用者目前的痛苦點是什麼，進而發展出針對使用者的需求去設計或提供什麼產品和解決方案。使用這個工具最大的目的在培養同理心，地圖的框架只是輔助思考。

「同理心地圖」的六大區塊

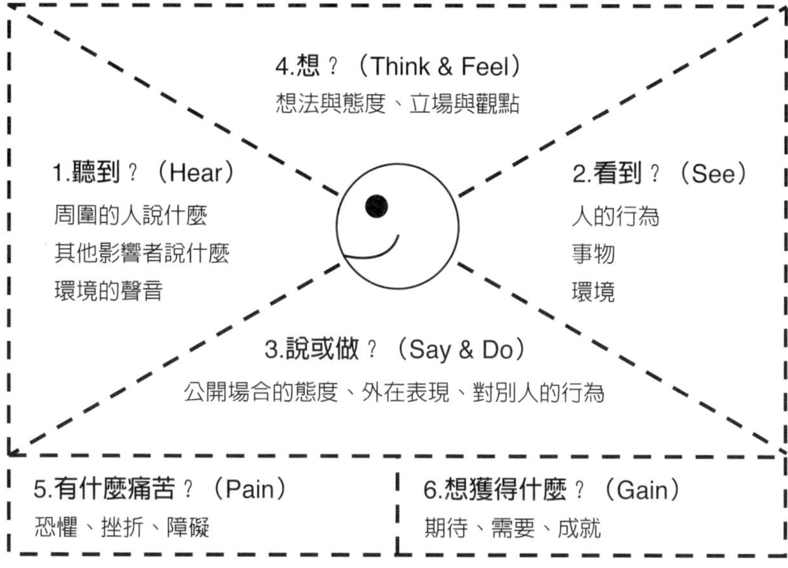

以準備期中考的情境進行同理心地圖活動

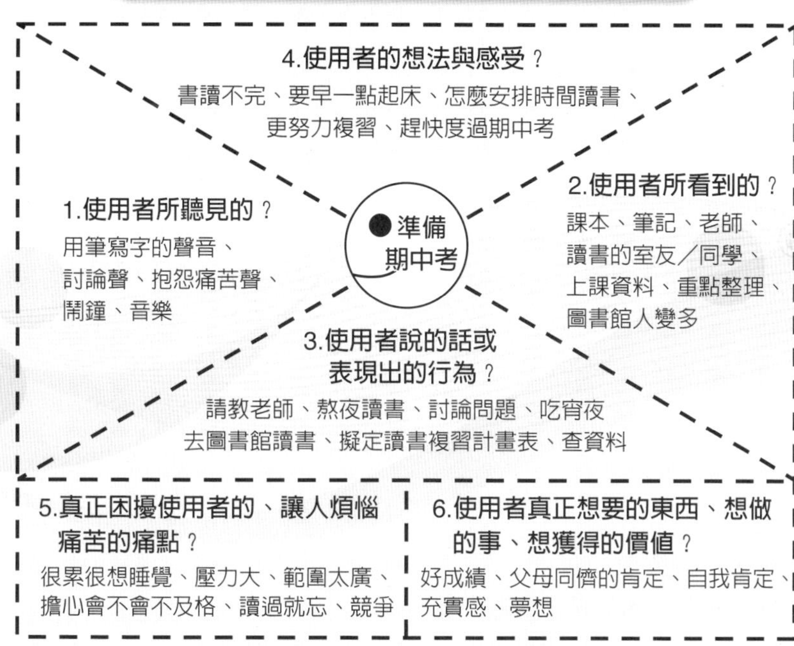

Unit 5-10 「感受」階段的學習策略（三）～感受地圖

一、讀圖教學的重要性

藉由讀圖能夠引導國小學生先認識自己座位與他人座位在教室內的相對位置，接著知道教室在學校內的方位，然後以學校和住家為中心，了解附近各方位及重要的自然或人文環境地標，最後能找出地圖四要素功能：圖名、方位、比例尺及圖例。「感受地圖」是讓學生扮演「地圖學家」，以全新的眼睛「觀察」並「感受」世界，深入探究從前沒有注意到的事。

二、教學目標及教學準備

「感受地圖」活動的教學目標在使學生學習以不同面向及角度觀察周遭的世界，並親手繪製下來，從中找到自己與周遭生活環境的連結，最後透過這些活動的進行，提升自己對他人與環境的敏銳度與認識。

為了增加學生對不同環境的敏銳度，可以事前準備不同場域的圖卡，讓學生選擇一張讓他們印象最深刻的圖卡，說出自己的感受與選擇的原因。另外，亦可以學生的年齡準備不同探索場域（如教室、校園、社區等）的地圖。

三、感受地圖的繪製

（一）將探索場域的地圖交於學生。

（二）以教室為範例，讓學生站起來走動並觀察探索場域。如果不以教室為範圍，教師可以帶領學生在教室內運用想像，或出去教室外的環境實地繪製地圖，必須確保學生繪製地圖的環境是他們所熟悉的場域。

（三）學生在地圖上標示三個笑臉與哭臉。

1.笑臉☺：開心／舒服／喜歡的地方。

2.哭臉☹：不開心／不舒服／討厭的地方。

（四）討論與分享

1.小組內成員彼此分享，讓學生找出最多笑臉與哭臉的地方，並討論與分享原因。當學生對於一個地方（如籃球場）有不同的意見（兼具笑臉與哭臉），老師需引導學生們學會傾聽與同理其他學生的想法與意見，這正是學習培養同理心最佳的時機。

2.請小組同學討論，全組選出一個笑臉與哭臉的地方。當學生在投票不知如何選擇時，老師可提供一些投票標準，如：「請幫我選出一個在這學期能解決的問題？」

3.詢問學生在活動中是否幫助他們注意到之前沒注意到的事，請幾名學生和全班分享他們的「哭臉」與「笑臉」。

4.詢問學生在這一次活動中是否幫助他們注意到之前沒注意到的事。

「感受地圖～走訪建功公園」學習單

DFC 學習單～感受

感受地圖～走訪建功公園

三年五班__號 姓名：

今天我們來到學校旁邊的建功公園，接下來要來進行幾項任務，在完成下列任務之後，請在□中打「∨」：

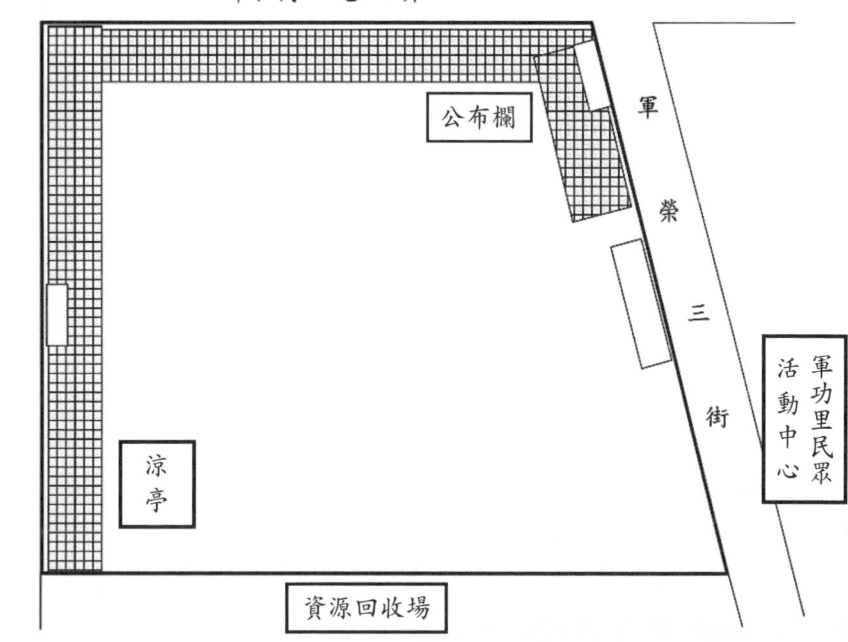

□任務1：請在上面建功公園平面圖中，畫出或標出公園的重要設施（例如遊樂器材、步道、樹木、公布欄、涼亭、座椅、電線杆、變電箱等）。

□任務2：請在建功公園平面圖上，標示出3個笑臉（☺）與3個哭臉（☹）。

□任務3：請小組同學討論，全組選出1個笑臉與哭臉的地方。

我們小組覺得笑臉的是（＿＿＿＿＿），因為（＿＿＿＿＿＿＿＿＿＿＿＿）；

而哭臉的是（＿＿＿＿＿），因為（＿＿＿＿＿＿＿＿＿＿＿＿＿＿）。

□任務4：請把小組成員選出笑臉和哭臉的地方，用平板拍照下來，並用錄影的方式說明原因（例如：我們是第○組，我們小組所選出來笑臉的地方是●●●，因為這裡……）

我的表現：	教師：

Unit 5-11 「感受」階段的學習策略（四）～訪問及調查活動

一、扮演小記者進行訪問

為了讓學生更深入理解問題背後可能潛藏的原因，讓學生扮演小記者進行採訪活動，可以更有效率蒐集相關的資訊。進行訪問有四個步驟：1.決定訪問主題、對象，設計訪問題目；2.聯絡受訪者及準備物品；3.進行訪問活動；4.整理訪問資料。其中擬定訪問問題的基本原則是「5W1H」：Who？（誰？）、Doing What？（做什麼？）、When？（什麼時候？）、Where？（在哪兒？）、Why？（為什麼？）、How did it look？How did you feel？（看起來什麼樣子？你有什麼感受？）。

帶領學生練習設計訪問題目，可以請全體同學都設計出3～5題自己最想問的問題，彙整全班同學的問題之後，針對主題再選擇並重新修改訪問的題目，然後聯絡受訪者。在正式訪問之前，可以先將訪問題目交給受訪者。訪問結束之後，除了向全班同學分享訪問的心得，更要儘快將訪談內容轉譯成逐字稿。

二、以調查方式蒐集更多使用者的意見

有些問題可能需要更多使用者的意見，例如問題是以全校或社區為範圍，或許就要進行全校性或社區性的調查活動。這時候調查的問題就不宜太多，更需要在時間期限內蒐集最多使用者的意見，除了發紙本問卷之外，亦可實地進行意見調查。在調查之前，除了說明調查活動的緣由及背景之外，更要迅速明確記錄調查的內容，再把調查完的數據輸入電腦進行分析，最後把調查結果的統計圖表清楚繪製出來，並製作海報，讓更多人知道調查的結果。

三、學生進行訪問及調查活動的注意事項

（一）進行活動之前，先讓學生們知道前往調查的項目和訪問的內容。

（二）進行訪談之後，就要立即整理記錄訪談的內容。帶領學生進行訪談，一開始可以先從封閉式的題目開始，亦可訓練學生記錄速度，熟悉訪問技巧之後，再讓學生進行開放式的訪問題目。

（三）讓學生深入了解「使用者」的需求，學生們發現原來受訪者的一些看法和自己原本想的不見得相同，引導學生再從「使用者」的「需求」出發思考解決的方法。

進行訪問的步驟

1.深度訪談法
2.調查訪談法

決定訪問主題

1.結構型訪談
2.非結構型訪談
3.半結構型訪談

1.個別、集體訪談
2.面對面、電話、網上訪談

選擇訪談對象

設計訪問題目

1.封閉式及開啓式問題
2.直接問題
3.試探性問題
4.反應式問題
5.詮釋性問題

1.支持性的態度
2.留意臉部表情及身體動作
3.注意是否可以錄音錄影及敏感話題

練習訪談技巧

聯絡受訪者及準備物品

訪談與記錄工作分配

訪談記錄方式

整理訪談文字內容，製作逐字稿，歸納與分析。

第6章

運用設計思考 DFC 四步驟規劃素養導向課程（二）～想像階段

章節體系架構 

Unit 6-1 「想像」階段的學習重點

一、「想像」階段的學習任務

想像（Imagine）階段的重要任務就是根據定義出的明確問題，讓學生先進行最佳情境的分析，然後引導學生運用各種不同的觀點切入，盡情發揮自己的想像力，採取多元角度來跳脫固有的思考模式，想像這個問題可能有哪些解決方案？而且設想所需要使用的資源有哪些？

二、設計思考中的「創意動腦」到DFC的「想像」

設計思考的第三步驟「創意動腦」就是讓團隊成員開始腦力激盪、發揮創意，在這個階段，成員可以天馬行空、盡情丟出所想到的點子，尤其先不要考慮其可行性，也別理會可否能達到目標，重點在於根據每個人直覺快速產出不同的新點子，並且是數量愈多愈好。此外，所有人都有自由發言的權利，因為任何想法和點子都應該受到重視，因此不能隨意批評別人的創意。

設計思考歷程中的「創意動腦」便是在DFC「想像」階段所進行的任務歷程，因此在「想像」階段第一步是讓大家去想像這個問題假如不存在，將會是怎麼樣的情境？接著再進行腦力激盪（發散思考），讓學生大膽放心去想像各種可能的方案，鼓勵學生「任何想法都是好想法」，在討論過程中不否定別人意見，尊重並相信每個獨特的點子都有可能成真。

三、「想像」階段的教學活動順序、教學策略及學習工具

在「感受」階段就是希望學生能從日常生活中去發現問題，因此在此階段列出五項教學活動：最佳情境分析、小組成員想像行動策略（發散）、全體成員想像行動策略（發散）、行動策略分類（收斂）、決定採取行動策略（收斂）。這些教學活動中，教學者可以彈性運用腦力激盪法、六六討論法、點子接龍、自由聯想、世界咖啡館、KJ法等教學策略。

作者所提供相關教學活動的學生學習工具～「設計思考拼貼大海報」中，第三、四張「最佳情境」、「解決方案」放大成兩張A3大小後可以拼貼起來一起使用。第三張左半部是前一個「感受」階段所找出的使用者及其需求，還有定義出明確的問題，接下來由第四張右半部先討論出「最佳情境」，再接著利用第三、四張中間部分進行腦力激盪，想出可能的「解決方案」。

「想像」階段教學活動順序、策略及工具

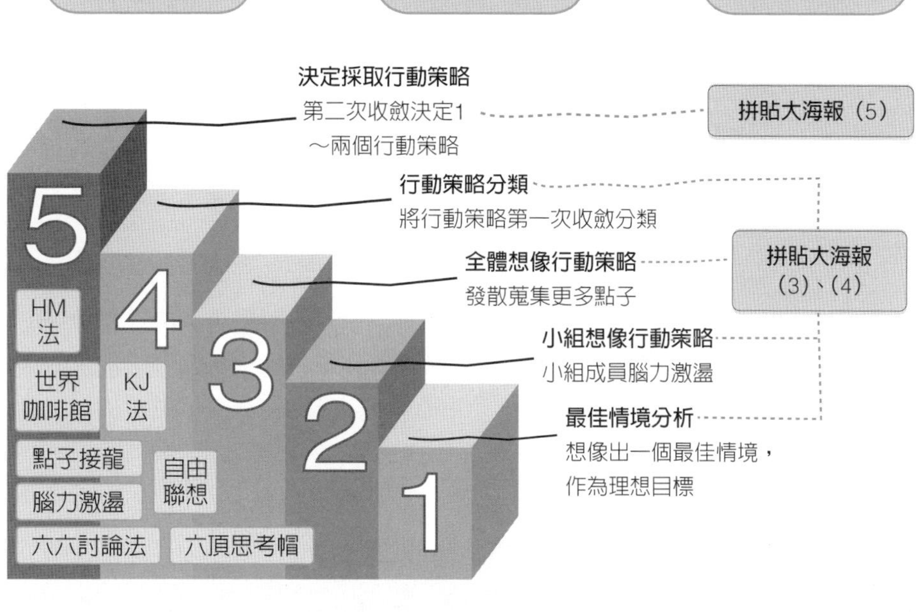

設計思考拼貼大海報（3）、（4）～「最佳情境」、「解決方案」

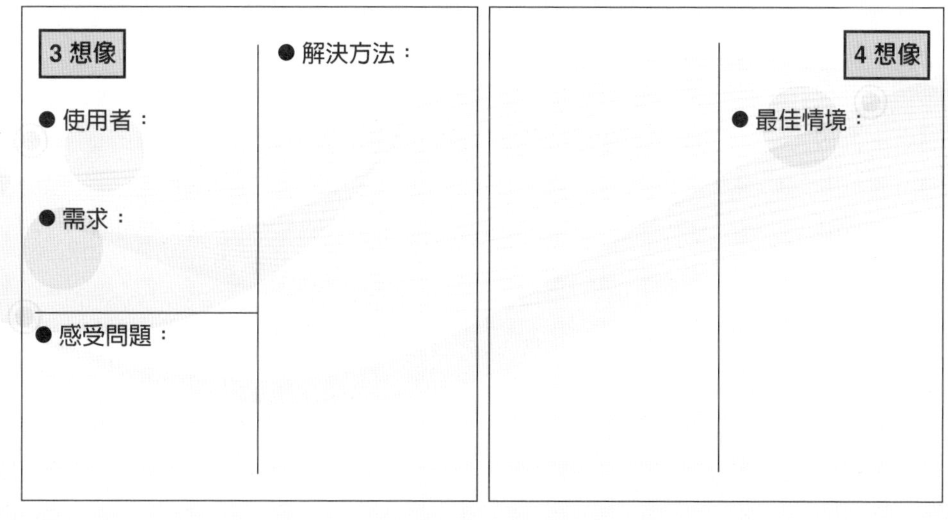

Unit 6-2 「想像」階段的教學活動（一）～最佳情境分析

一、分析最佳情境的目的

「想像」階段的第一步是進行最佳情境分析，可以讓學生寫出理想狀況與現狀，確實明瞭並掌握兩者之間的差距。進行完最佳情境分析之後，接著開始腦力激盪想出各種不同的解決方案，主要目的就是讓學生確認有一個明確清楚的理想目標（最佳情境）之下，為了彌平現況與理想狀況之間的差距，思考能運用哪些方法達成目標。

二、找出現況與理想情境之間的差距

例如在AND股份有限公司所出版的《解決問題的商業框架圖鑑》一書中，利用「As is / To be」的框架，找出理想狀況與現狀之間的差距（周若珍譯，2019），把理想狀況「To be」和現狀「As is」加以分析，並比較兩者之間的落差，這種框架運用的好處就是能夠將兩者之間的落差「視覺化」，更清楚分辨其差異。

三、如何進行最佳情境分析

所謂「最佳情境」就是想像當問題不存在時，將會是怎麼樣的一個美好的狀況？而這情境又具備哪些最佳的元素？以學生感受到放學之後時間總是不夠用，這時可以引導孩子想像放學之後都是完全屬於自己的時間，這個時候所具備的元素是什麼？還是盡情打電腦、玩手機？放學後的時間自己規劃？不用上安親班、才藝班？還是沒有回家功課？

當然，「最佳情境」是一個經過不斷修改之後實際可行的目標，希望藉由最佳情境的分析來改變現況的問題，找出其間的落差，試圖讓現況變得更好。因此教師在引導時，要確認學生能分辨解決方案和最佳情境兩者之間的不同。「最佳情境分析」是指整個行動的終點，而「解決方案」指是要達到終點的不同方式和路徑。

進行最佳情境分析的步驟如下：

（一）以自己小組所確認的問題，試著想像當這個問題不存在的時候會是怎麼樣美好的狀態？

（二）各組討論小組的最佳情境。最佳情境可以運用譬喻法、圖像化、類似、極端等方式進行。

（三）各組學生向全班分享自己的最佳情境，總結各組所提出的結果，歸納全班達成共識的最佳情境。

學生們想像出一個「最佳情境」之後，就能讓學生在目標之下，進行整體的規劃並採取接下來的行動。

運用「As is / To be」框架分析現況與理想狀況之間的落差

As is（現狀）	To be（理想狀況）
1.學區人口成長持平，但學生入學人數年年減少。	1.學校新生入學人數能持平，不再減少。
2.全校學生人數143人。	2.全校學生人數目標150人。
3.行政和班級導師之間沒什麼互動。	3.同事之間有深厚信賴關係的組織文化。
4.目標大多由一級主管決定。	4.能各自設定目標，主動提出創新點子。
5.行政人員必須常常加班到很晚。	5.下班能準時好好休息。
6.學校與當地居民沒有互動。	6.與當地居民互動頻繁。

運用「As is / To be」框架步驟進行最佳情境分析

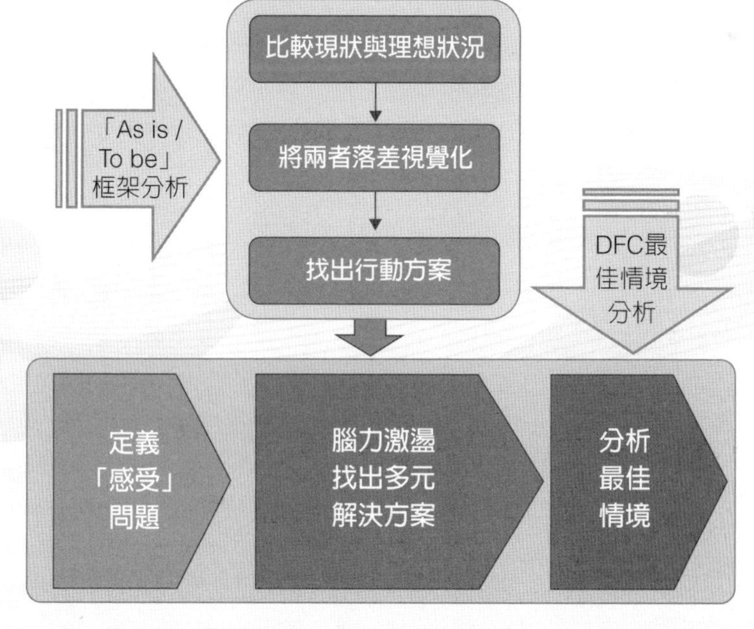

Unit 6-3 「想像」階段的教學活動（二）～廣泛發想行動策略

一、腦力激盪想出愈多點子愈好

這個階段的重要任務就是廣泛發想行動策略，這時候就需要靠團隊成員一起腦力激盪、發揮創意提出任何的解決方案，小組成員可以天馬行空、盡情丟出所想到的任何點子，可以一個解決方案寫在一張便利貼上，寫好就貼在大海報上，數量愈多愈好。

其次，鼓勵從他人的想法繼續發想，任何解決方案的點子都值得被重視，儘量丟出各種瘋狂點子。

二、將所有解決方案分類

為了廣泛蒐集點子，教師可以讓每組學生輪流針對別組問題提出行動策略並寫在便利貼上，採取計分方式，每貼一張便利貼就加一分。這樣的設計不僅可以激發學生積極參與、腦力激盪，更可以藉由全班的互動，發想更多各式各樣有趣的想法。

學生提出各種解決方案之後，接下來進一步針對這些解決方案進行分類，學生將所有方案的便利貼撕下，將同一性質或屬性的解決方案放在一起，並給予每一個類別名稱，進行這一階段的第一次收斂活動。

三、整理好解決方案的階層與關聯性

將整理好解決方案的類別重新排列，找出之間的階層與關聯性之後，進行這一階段的第二次收斂活動，可以請學生以「創意」及「可行性」兩個向度再做分類，請學生將自己發想的策略與同學的策略進行整合，教師在帶領學生的過程中，就不斷運用「發散－收斂」的循環方式，讓學生一步步決定自己的解決方案。

另外，如果面臨解決方案二擇一的情形，成員之間不知如何決定，亦可採用「優劣思考表」，請大家把行動方案的優點和缺點都想過一輪，挑出最佳答案。這種方式就是將一張紙劃分成兩欄，分別列出行動方案選項的優缺點，以便讓學生能夠進行比較，分析之後找出最佳選擇。先寫下「應該做或想做的事」，再分別寫出做這件事情的優點和缺點。當學生將解決方案的優劣處，從頭到尾仔細完整思考過之後，最後就可以檢視優缺點的「數量」或「質量」，考量每個項目影響程度，最後大家一起得出最佳解決方案。

如果時間允許，可以再透過實際調查訪問和資料蒐集，讓學生能夠充分了解現況、認識背後的問題，思考解決方案的適切性。

整理解決方案的流程

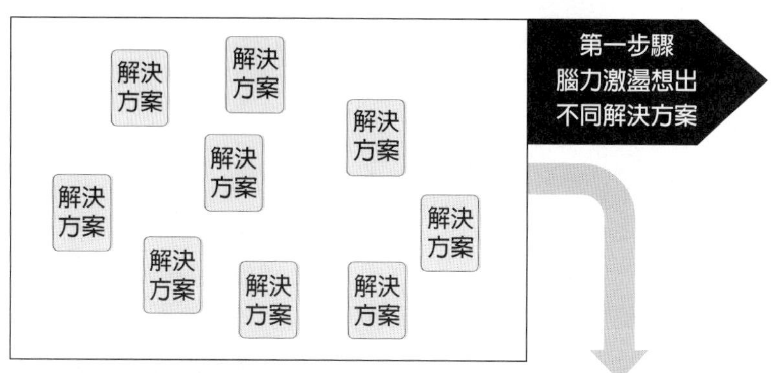

第一步驟
腦力激盪想出
不同解決方案
解決方案
解決方案
解決方案
解決方案
解決方案
解決方案
解決方案
解決方案
解決方案

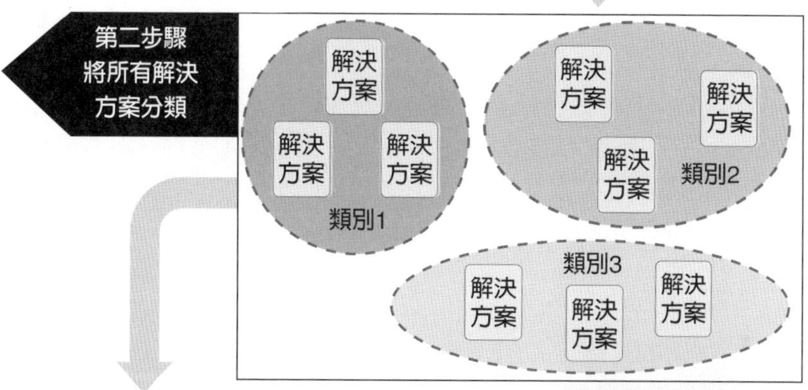

第二步驟
將所有解決
方案分類
解決方案
解決方案
解決方案
類別1
解決方案
解決方案
解決方案
類別2
類別3
解決方案
解決方案
解決方案

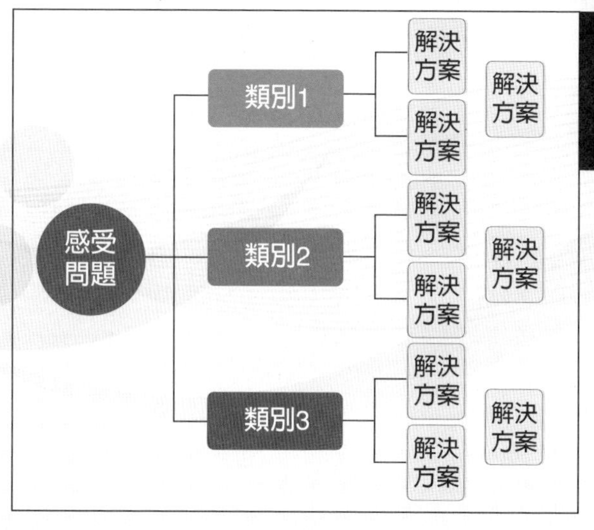

第三步驟
整理好解決
方案的階層
與關聯性
感受問題
類別1
類別2
類別3
解決方案

Unit 6-4 「想像」階段的學習策略（一）～六六討論法

一、什麼是「六六討論法」

六六討論法（Phillips 66 Technique）是由美國密西根州希斯迪爾大學校長J. Donald Phillips 所創，以腦力激盪為基礎，將一個大團體分成若干個六人小組，避免因為人數太多造成不利於自由發言的狀況，運用腦力激盪的方式，各小組同時進行六分鐘的討論，最後得到一個解決問題的答案。因此六六討論法又稱為「菲利浦斯66法」，又因進行討論時均在發言，聲音此起彼落，因此又稱為「嗡嗡法」或「蜂鳴法」（陳龍安，2005）。

二、六六討論法的步驟

（一）**學生進行分組、安排討論情境：**學生大約5或6個人分成一組。

（二）**各組推舉主持人及其他工作人員：**每一組推選一位主持人（可以輪流擔任），由主持人指定一位計時員、一位紀錄員及一位發言人。

（三）**公布討論主題及進行相關說明：**了解主題方向或閱讀相關資料之後，請成員思考主題中最重要的、印象最深刻或應採取之行動的部分。

（四）**各個小組進行討論會議：**小組成員輪流發言，每人限時一分鐘，而且要講足一分鐘，不足一分鐘得繼續發言，藉此激發思考，強迫成員發言。一分鐘時間到，主持人應立即切斷發言，由第二位成員繼續接下來的發言，直到每一位都發言完畢。

（五）**各組歸納討論結果：**各組歸納小組發言討論的成果，並準備一分鐘的口頭報告。

（六）**各組上台報告小組討論結果：**各組發言人上台報告小組討論的成果，限時一分鐘。教師可以請某一組計時員協助計時，並請某一組紀錄員協助記錄。

（七）**師生共同討論：**共同討論、歸納各組小組報告成果，最後亦共同思考進一步可以探究的主題。

三、六六討論法的優點

（一）師生工作明確，包括決定討論主題、成員分組、討論前說明或引導、討論中主持及計時、討論後歸納及分享。

（二）解決大團體進行腦力激盪活動時，因為人數太多而限制成員的自由發言，影響參與者無法提出自己的意見。

（三）不需要專家參加討論，一般人或剛形成的團體就能運用，能在極短時間內帶動熱絡的討論氣氛。

六六討論法進行流程

教學目標	就簡單問題進行討論，最後全體達成共識（非深入）。
參與人數	以36人的會議為例，分為六組，一組6人。
活動時間	討論活動時間35分鐘+緩衝時間5分鐘＝40分鐘

分組 3分鐘 → 教師提出問題 3分鐘 → 小組討論 18分鐘 → 各小組報告 6分鐘 → 歸納總結 5分鐘

小組討論 18分鐘：

選主持人、紀錄員及計時員 3分鐘 ＋ 分組進行討論（每人1分鐘）6分鐘 ＋ 各組歸納討論結果 3分鐘 ＋ 各組發言人準備 2分鐘

Unit 6-5 「想像」階段的學習策略（二）～點子接龍

在帶領學生進行點子接龍聯想活動之前，可以先從比較熟悉的語詞接龍、成語接龍或故事接龍著手，最後再進入高橋晉平的A×B＝C的創意黃金公式。

一、語詞接龍、成語接龍

（一）**語詞接龍：**前一個語詞的字尾變下一個語詞字首，一直接續下去，例如：創意—意見—見聞—聞名—名單—單獨……。

（二）**成語接龍：**1.前一個成語的字尾變下一個成語的字首。2.成語中的字要有動物，例如：杯弓蛇影、九牛一毛等。3.成語中的字要與大自然有關，例如：風行草偃、水落石出等。4. 成語中的字要有數字，或可加「百、千、萬」，例如：一諾千金、萬世師表等。

二、故事接龍

可以準備幾張關鍵詞卡或圖片卡，參與成員每人抽一張卡片，每位成員根據自己所抽到的關鍵詞卡或圖片卡輪流接續故事內容，後面的成員接續故事劇情往下走，有時會延伸出更多意料之外的角色與情節，運用關鍵詞卡或圖片卡內容發揮想像力，尤其是藉由圖片所傳達出來的訊息，會比文字更加豐富。

三、A × B＝C

高橋晉平開發出超過五十種玩具，也被稱為日本最大玩具公司萬代（BANDAI）的「扭蛋黃金企劃」，獨創「點子接龍」法。2103年受邀在TED×Tokyo演講「嶄新點子構思法」，首度公開他的創意發想術。他從創意發想的過程中，歸納出最有效率的創意思考三大原則（李友君譯，2016）：

（一）**原則一：A × B＝C**

點子是既有記憶不斷組合、聯想而成。公式中，A是所要思考的主題或問題，而B則是世界上的所有要素，透過創意公式，無限聯想各種A、B的可能性加以組合，經由這樣的過程產生的點子就是「C」。以A× B＝C的公式不斷串聯，類似的構思要多少有多少，還可能獲得精采的創意。

（二）**原則二：點子「重量不重質」**

真正具有創意就必須不斷構思新的點子，點子想得愈多，好點子出現的機率愈大。

（三）**原則三：從爛點子想出好點子**

不要期望一開始就能夠想出好點子，在拚命增加點子數量時，應先從爛點子開始構思，不管從什麼東西聯想都可以。

高橋晉平A×B＝C的創意黃金公式

重點	所要思考的主題或問題	數量要多	發想點子的觸媒作用	跳躍思考	包含爛點子和好點子
意涵	面對到的問題主體	組合、聯想	任何事物	思考	點子
公式	A	×	B	＝	C
舉例	玩偶	×	鯊魚	＝	鯊魚造型的玩偶
	玩偶	×	跑車	＝	跑車造型的玩偶
	玩偶	×	殭屍	＝	殭屍造型的玩偶
	玩偶	×	草莓	＝	草莓造型的玩偶
	玩偶	×	五月天	＝	五月天造型玩偶
	玩偶	×	太陽	＝	太陽造型的玩偶

A×B創意黃金公式所組成的商品

公式	C	＝	A	×	B
舉例	擦擦筆	＝	原子筆	×	橡皮擦
	LINE	＝	聊天	×	貼圖
	智慧型手機	＝	手機	×	觸控面板
	無酒精啤酒	＝	啤酒	×	不醉
	運動手環	＝	手錶	×	計步器
	拐杖傘	＝	雨傘	×	登山杖

Unit 6-6 「想像」階段的學習策略（三）～自由聯想

一、垂直思考

垂直思考又稱為縱向思維、線性思維，是在一個固定的範圍內，按照一定的思考線路，往上或往下式的垂直路徑進行思考，也就是對一個主題不斷往後延伸進行思考。垂直思考是傳統所運用的思考模式，從已知的理論、知識和經驗出發，按照一定的思考路線，垂直深入分析研究的一種方法，這種思考方法適於對既定問題作更加深入、細致的研究（陳龍安，2005）。

二、水平思考

水平思考又稱為橫向思維、非線性思維，由法國學者愛德華．德．波諾（Edward de Bono）在1967年所出版的著作《新的思考：水平思考的應用》（*New Think: The Use of Lateral Thinking*）中首先提出。水平思考是擴散性思考的一種方法，水平思考是為彌補垂直思考的缺陷應運而生的，跳脫現有的思考方式，從不同的角度嘗試提出不同解決問題的方法。也就是擺脫舊有的經驗與觀念，朝不同範圍思考，發展出許多解決問題的點子，連結其他方法的思維，從各個問題本身向四周發散，各指向不同的答案，思路彼此間不一定特別相關，答案也沒有對錯，此法有助於獲取新穎的觀點的創意性思考法（陳龍安，2005）。

三、自由聯想法

在確認「感受」階段所要解決的問題及找出最佳情境之後，接下來讓學生針對問題開始自由聯想，鼓勵運用各種「想像」、「猜想」、「預測」、「假設」、「可能」等天馬行空的方式提出點子，尋求所有可能的答案，不被任何框架限制，在自由與信任的討論環境中，找出不同的方法去突破、創新。

自由聯想法（free association）是Parnes於1967年所提出，這種方法是以個人的知識經驗為基礎，運用聯想的技巧，由某一事物聯想到另一事物，重新建立不同事物之間新的且有意義的架構系統。聯想可以針對特定的事物進行，也可以作自由聯想。不論是水平思考與垂直思考都可以進行自由聯想，每一個想法只要根據前一階的想法而來即可，不需要有特定的目的性，也不用環環相扣到中心主題，盡情的天馬行空去想像。

水平思考與垂直思考的特質

垂直思考
選擇性
依循某個方向而移動
連續性、序列性
具有分析性
每一步驟需被修正
利用錯誤阻絶某些途徑
依循最有可能的路徑
是一有限制的歷程
有正確性
選擇最好解決問題方案
邏輯控制心靈
用來把同一個洞挖得更深

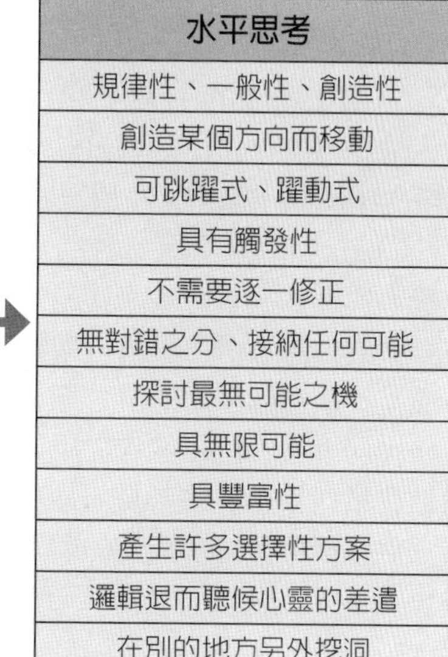

水平思考
規律性、一般性、創造性
創造某個方向而移動
可跳躍式、躍動式
具有觸發性
不需要逐一修正
無對錯之分、接納任何可能
探討最無可能之機
具無限可能
具豐富性
產生許多選擇性方案
邏輯退而聽候心靈的差遣
在別的地方另外挖洞

水平思考、垂直思考在自由聯想上的運用

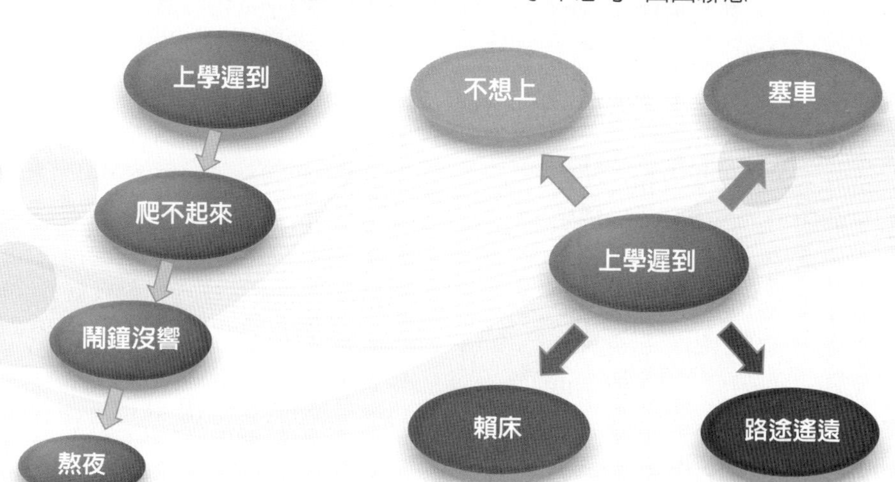

Unit 6-7 「想像」階段的學習策略（四）～六頂思考帽

一、六頂思考帽的由來

愛德華．狄波諾（Edward de Bono, 1986）提出「六頂思考帽」（six hats）的技術，其目的在帶領一般人進行水平思考，也就是一次只用一個觀點想事情，讓思考過程簡單不混亂。這種技術將思考分割成許多面向，而參與者可以依次從不同的面向進行單一且充分的考量，最終就能對一件事情得到諸多角度的觀點，使得思考效果更全面、更完善（劉慧玉譯，2010）。

二、分配思考的角色──六頂帽子

六頂帽子的顏色與代表意義如下（劉慧玉譯，2010）：

（一）**白色思考帽：**白色是中性的顏色，代表中立、客觀，代表思考過程中蒐集證據、數字、訊息等中立客觀的事實與數字。

（二）**紅色思考帽：**紅色是溫暖熱情的顏色，代表直覺、情感，代表思考過程中的情感、感覺、印象、直覺等問題。

（三）**黃色思考帽：**黃色是陽光與樂觀的顏色，代表積極、正面，代表思考過程中的樂觀及建設性思考，研究利益所在、可取之處等問題。

（四）**黑色思考帽：**黑色是邏輯與負面的顏色，代表謹慎、負面，代表思考過程中反思事實與判斷是否與證據相符，考慮風險、困難和潛在問題等負面因素。

（五）**綠色思考帽：**綠色是活躍的顏色，代表創意、巧思，代表思考過程中的探索、提案、建議、新觀念，以及可行性的多樣化這些問題。

（六）**藍色思考帽：**藍色是冷靜的顏色，代表指揮、控制，代表思考過程的控制與組織，冷靜地管理思考程序及步驟、了解需求、總結與決策。

三、六頂思考帽的實施步驟

六頂思考帽可以分為兩個階段（陳龍安，2005）：第一個階段是確定要解決的問題，就像確定目標畫好地圖。第二個階段是選擇一頂最適當的帽子。如果目標確定，帽子選得對，最好的方法就會自然顯現出來。

在班級實施時，首先將學生分為六人一組，提供一個主題進行討論，小組成員分別依照六頂帽子所代表的意義與方向進行不同方式的思考，讓學生透過討論來進行不同帽子所要討論的主題。經過整個歷程讓學生澄清自己觀點，再詢問各組學生如何達成結論。

六項思考帽之特徵及可詢問的問題

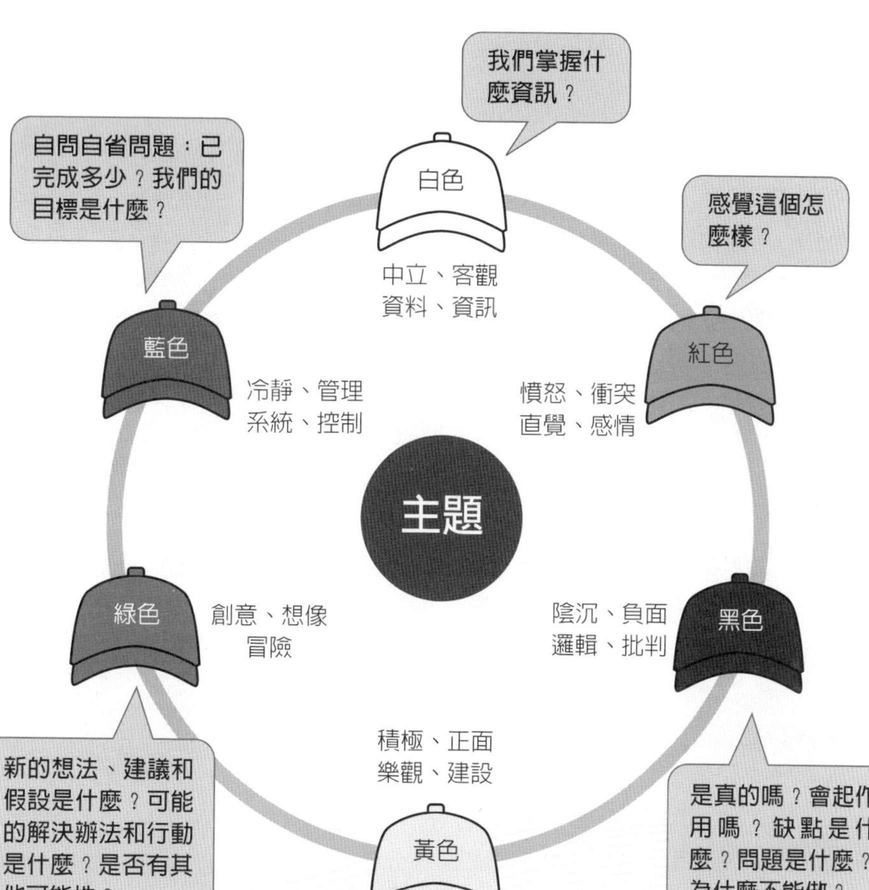

Unit 6-8 「想像」階段的學習策略（五）～世界咖啡館 1

一、世界咖啡館的由來

世界咖啡館（The World Cafe）是由華妮塔・布朗（Juanita Brown）及大衛・伊薩克 （David Issacs）在1995年所提出的一種對話的形式。世界咖啡館是近年來國際間廣泛運用的團隊學習方式，創造一個像咖啡館般、讓人覺得舒適的空間，這種對話方式的特色就是在輕鬆的討論氛圍中，不論成員的職務、階層、經驗、種族、性別、信仰等不同，都可以與其他人交流自己的看法，進而能產生團體智慧。此外，在討論過程中亦可引發對問題的反思、相互分享知識，進而找到新的行動契機。

二、世界咖啡館的精神

世界咖啡館是一種同時適合小至二十人團體，大至數百人組織的會議方式，它採用咖啡桌的形式分組，解構各種大型座談會的框架限制，以四至五人為一桌，邀請來自不同領域的朋友展開輪番對談。

世界咖啡館的精神有：

（一）對話即是行動，對話是一種生生不息的力量，彼此對話是組織、社區、團體等社會制度的命脈與動力。

（二）人與生具有足夠的智慧和創造力，因此相信每個人都很重要、有創意、有見地。

（三）提供一個智慧匯集的平台，擺脫傳統研討會單向傳播的限制，讓所有參與者輕鬆對話，交換不同的意見、觀點。

（四）每一個參與者不僅是演講者，更是聆聽者，這些對話與觀點的交流，構成集體智慧與想像力。

（五）世界咖啡館的重點在於「多元」，吸納來自各領域的不同觀點，對討論的議題和世界產生新的想像。

三、世界咖啡館對話設計及操作原則

世界咖啡館的對話歷程，有七個重要設計及操作原則（高子梅譯，2014）：

（一）**原則一：**為背景定調。

（二）**原則二：**營造出宜人好客的環境空間。

（三）**原則三：**探索真正重要的提問。

（四）**原則四：**鼓勵大家踴躍貢獻己見。

（五）**原則五：**交流和連結不同的觀點。

（六）**原則六：**共同聆聽其中的模式、觀點及更深層的問題。

（七）**原則七：**集體心得的收成與分享。

世界咖啡館對話原則所產生的集體智慧關係圖

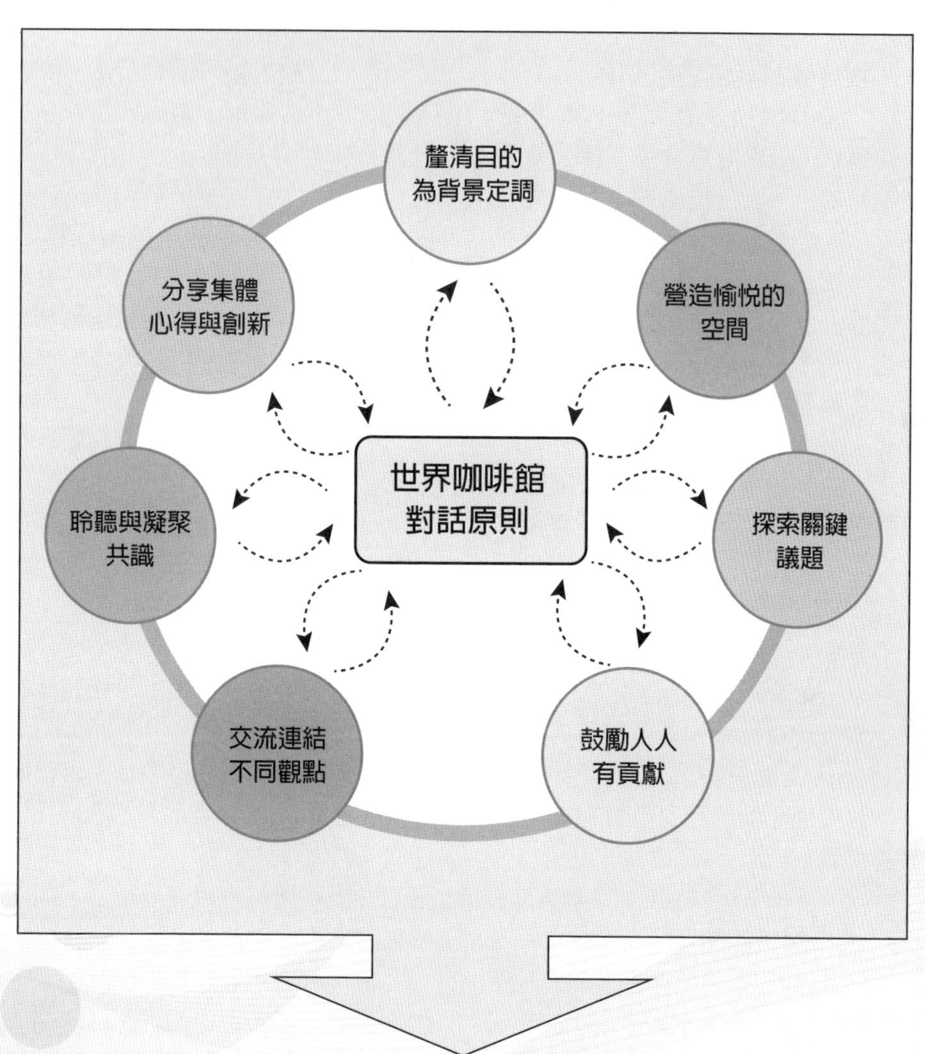

集 體 智 慧

Unit 6-9 「想像」階段的學習策略（六）～世界咖啡館 2

一、世界咖啡館的會談規則

（一）透過「發言棒」或麥克風的運用，鼓勵取得「發言棒」或麥克風的成員，充分提出個人想法與經驗，小組其他成員則專注聆聽。

（二）每一回合過程中，透過小組成員發表的方式，期望能促成不同想法的連結，最後能夠透過共同聆聽，集體發現問題中更深層的觀點、意義。

（三）參與成員儘量暢所欲言，將自己所陳述的內容藉由不同方式，呈現在大海報上。

（四）每一回合議題討論時，成員不可離桌移動，能專注參與討論。

（五）每一回合結束之後的換桌，桌長留在原桌，其他參與成員帶著每一回合間討論的想法到其他桌次，以促使不同的意見及觀點能廣為散播交流。

二、進行討論的流程

世界咖啡館一開始進行由總主持人開場，說明規則流程及問題之後，開始進行三個回合的小組討論活動，每一次對話時間約20至30分鐘，每一桌在進行成員簡單自我介紹後，各選出一位桌長及記錄人員，鈴響後換下一組位置，桌長保持不動，其他成員移動至各組，再由另一桌桌長介紹前一輪討論的結論，並以此為基礎進行更深入的討論，第三回合結束，所有人回到原本的組別，觀看大家分享的內容，整理出討論重點。

三、桌長及參與者的角色與任務

桌長是進行世界咖啡館討論時的骨幹，不僅是小組問題討論發球的人，也是讓成員進行對話流程，進而創造意義的人。其角色與任務如下：

（一）鼓勵發言，維持聆聽及良好互動的氣氛。

（二）第一輪儘量每位成員都要輪流發言，請參與者一起聆聽，並確認記錄者，簡要記錄要點，第二輪開放補充或深化討論。

（三）帶領及介紹上一組討論的內容，引發深入討論。

（四）偶爾在空檔中加入自己的見解，必要時亦可補充不足處或提出逆向思考的觀點。。

（五）促進小組完成三回合的內容重點整理。

最後，參與者除了聆聽及觀察他人的想法之外，也要相信所處的開放空間，勇敢貢獻自己的想法，因為參與者是提供每一段對話進入到另一個轉折點的重要關鍵人物。因此，大家必須放下批評，學習自我反思，積極參與，讓想法與共識觀點彙整融入整個成果分享之中。

世界咖啡館討論的流程

總主持人

1.開場白。
2.說明咖啡館進行流程。
3.提醒基本禮節、前提說明。
4.成員可聆聽或發言，亦可在桌上寫字或繪圖，聽鈴聲必須結束。

換座位

各桌主持人

1.各桌主持人請所有小組成員進行簡單的自我介紹。
2.分享前一回合的對話。
3.請小組成員協助做筆記並彙整討論內容記錄。

三回合世界咖啡館的實施

第一回合
引起動機的問題
（10-15分鐘）

第二回合
拋出問題

提出想法
與經驗

第三回合
匯集統整
問題意見
（回原桌）

聆聽與理解
連結各種想法

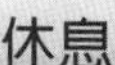

休息

請所有組別把大海報貼在牆上，讓全體成員去看別組大海報的內容。

集體成果分享
畫畫、塗鴉

共同聆聽

全體討論

1.進行反思：（1）寫下自己在討論歷程中所學、意義及對話成果。（2）寫出一個自己的核心想法及見解（簡單寫在便利貼上張貼出來）。
2.鼓勵大家分享最有意義的觀念、主題或核心問題，回想前幾回合的對話歷程中，有哪些可以分享的內容。

Unit 6-10 「想像」階段的學習策略（七）～KJ 法

一、KJ法的由來

運用卡片作為思考視覺化的工具，最常見的就是KJ法。1964年川喜田二郎提出「KJ法」之後就引起廣大的迴響，KJ法的名稱由來即取自川喜（KAWA JI）羅馬字拼音（周若珍譯，2020）。川喜田二郎在長年田野考察中總結出一套科學發現的方法，把大量事實資訊完整保存下來，透過對這些事實資訊進行有機的組合和歸納，發現原有問題的全貌，建立出新的假說或創立新理論。

二、KJ法的基本概念

KJ法適用的時機在問題複雜、起初情況混沌未明，或是牽涉部門人員眾多，一起討論又會呈現各說各話的局面。另外，運用KJ法可以認識新的事物（新問題、新方案）；利用其內在相互關係做成歸類合併圖，以便從複雜的現象中整理出思路，歸納主軸思想，並找出解決問題的一種方法。

KJ法又稱A型圖解法，A型圖解就是把蒐集到的某一特定主題的大量事實、意見或資訊，根據彼此之間相互的關係加以分類的一種方法。運用KJ法可以把成員之間不同的意見、想法和經驗，完全不用取捨及選擇加以蒐集，並運用這些資料間的相互關係加以歸類整理，進行創造性思考，尋求問題的解決。

三、KJ法的基本步驟

KJ法使用時是將所討論的問題，利用「思考單元化」、「單元思考卡片化」、「卡片群島化」三個原則來組成腦力激盪後的問題解決法。開始時以一張卡片（或便利貼）一個概念的原則，將概念一個個的記錄於卡片（便利貼）上，然後將相似、同屬性的類型的放置一起，再用圖解或列表的方式，將各式各樣的點子統整起來，進一步獲得更新的構想。

KJ法的操作步驟是由參與的小組成員用一張卡片（或便利貼）寫下自己的創意，每一組要寫下100張小卡片（或便利貼）。然後將卡片（或便利貼）分類。先把卡片（或便利貼）初步分為50類，再來是20類到30類，接著是10類或更少類別，分類時應該注意是否出現新的類別，如此才可以激發新的創意。最後在大海報上寫下創意點子的內容，也可加上圖畫，再大聲念出創意點子，並將分類結果以完整圖表的方式呈現（潘裕豐，2006）。

KJ法的實施步驟

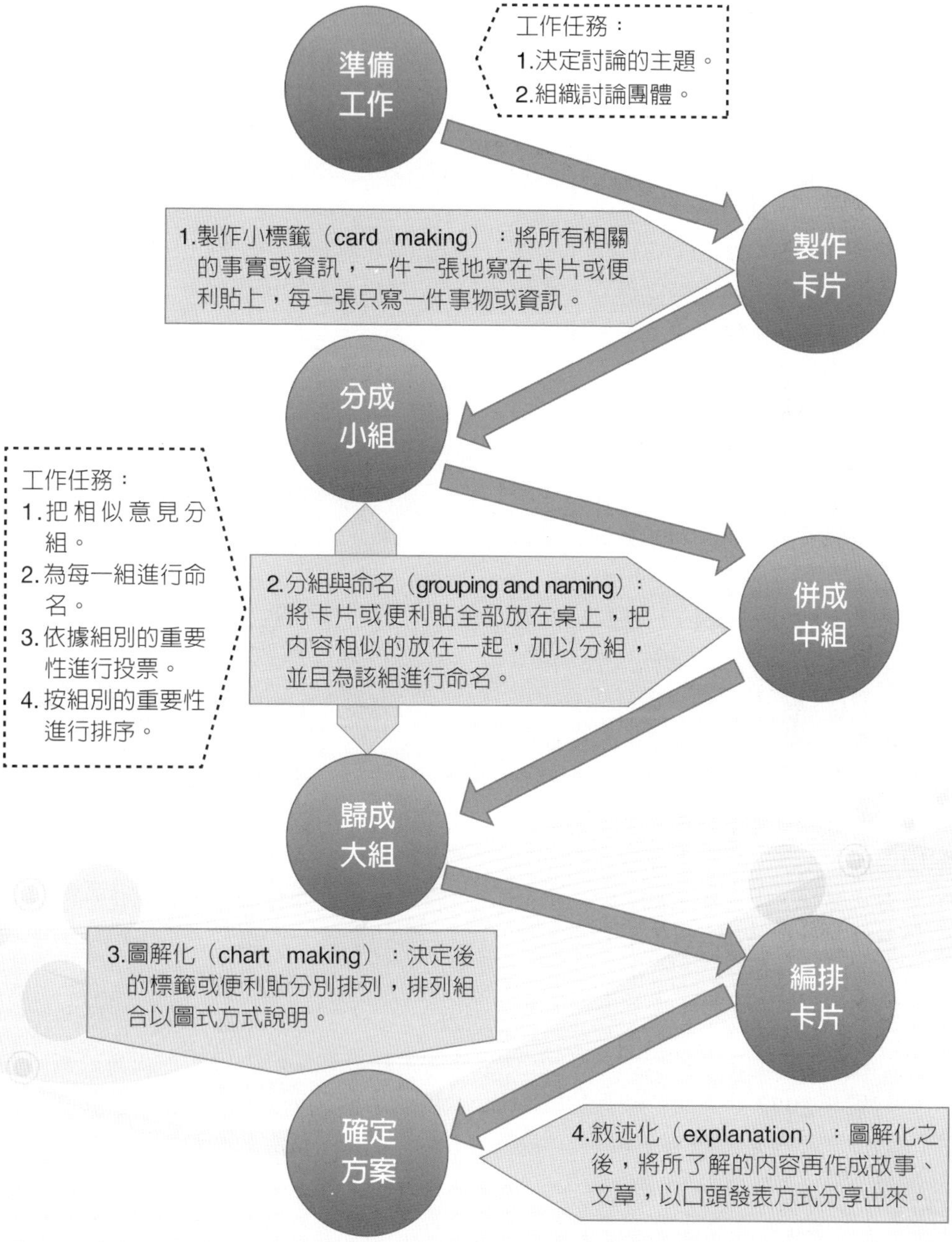

準備工作

工作任務：
1.決定討論的主題。
2.組織討論團體。

製作卡片

1.製作小標籤（card making）：將所有相關的事實或資訊，一件一張地寫在卡片或便利貼上，每一張只寫一件事物或資訊。

分成小組

併成中組

2.分組與命名（grouping and naming）：將卡片或便利貼全部放在桌上，把內容相似的放在一起，加以分組，並且為該組進行命名。

工作任務：
1.把相似意見分組。
2.為每一組進行命名。
3.依據組別的重要性進行投票。
4.按組別的重要性進行排序。

歸成大組

編排卡片

3.圖解化（chart making）：決定後的標籤或便利貼分別排列，排列組合以圖式方式說明。

確定方案

4.敘述化（explanation）：圖解化之後，將所了解的內容再作成故事、文章，以口頭發表方式分享出來。

Unit 6-11 「想像」階段的學習策略（八）～NM法

一、展現聯想力NM法

類比創意法是由日本金澤工藝大學前教授中山正和（Nakayama Masakazu）所創，因為取其英文姓氏開頭字母縮寫，故又稱NM法。NM法的思考方法比較屬於模擬思考，如情境模擬、現象模擬、擬人模擬等大自然現象，比較容易產生聯想。

二、NM法T型的特色

NM法是KJ法的改良，在寫卡片前會先加入個人或團體的冥想，先設定一個主題，由主題中找出關鍵語詞，然後依這個語詞，思考它的聯想、背景、概念以產生新點子再做分類（潘裕豐，2006）。NM法有不同的類型，其中NM法T型（Takahashi構想產出型）是透過模擬法進行創意發想，最主要的特色是將傳統上NM法以圖像顯示創意的部分改以卡片記載文字方式實施，因此NM法T型著重以卡片發展創意，運用在發想行動策略上可以改用便利貼。

三、NM法T型的實施步驟（王友龍，2012）

（一）**設定主題：**主題必須具體清楚，不可有模稜兩可的解釋。

（二）**決定關鍵字詞**（Key Words，**簡稱**KW）**：**思考問題的本質，決定問題解決的關鍵字詞，以名詞、形容詞或動詞等關鍵字詞來描述，以獲得更生動豐富的構想，這是NM法最重要的步驟。

（三）**類比聯想**（Question Analogy，**簡稱**QA）**：**想像與關鍵字詞有關的類似事物，儘量擴大聯想，想到後再一一記入卡片中。

（四）**思考類似想像所能造成的效果**（Question Background，**簡稱**QB）**：**思考與想像有關步驟三中的類比事物QA的背景要素、功能、構造與影響，想像「如果是這樣，就會……」，並加以圖像化，再呈現於卡片中。

（五）**引導出解決問題的創意**（Question Concept，**簡稱**QC）**：**以步驟四的QB意象為基礎想出創意，並將創意的構想具體化、概念化，形成具象的事物，並確認這是可以解決問題的創意，再記入卡片中。

（六）**獲致結論：**將步驟五的QC的卡片經過篩選，再加以組織整合，歸納出解決方案，經過前面五個步驟，最後再統整各項解決方案。

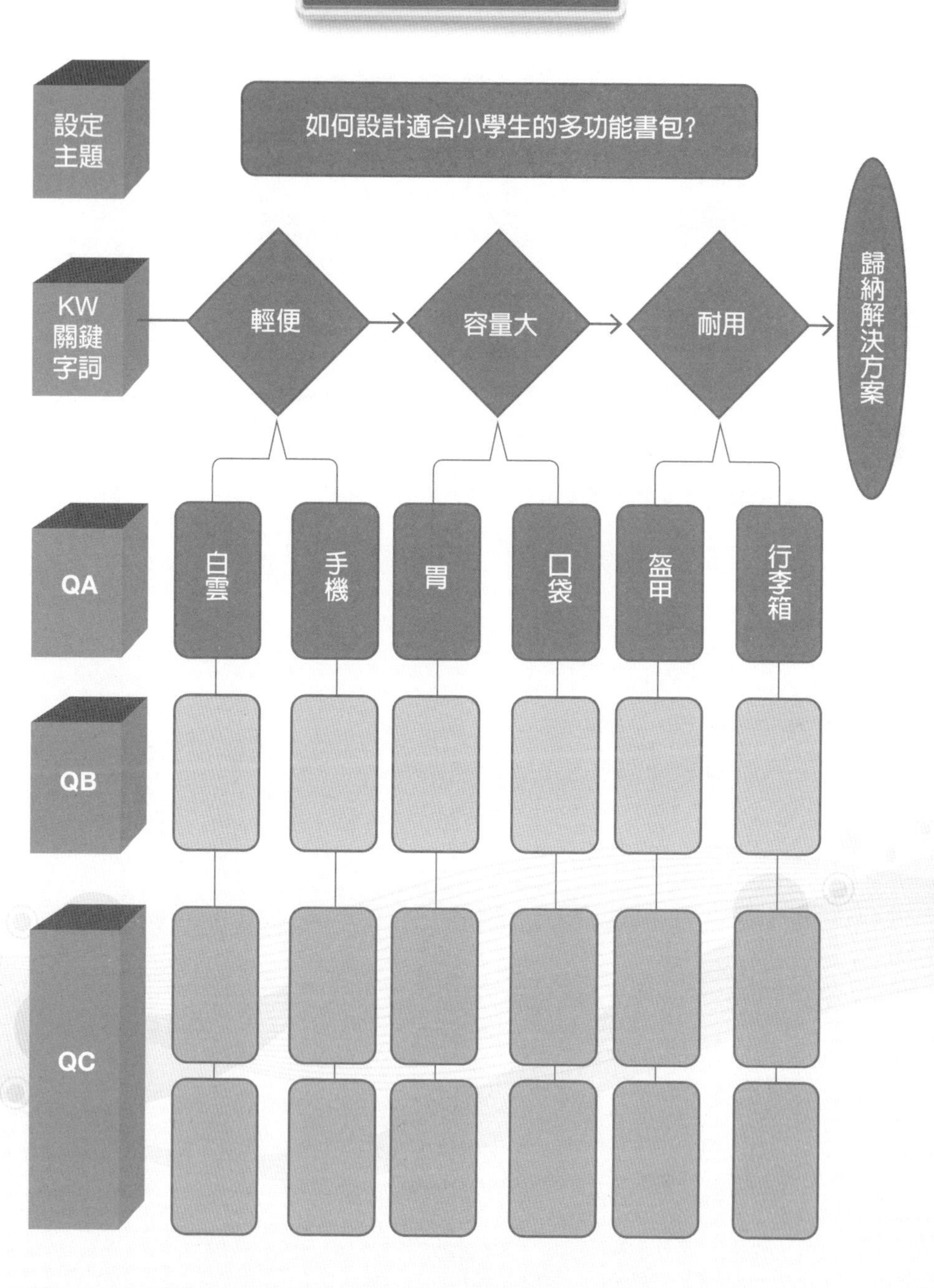
NM法T型展開示例圖
設定主題
如何設計適合小學生的多功能書包?
KW關鍵字詞
輕便
容量大
耐用
歸納解決方案
QA
白雲
手機
胃
口袋
盔甲
行李箱
QB
QC

第7章

運用設計思考 DFC 四步驟規劃素養導向課程（三）～實踐階段

章節體系架構

Unit 7-1 「實踐」階段的學習重點

一、「實踐」階段的學習任務

實踐（DO）階段的重要任務就是決定所要採取的解決方案並真正付諸行動，鼓勵學生蒐集現有的所有資源，進行時間規劃，採取實際行動，而這也是目前體制內教育中最缺乏也是重要的一個步驟，讓學生能實踐課堂上所學習的內容，走出教室，甚至走出學校，一起改變生活周遭的環境，在過程中詳細記錄每個點點滴滴，藉由影像文字記錄，最後發揮影響力，化為實際行動解決問題。

二、設計思考中的「製作原型」、「實際測試」到DFC的「實踐」

設計思考歷程中的第四、五步驟「製作原型」、「實際測試」便是DFC「實踐」階段所進行的任務歷程，在「製作原型」及「實際測試」過程中，把大家所想出新的設計試著製作半成品進行測試，不僅能快速的將小組成員的想法付諸實踐，還可以立即針對使用者的意見進行改良，就如同回到第一個步驟，反覆循環下去，最終找出真正滿足使用者需求的方案。在這個階段善用數次的小失敗，就可以降低未來成本過高的失敗風險。

修正完畢之後，可以邀請更多的人一起來參與，讓整個解決問題的實踐範圍擴大。而整個實踐行動的歷程要記錄完整是非常重要的，有了足夠的資料與紀錄便可以規劃下一個步驟。

三、「實踐」階段的教學活動順序、教學策略及學習工具

在「實踐」階段就是希望學生能從提出解決方案之後，實際採取行動解決問題，因此在此階段列出五項教學活動：規劃行動計畫、小組完成準備事項、記錄行動歷程、面對行動中的困難與挫折、進行自我反思。這些教學活動中，教學者可以讓學生撰寫活動企劃書、繪製甘特圖掌握時間進度、方案執行盤點表、活動成效檢核表、撰寫省思日記等學習策略。

作者所提供相關教學活動的學生學習工具～「設計思考拼貼大海報」中，第五張「選定行動解決方案」放大成A3大小後，先把上一階段整理好歸類的所有解決方法，條列出來寫在左方表格中，小組成員共同評估是否要採用。最後必須決定並選擇1至2項小組成員決定付諸行動的「解決方案」，還要說明會採用這些方法的原因。

便利貼「實踐」階段教學活動順序、策略及工具

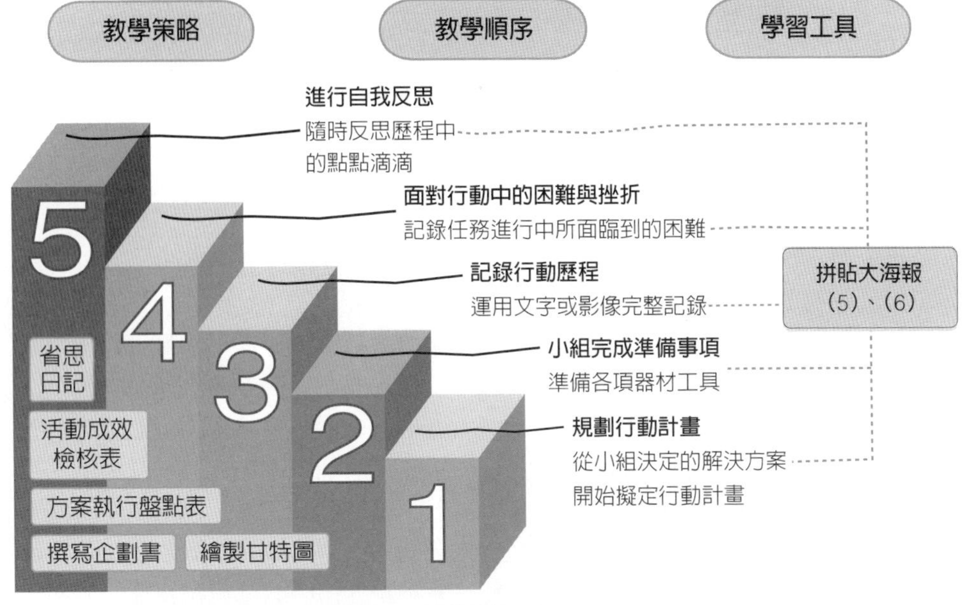

設計思考拼貼大海報（5）～整理並決定解決方法

5 想像 第（　　　）組　為了達到這美好的狀況，我們想了哪些解決方法？

● 經過思考後，我們採用並實踐的方法，請在「是否採用」的欄位中打 V。

編號	解決方法內容	是否採用	
		是	否
1.			
2.			
3.			
4.			
5.			
6.			
7.			
8.			
9.			

● 請說明一下，為什麼最後採用這些方法。

1.行動方案：____________

※採用原因：

2.行動方案：____________

※採用原因：

Unit 7-2 「實踐」階段的教學活動（一）～規劃行動計畫

一、規劃行動計畫的目的

從感受到明確的問題，再天馬行空想出各種解決的妙點子，運用這些好的創意或妙點子就要引導學生善用身邊資源，將想像化為行動，因此規劃行動計畫的目的如下：1.有系統的（systematic）闡釋自己的構想。2.將資訊透明化，降低成員溝通的落差。3.定義團體成員之間關係，進行權責分工。4.做好自我管理，隨時檢核行動歷程進度。5.便於記錄重點，對於資料的整理與蒐集有更明確的方針。6.加強實踐的力道，使原先腦力激盪出的創意加上行動力，方能成就目標。

二、規劃行動計畫的方法

在這個階段首先引導學生將行動方案更具體的計畫出來，在撰寫行動計畫時，首先考量行動計畫是寫給誰看？先以寫清楚為準則，再求邏輯順序，計畫內容簡明扼要，可以善用圖表，工整而不花俏。雖然計畫內容無定則，但也有一些通則，可運用5W1H的方式整理執行計畫的各種細節：1.Why：行動計畫的核心價值是什麼？2.Who：計畫實施的對象、參與的人有哪些？3.Where：在哪裡發生？4.When：何時？需要花費多久時間？5.What：行動的具體事項（具體目標）是什麼？6.How：如何達成目標？

三、如何尋求相關資源

在擬定行動計畫的過程中，也要引導學生去思考哪些是可以運用的資源，例如：錢？人？能力？職位？在實踐的過程中，學生可能會找不到可以運用的資源，尤其是學生所「感受」到的問題如果是跨出校園，甚至範圍更大時，或許就需要找尋各項社會資源，這時教師或家長就要協助孩子們思考自己所「感受」的問題可能會和哪些單位機構或民間團體有關。其實有時候成人自己也不一定清楚，和孩子們「一起想辦法」是很有趣的歷程。

四、運用表格將行動計畫具體化

以下以「設計思考拼貼大海報（6）～行動方案準備及所面對的困難」為例，可以運用表格請學生將準備執行的時間、地點、方式、所需器材、以及各項分工任務等，清楚了解接下來要「做什麼？」、「怎麼做？」勾勒出各任務小組或個人的詳細工作項目內容。

設計思考拼貼大海報（6）～行動方案準備及所面對的困難

6 實踐 第（　　）組　決定要採取的行動方案後，我們要做哪些準備事項？

● 準備事項

	行動方案範例～製作標語	行動方案1～	行動方案2～
時間	107/05/30 17:00-18:00		
地點	校門口人行道		
執行方式	製作警告標語，前往校門口張貼		
器材	粉彩紙、麥克筆、膠帶		
負責人	DO妹－製作標語 想姐－攝影記錄 FU哥－張貼標語 雪弟－構思標語內容		

● 在過程中，我們碰到哪些困難與令我們不高興的事情？我們又是如何面對或解決？

1. 我們遭遇到的困難是＿＿＿＿＿＿

＿＿＿＿＿＿＿＿＿＿＿＿

我們如何面對或解決？＿＿＿＿＿＿

＿＿＿＿＿＿＿＿＿＿＿＿

2. 我們遭遇到的困難是＿＿＿＿＿＿

＿＿＿＿＿＿＿＿＿＿＿＿

我們如何面對或解決？＿＿＿＿＿＿

＿＿＿＿＿＿＿＿＿＿＿＿

3. 我們遭遇到的困難是＿＿＿＿＿＿

＿＿＿＿＿＿＿＿＿＿＿＿

我們如何面對或解決？＿＿＿＿＿＿

＿＿＿＿＿＿＿＿＿＿＿＿

Unit 7-3 「實踐」階段的教學活動（二）～記錄行動歷程與省思（運用Want/Commitment框架）

一、「實踐」階段所要進行的任務

在實踐階段讓小組成員根據計畫採取行動，積極進行縱向和橫向的交流互動，行動方案進行到某一階段之後，也要評估當初設定的目標是否達成，其具體方法步驟如下：

（一）根據行動計畫，確實進行各項任務事項。

（二）藉由討論、溝通、協商，做好團體成員之間橫向與縱向的交流。

（三）當發現進度緩慢時，明確檢討為什麼無法按時完成，儘早採取對策。

（四）評估行動方案實施的結果和計畫的目標及期待的達成度。

（五）蒐集並整理整個歷程中的相關資料。

二、提升小組成員之間的合作關係

DFC挑戰活動所重視的是「過程」而非「結果」，因此同學之間不需要相互比較，而是要向自己挑戰，喚起孩子們想改變問題的決心與毅力，適時反思、回頭調整行動方案，也讓學生學會覺察與接受自己的情緒反應，並用適當的方式面對。在AND股份有限公司所發展的商業框架中，「Want/Commitment」是一種促進彼此工作的良好工具，透過分享成員個人對團隊或組織的期待（Want）與做出可能的貢獻（Commitment），促進成員彼此合作，重點是站在「自己能為他人貢獻什麼」的觀點來思考（周若珍譯，2019）。

三、教學者在「實踐」階段的注意事項

（一）面對不同班級或學生團體的學習氣氛可能差異很大，有些班級或小組團體的孩子會視完成任務為共同的目標，也有些學生不見得鬥志高昂，這時候就必須再深入了解班級或小組同學之間的平常互動狀況。

（二）學生「實踐」的動力是不容小覷的，先讓孩子們抱持「好玩」的心態就會減少「害怕失敗」的恐懼，即使失敗也採取正面的態度積極面對，而訓練孩子們的邏輯思考，不斷挑戰學生的想法，也能減少他們「自以為是」的態度。

（三）有時候孩子們的動力是比大人還要強大，身為教學者或輔導員的我們不妨運用孩子們的這一股動力，也補充自己的教學能量，如此能量自會源源不絕而來。

「Want / Commitment」小組成員合作分析

1

每個人準備一張便利貼，在便利貼上填入自己在團體或活動中的期待、自己不擅長的地方、想獲得的事物或協助等。

期待（Want）	自己可以做出的貢獻（Commitment）
●想學習會議主持的技巧 ●想知道如何和陌生人交談溝通 ●想成為能協助幫忙同學的角色 ●想知道怎麼妥善運用時間	●攝影及剪輯製作影片 ●擅長電腦文書處理及架設網站 ●學過繪畫，可以參與美工設計 ●外語能力強，可以和外國人溝通

2

在另一張便利貼上，填入自己能為他人貢獻的事物，包括自己所擁有的資源、專長、能對夥伴們的協助等。

彼此可以合作的要素

3

將每個人所寫出的Want / Commitment便利貼黏在大海報上，與全體成員分享，思考彼此之間如何合作，排定計畫，進行分工，開始執行行動方案。

Unit 7-4「實踐」階段的學習策略（一）～撰寫企劃書 1

一、什麼是企劃書

進入實踐階段，在執行解決方案的行動之前，運用企劃書的撰寫可以分析自身現有的資源，並根據活動的特性蒐集各項行動歷程中所需的資源，對於有限的人力、物力與財力加以規劃、整合。

企劃書是一種有說服性的溝通工具，使用文字敘述及圖像形式將自己的想法有系統的整理出來，將抽象、未組織的構想進行脈絡化的整理，因此企劃書並非僅是書面報告，優質的企劃書不但是良好的溝通工具，說服他人提供相關資源，讓企劃者與提案對象進行完整交流，更是整理自我想法、釐清邏輯關係的思考工具。

二、為什麼要撰寫企劃書

企劃書可以了解組織團體目前的處境，或用來解決已經發生的問題，並開創新的契機，對於團體或成員周遭的環境變化進行早期的預警功用，及早預防準備，最後能讓行動方案順利進行，提高成功機率。

為什麼要撰寫企劃書？

（一）企劃書是說明、溝通、協調的工具，可以協助了解整個未來行動方案執行的精神。

（二）提供有根據的數據或證據提高可信度。

（三）更有效的掌握活動時間、預算、執行步驟。

因此，企劃是一種展現知識的力量，亦是創造性而非限制性的過程。企劃是一種事先整合、預先謀劃的實施步驟，也就是從界定問題找到解決方案、建立假設、提出證明、證明想法可行的過程，所以企劃就是讓事情更順利發展的方法。

三、什麼是好的企劃書

一份好的企劃書必須注意：

（一）**可行性**：能考慮使用者的需求、時機、資源限制及環境因素。

（二）**創新性**：能提出具有創意、令人拍案叫絕的點子，運用天馬行空的想法突破現狀和資源的限制。

（三）**有效性**：能創造出明顯的有形價值、無形價值及附加價值。

（四）**溝通性**：能清楚表達核心觀念，具有邏輯性，清楚地傳遞內容價值。

（五）**資訊性**：能蒐集到完整、正確、有時效性的資訊進行分析，並以明確的證據支撐整個行動方案的可行性。

（六）**視覺性**：善用圖表、圖片，提高企劃書的閱讀性，避免使用專門術語與專有名詞，而且內容避免太長，格式要清楚易讀。

企劃與計畫的差異

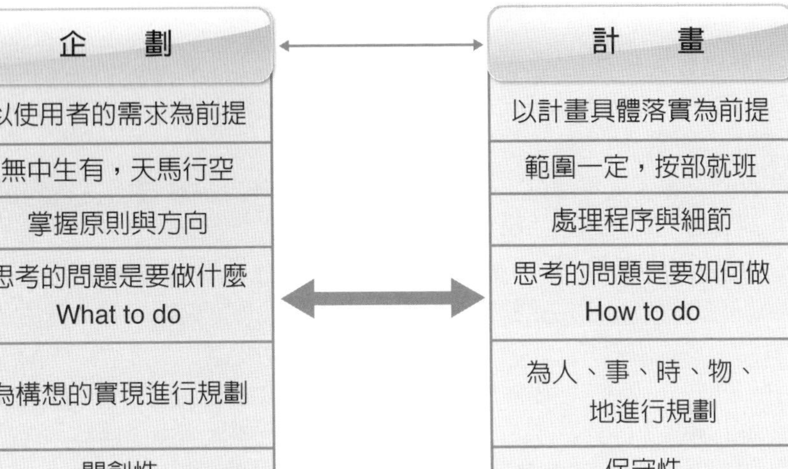

企劃書的種類及基本要點

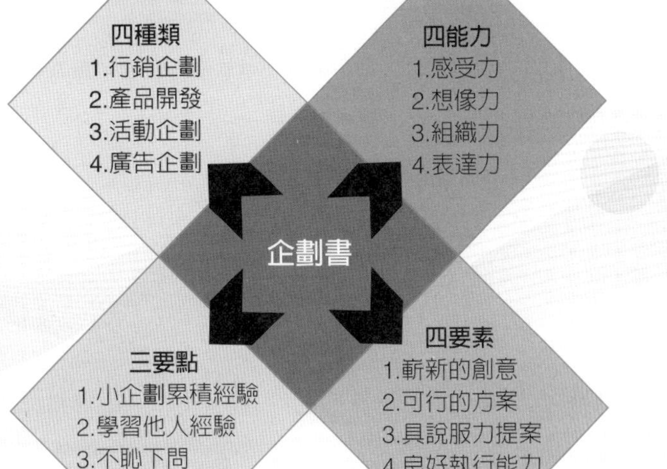

Unit 7-5 「實踐」階段的學習策略（二）～撰寫企劃書 2

一、撰寫活動企劃書的基本概念

一份完整的企劃書能把小組成員腦子中任何天馬行空的想像，落實為實際可行的行動方案；更可藉由說服別人而得到相關資源，實踐心中的構想。在撰寫活動企劃書時應具備的基本概念：

（一）針對使用者的獨特需求，以人為本。

（二）充分利用小組團隊成員的知識和技能，發揮各自所長。

（三）必須考量在有限的時間與預算經費內，達到最大的效益。

（四）完成為使用者量身打造的計畫或服務。

二、運用5W2H1E思考企劃書架構

進行詳細的企劃書內容之前，可以先運用最簡潔明瞭的5W2H1E，迅速讓小組成員思考企劃書的大架構：

（一）**Why**：緣起、宗旨，所欲達成的目的或目標。

（二）**What**：策略內容概述、主要的想法。

（三）**Where**：場地、範圍。

（四）**How**：達成目標的具體行動、實施方式。

（五）**When**：規劃時間表，說明實施時程。

（六）**Who**：執行小組團隊成員與負責人。

（七）**How much**：預算費用項目。

（八）**Evaluation / Effect**：行動執行後的預期效益。

三、一頁企劃書的基本內容

為了找出執行行動方案的重點，節省小組成員間溝通的時間，在找出確認的解決方案之後，可以運用一頁企劃書進行初步想法的溝通。基本內容如下：

（一）**活動名稱**：讓大家在第一時間抓住整個活動的精神，活動名稱有時候是影響成敗的關鍵。

（二）**活動緣起（宗旨）**：說明企劃活動原初的背景。

（三）**活動目的及相關單位**：解釋企劃案的目的為何？為什麼要做？

（四）**活動內容**：包含活動內容與辦法、對象、人數、日期與時間、地點與交通工具。

（五）**宣傳方式**：運用什麼宣傳方式讓更多人了解活動內容。

（六）**問題評估與解決方案**：這個企劃案要做哪些事。

（七）**活動流程**：哪些工作項目在什麼時候做。

（八）**人員規劃**：小組成員如何明確分工合作？

（九）**經費預算**：整個行動方案會花費多少經費？經費的來源又是如何？

（十）**預期效益**：最後產生什麼效益？

（十一）**備案**：一旦出現突發狀況，應該怎麼反應？

企劃書的功能

擬定策略
決策參考

建立共識
資源整合

評估想法
監控時程

企劃書
的功能

工作管理
掌握進度

知識傳承
結合資源

系統思考
釐清思緒

Unit 7-6 「實踐」階段的學習策略（三）～繪製甘特圖

一、甘特圖的由來

甘特圖（Gantt chart）又稱為橫道圖、條狀圖（Bar chart），在1917年由美國工程師暨社會學家亨利・勞倫斯・甘特（Henry L. Gantt）所開發出來，他在20世紀早期引用了此方式作為生產計畫進度圖。在甘特圖上規劃執行的每一個項目，於預定的時間段中用線條標出，完成之後，甘特圖能以時間順序顯示所要進行的活動，以及那些可以同時進行的活動。

二、甘特圖的特色

甘特圖是條狀圖的一種類型，顯示所有工作進度以及其他與時間相關的要素，它將整個活動歷程所有工作項目條列出來，讓每位小組成員都知道自己負責的部分是什麼，還有每個工作項目階段的完成時間。

甘特圖能夠很清楚從時間上整體把握進度，讓成員清楚標識出每一項任務的起始與結束時間，因此，甘特圖用來掌控時間、拿捏進度是非常實用的工具。

三、繪製甘特圖的步驟

（一）**列出所有工作項目**：將整個活動專案所涉及的每一項工作均條列出來，然後列出每一項工作項目的開始日期以及預期完成所需時間，內容包括專案名稱（包括順序）、開始時間、工作時程及任務類型。

（二）**繪製甘特圖草圖**：以工作項目及預計時程為依據，計算單項活動任務的工時量。繪製甘特圖草圖，確認每項工作項目的時程及其依賴關係，並開放給小組成員討論。使用草圖，按照專案的類型將專案聯繫起來，並安排專案進度。

（三）**甘特圖定稿**：在這個最後階段，整個專案的流程已經非常清楚，成員們可以依據甘特圖逐一檢視，確認自己有將資源的利用極大化，並強化自己如期完成任務的信心。以此確定活動任務的執行人員及適時調整工作時程，最後計算整個活動項目的時間。

四、甘特圖繪製的內容

甘特圖的原理很簡單，基本上是以條狀圖來呈現：橫軸代表時間，用來表示時間單位（年、季、月、週、日、時等），顯現出各項時間的變化。縱軸代表工作項目，記載專案活動的各項工作。條線則代表工作項目開始與完成的時間，任務計畫在什麼時候進行，以及實際進行狀況與計畫要相互比對。

「再現詔安堂風華」活動之甘特圖

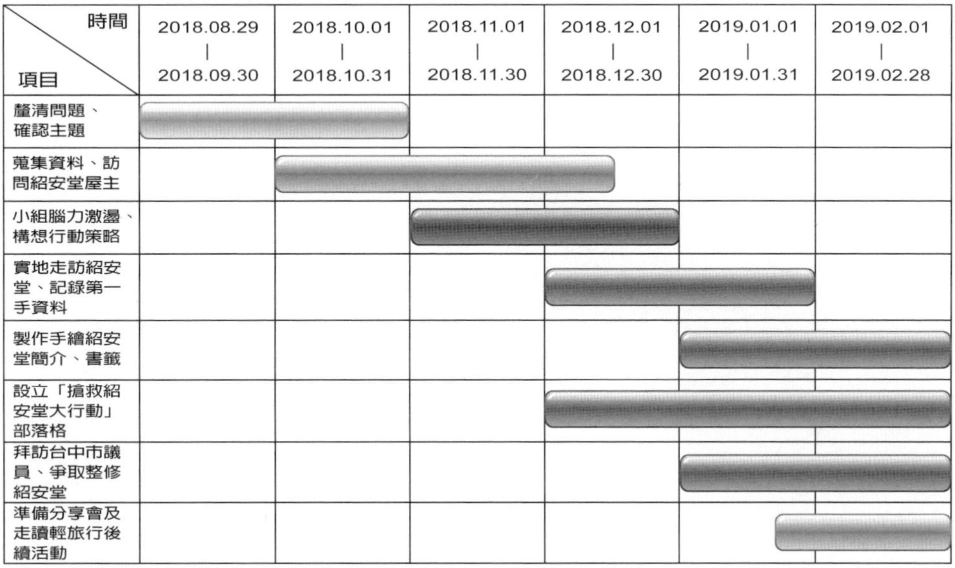

時間 項目	2018.08.29 | 2018.09.30	2018.10.01 | 2018.10.31	2018.11.01 | 2018.11.30	2018.12.01 | 2018.12.30	2019.01.01 | 2019.01.31	2019.02.01 | 2019.02.28
釐清問題、確認主題						
蒐集資料、訪問詔安堂屋主						
小組腦力激盪、構想行動策略						
實地走訪詔安堂、記錄第一手資料						
製作手繪詔安堂簡介、書籤						
設立「搶救詔安堂大行動」部落格						
拜訪台中市議員、爭取整修詔安堂						
準備分享會及走讀輕旅行後續活動						

甘特圖的特點

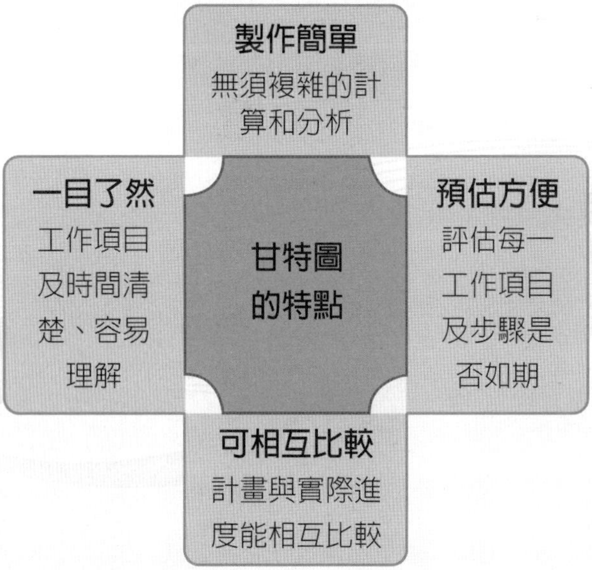

製作簡單
無須複雜的計算和分析

一目了然
工作項目及時間清楚、容易理解

甘特圖的特點

預估方便
評估每一工作項目及步驟是否如期

可相互比較
計畫與實際進度能相互比較

第 8 章

運用設計思考 DFC 四步驟規劃素養導向課程（四）～分享階段

章節體系架構 

Unit 8-1 「分享」階段的學習重點

一、「分享」階段的學習任務

DFC的第四個步驟分享（Share），在最後這一個階段讓學生試著整理自己的改變歷程，鼓勵學生運用影像或文字將改變的故事歷程傳播出來，在校內的宣傳部分可透過班刊的製作與分享、學校的升旗典禮或期末發表會等方式，讓校內的師生知道自己所完成的故事。其次，引導學生如何說一則好故事，可以投稿或透過報紙的新聞稿發布。另外，透過不同的網路平台，將成果「分享」給更多人，引導更多人一起參與改變的行列。

另外，也可以引導學生回顧整個改變的歷程，試著回想有沒有什麼地方還可以更好？如果重來一次可能會怎麼進行調整？

二、設計思考五個步驟回顧到DFC的「分享」

設計思考五步驟中，首先發揮同理心，站在使用者角度思考，體會使用者的真正需求；接著確認關鍵問題點，把需要解決的問題定義出來；然後進行腦力激盪，快速發想多元的解決方案；再從實作中學習，製作原型，由實作中發現問題；最後，在測試回饋的階段，根據使用者的意見進行修正，就如同回到第一個步驟，反覆循環下去，最終找出真正滿足使用者需求的方案。

DFC的第四個步驟分享，就是引導學生在處理及解決問題的行動歷程進行省思與回饋，感受其成功或不足之處，學習面對失敗並檢討得失，作為下一次行動策略改進的依據。

三、「分享」階段的教學活動順序、教學策略及學習工具

在「分享」階段就是引導孩子評估及檢視行動計畫帶來的改變，以及學習表達與說故事的技巧。在此階段列出五項教學活動：整理故事內容、小組成員進行省思、製作故事影片及簡報、在校內及校外進行分享活動、蒐集各方意見與回饋。這些教學活動中，教學者可以彈性運用心情曲線、PDCA循環、故事山、想像之旅、分鏡圖、ORID、動態回顧循環4F反思模式等教學策略。

作者所提供相關教學活動的學生學習工具──「設計思考拼貼大海報」第七張「分享故事」中，分為八個欄位，分別蒐集個人及小組成員、同班同學或校內學生、師長及家長，以及其他相關人士的回饋意見或建議事項。

「分享」階段教學活動順序、策略及工具

教學策略　教學順序　學習工具

蒐集各方意見與回饋
蒐集聆聽故事者的意見及回饋建議，作為未來的參考

在校內及校外進行分享活動
運用各種管道分享故事、發揮影響力

製作故事影片及簡報
運用影像及文字製作簡報及影片

小組成員進行省思
回顧整個歷程進行省思

整理故事內容
根據感受、想像、實踐、分享四個階段整理故事的內容

設計思考拼貼大海報（7）～分享故事

分享　（　）年（　）班　第（　）組　接下來我們要發揮影響力，分享自己的故事！
請利用各種方式大力宣傳自己的故事，蒐集大家的意見，並請給回饋的人簽名唷！

● 個人篇：完成故事之後，我個人有哪些改變（自我提升）？還有哪些需要再接再厲繼續努力的地方？ 簽名：	● 小組同學篇：在與同學合作的歷程中，小組成員有什麼共同美好或難忘的回憶？ 簽名：
● 其他同學篇：當全校或外校同學聽到這一則故事之後，他們給予了哪些回饋意見？ 簽名：	● 師長篇：學校師長們看到我們的故事之後，提供哪些建議或鼓勵的話？ 簽名：
● 家長篇：將故事和自己的家人分享之後，家人給予哪些寶貴的意見和期勉的話？ 簽名：	● 其他人士篇：這一則故事或許還有其他不同的人有看到或聽到，這些人又給我們哪些回饋的意見呢？ 簽名：

Unit 8-2 「分享」階段的教學活動（一）～完成大海報、整理故事（PREP 與 TAPS）

一、以拼貼大海報呈現學習歷程

作者在提供四個步驟中有相關教學活動的學生學習工具──「設計思考拼貼大海報」共七張，這幾張A3大小在「感受」、「想像」、「實踐」、「分享」四個階段所完成的內容，正好是一整個學習歷程檔案的呈現，這幾張拼貼成一張大海報，可以是一種動態的、完整的歷程評量，不但提供學生長期進步及成長的證據，注重過程與結果，更強調學生整體並且接近現實生活情境的表現，顯現有價值的學習連結，正是素養導向課程學習的最好印證。

二、如何說一則好故事

在台灣DFC的「DFC改變行動之旅～七天計畫──在地版含學習單2.0」中，也說明「講故事」是要有技巧的，只要掌握到下面簡單的元素，就可以讓別人印象深刻：

（一）故事情節簡單（別人能夠更容易再將故事重新敘述一次，不要有太多支線）。

（二）故事讓人覺得難以預料（令人覺得很驚訝、有爆點）。

（三）故事很具體（包含一些重要的細節）。

（四）故事中包含的資料具有說服性。

（五）故事中有些數據、細節都可以讓別人查證是否屬實。

（六）故事中有情感，讓人覺得更容易感同身受！

三、運用「PREP」與「TAPS」兩種框架來組織故事架構

在這個「分享」階段完成整個故事架構之際，可以提醒學生從一開始的想像、計畫行動、蒐集資料、資源聯繫、小組檢討等，自己和成員都在故事中扮演重要的角色，所以在進行故事架構的撰寫時，首重「創意」，其次講究故事的「布局」。在AND股份有限公司所發展的商業框架中有不錯的參考架構，其中「PREP」是一種首先提出結論，讓重點變得明確，接著加入理由和具體範例，讓聽故事的人產生認同，最後再用一次結論進行總結。而「TAPS」是先讓聽故事者理解「最佳情境」（理想狀態）與現狀之間的差距，接著再論述問題解決的方法（周若珍譯，2019）。下面就以「找回建功的大象溜滑梯」故事為例，說明「PREP」與「TAPS」兩種框架下故事架構呈現的差異。

PREP故事架構～以「找回建功的大象溜滑梯」為例

	運用方式	所欲呈現故事的內容架構
結論（Point）	整理結論。	希望在校園內蓋一座新的磨石子大象溜滑梯。
理由（Reason）	整理主張前述結論的理由。	在學校以前的畢業紀念冊都可以發現大象溜滑梯，這一座從創校就存在的大象溜滑梯後來因為要興建樂學樓時就拆除了，今年剛好是學校六十週年校慶，大象溜滑梯應該是許多校友們美好的回憶之一，所以我們想讓大象溜滑梯「復活」！
具體範例（Example）	利用具體實例或資料，補充導出結論的理由。	我們調查學校所有45個班級學生的意見，調查結果顯示全校有超過93%的小朋友想要蓋一座新的大象溜滑梯。
結論（Point）	最後再次重申結論。	現在遊戲器材大多是塑膠遊樂器材，不過目前提倡減塑運動，塑膠製品雖然方便，但不環保，因為塑膠製品在大自然當中很難分解。所以現在取而代之的是安全又堅固的磨石子溜滑梯或其他比較天然的材質。所以希望在校園內能蓋一座新的磨石子大象溜滑梯。

TAPS故事架構～以「找回建功的大象溜滑梯」為例

	運用方式	所欲呈現故事的內容架構
最佳情境（To be）	呈現出當問題不存在時最理想的狀況。	在校內有一座使用磨石子天然材質的大象溜滑梯，下課時間學生們排隊去玩大象溜滑梯。
現狀（As is）	為了達成理想，目前的現狀為何。	舊的大象溜滑梯因為興建樂學樓時就拆除了，現在校園內大多是塑膠遊樂器材。
問題（Problem）	提出所感受到的明確問題。	我們想讓「大象溜滑梯」復活，讓學校的遊樂器材更具有特色並使用天然材質。
解決方案（Solution）	針對感受的問題，整理出有哪些解決的方案。	首先「調查全校學生意見」，向校長說明校園興建大象溜滑梯，尋求校方的認同。接著「向家長及校友尋求支持」，請家長及校友捐錢，蓋大象溜滑梯。

Unit 8-3 「分享」階段的教學活動（二）～歷程反思、準備對外發表（分鏡圖）

一、活動歷程中為什麼要進行省思

培養學生（包括教師本身）有良好的省思技巧，其實需要花時間練習。擁有省思的技巧可以幫助自身了解哪些事物：1.認識自己、參與活動的動機、自己的問題及行動策略的選擇。2.想要達成的目標有哪些？3.如何擬定計畫、執行、檢討和評鑑自己的行為？4.自己的反應和行為對其他人造成什麼樣的影響？5.如何採取行動來改善自身周遭的環境，或自己與他人的學習？

省思是整個活動歷程中相當重要的一環，省思可以讓事情變得更詳明，就像從鏡子裡反射一樣，經由省思的功夫來分析我們自身的經驗，讓經驗變得更有意義。

二、準備發表故事

將自己完成故事的經驗進行分享，除了可以讓學生面對問題，要開始去找出解決方案處理之外，更大的目的是增強學生的自信、訓練其站在群眾前表達的勇氣，讓大家知道「改變是有可能的」，許多做不到的事只是因為先設下心理障礙而沒去做而已！

因此學生在上台報告之前，首先運用表格的方式，讓各組學生整理每一位成員夥伴的意見，不但學生可以按表格項目填寫，也可清楚列出每個人的意見。其次，學生小組討論或是上台報告發表都是需要平常培養練習的，例如上台報告時音量太小、位置不當，甚至上台報告時把手稿遮住臉等，一些小細節還是要隨時提醒學生。還有要把握孩子們積極主動的特性，他們會把力量擴散出去，甚至吸引更多的孩子加入願意改變的行列。

三、運用分鏡圖將故事具象化

可以運用一些學習策略，將自己的故事以更有創意的方式呈現出來。例如運用「分鏡圖」（Story Board）的方式，用四格漫畫故事將發表分享的創意具體化，依照故事時序歷程畫出發表故事內容的框架，將模糊的想法能夠明確具體加以視覺化。

運用四格分鏡圖將故事具象化

步驟一：列出問題	步驟三：畫出解決問題的過程
1. 感受：如何使大家具備分辨假新聞的能力，更不要輕易相信及傳播來歷不明的訊息？	**2. 行動方案（1）**：發起「584、我辨識」拒絕假新聞運動。
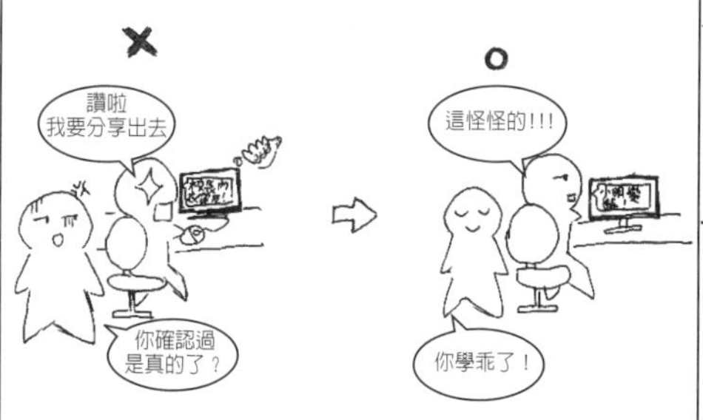	
3. 行動方案（2）：教導民眾如何分辨假新聞。	**4. 最佳情境**：大家像名偵探柯南一樣，面對任何新聞和訊息都能抱著存疑的態度。

步驟三：畫出解決問題的過程	步驟二：畫出當問題不存在時的最佳情境

Unit 8-4 「分享」階段的學習策略（一）～PDCA 循環

一、PDCA循環的由來及基本涵義

PDCA循環又稱「戴明循環」，是由美國的質量管理大師戴明（William Edwards Deming）所創。PDCA循環是將質量管理分為四個階段，即計畫（plan）、執行（do）、檢查（check）、處理（action）。在質量管理活動中，每一項任務先做出計畫，接著實施計畫，實施的過程中加以檢查，然後根據檢查的結果進行改進，沒有解決的問題放到下一個循環，再進行下一個循環解決。

二、PDCA循環的特點

（一）**周而復始**：循環的四個過程不是一次就結束，而是周而復始不斷的進行。

（二）**大環帶小環**：類似行星輪系，如果把整個公司或是團體作為一個大的戴明循環，那麼各個部門、各個小組（甚至是個人）也還有各自小的戴明循環，是大環帶小環的有機邏輯組合體，一級帶著一級，有機式的構成一個運轉的體系。

（三）**階梯式上升**：PDCA循環不僅是在同一水平上循環，每循環一次，就解決一部分問題，獲得一部分的成果，循環在不斷解決問題的過程中不斷提升。

（四）**統計的工具**：此循環應用科學的統計觀念和處理方法，作為推動工作計畫、發現並解決問題的有效工具。

三、PDCA循環的四階段、八步驟

PDCA循環分為四個階段，又可以細分為八個步驟：

（一）Plan—**計畫**（確定方針目標，確定活動計畫）

1.步驟一：分析現狀，找出存在問題。

2.步驟二：分析問題各種影響的因素或原因。

3.步驟三：找出問題的主因。

4.步驟四：擬定策略，制訂計畫。

（二）Do—**執行**（實施上一階段計畫中的內容）

5.步驟五：執行、實施計畫。

（三）Check—**檢查**（檢驗執行結果是否符合計畫的預期效果）

6.步驟六：評估計畫執行結果。

（四）Action—**行動**（對總結檢驗的結果進行處理，成功的經驗加以肯定並適當推廣，失敗的部分加以檢討，未解決的問題轉入下一個循環解決）

7.步驟七：標準化和進一步推廣。

8.步驟八：問題總結。

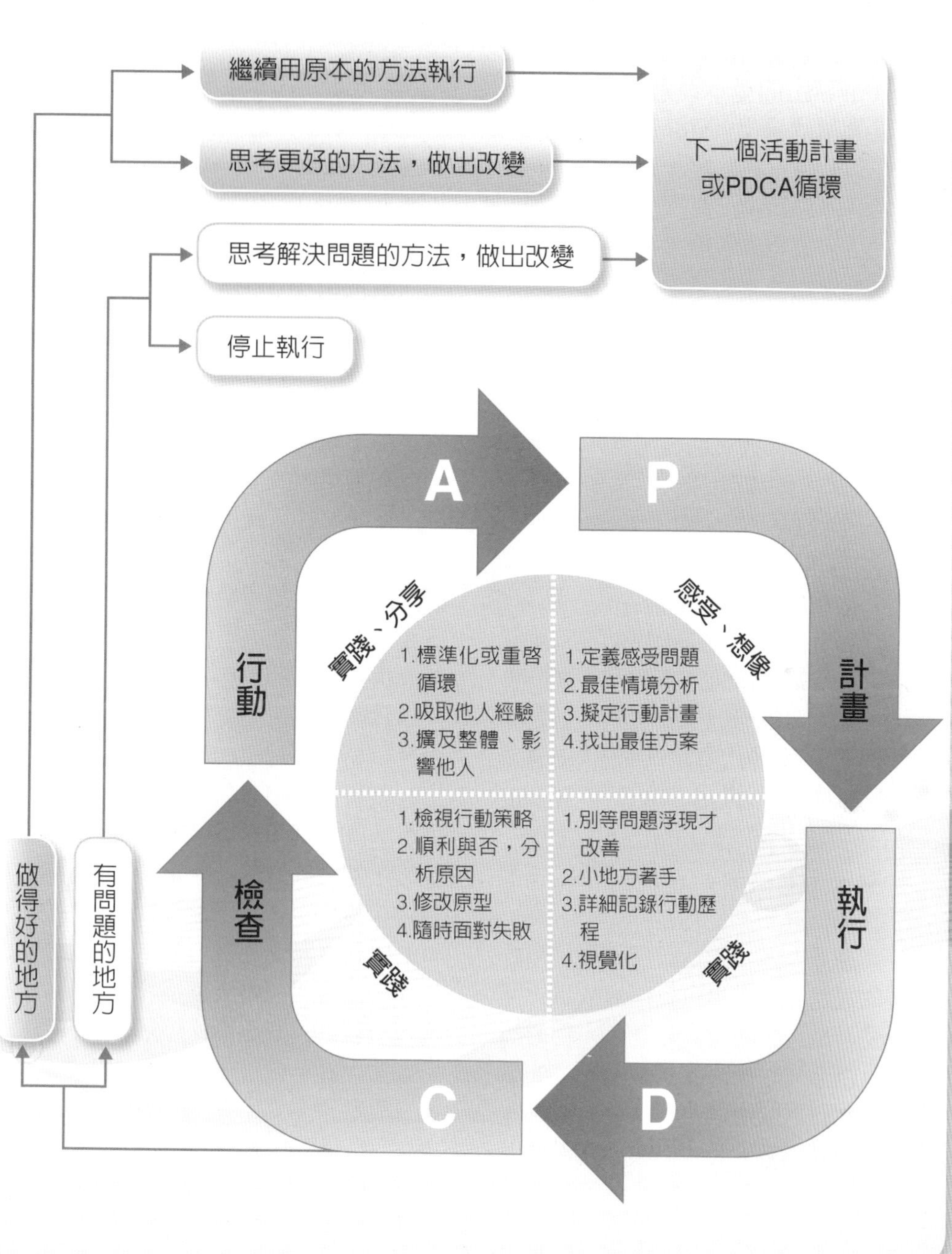
運用PDCA循環於DFC設計思考問題解決歷程
繼續用原本的方法執行
思考更好的方法，做出改變
思考解決問題的方法，做出改變
停止執行
下一個活動計畫
或PDCA循環
A
P
C
D
行動
計畫
檢查
執行
實踐、分享
感受、想像
實踐
實踐
1.標準化或重啓循環
2.吸取他人經驗
3.擴及整體、影響他人
1.定義感受問題
2.最佳情境分析
3.擬定行動計畫
4.找出最佳方案
1.檢視行動策略
2.順利與否，分析原因
3.修改原型
4.隨時面對失敗
1.別等問題浮現才改善
2.小地方著手
3.詳細記錄行動歷程
4.視覺化
做得好的地方
有問題的地方

Unit 8-5 「分享」階段的學習策略（二）～故事山

一、故事山的基本理念

運用故事山（story mountain）可以幫助讀者在理解一篇文章或學生閱讀一本書籍中，將文章或書籍故事中的圖表或重要情節，運用故事山的圖表整理出基本的架構。或是學生寫作文章及故事時，引導學生們使用地圖、流程圖或故事山的形式，構思自己的文章或故事方向，如此將有助於學生在開始寫作之前有明確的方向思考故事的情節和結構，以及如何安排在不同的段落。

二、故事山的基本要素

故事山是讓學生了解故事或寫故事結構的一種工具，能夠幫助學生對於故事的人物、情節、重要事件有一個更清楚的認識。故事山主要分為五大部分：1.介紹（Introduction）、2.發展（Build-up）、3.衝突（Complication）、4.解決（Resolution）、5.結尾（Conclusion）。

運用故事山的圖形架構來寫故事的優點是使學生可以理解故事的開始通常是場景的設定和角色人物的描述，接著開始構思接下來所發生的事情。在故事的中間，通常會出現一些令人興奮或令人恐懼的故事高潮，然後面對故事中的衝突點或挫折處說明如何解決這個問題，最後找到一個合乎邏輯或意想不到的結局來結束整個故事。

三、運用故事山的方式

一開始可以請學生找自己最喜歡或印象最深刻的一則故事或一本書籍，找出這一則故事或書籍的架構，除了可以讓學生運用故事山的圖表將自己對文章、故事的開頭、衝突、高潮、解決方式、結尾等整合自己的思考歷程。因此故事山很適合於學生閱讀文章或熟悉故事之後，讓孩子重新審視文章或回顧故事情節，讓學生更能清楚整體的架構。

接著，可以讓學生自行製作故事山，例如可以依照DFC四步驟各挑選出幾張照片，讓學生註明照片中正在進行什麼事情，再按照故事山的五大部分，把相關的照片放上，大家一起檢視小組成員是否已理解自己完成故事的過程？是否能找出故事中的主要事件？這樣不但讓師生都比較清楚的知道小組成員對故事的理解程度，也可以大大提升之後他們寫作故事內容的質與量。

運用故事山來寫故事情節

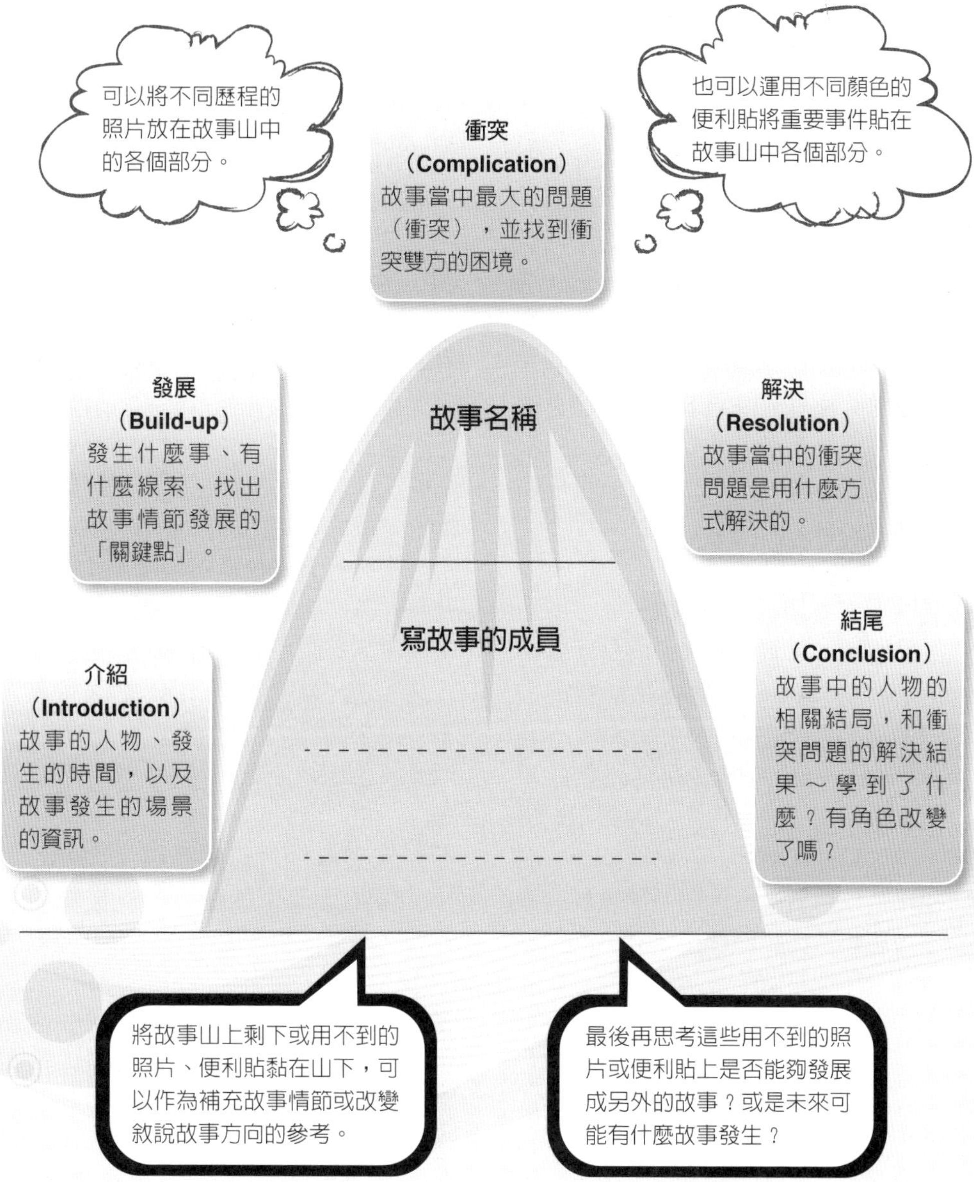

可以將不同歷程的照片放在故事山中的各個部分。

衝突（Complication）
故事當中最大的問題（衝突），並找到衝突雙方的困境。

也可以運用不同顏色的便利貼將重要事件貼在故事山中各個部分。

發展（Build-up）
發生什麼事、有什麼線索、找出故事情節發展的「關鍵點」。

故事名稱

解決（Resolution）
故事當中的衝突問題是用什麼方式解決的。

寫故事的成員

結尾（Conclusion）
故事中的人物的相關結局，和衝突問題的解決結果～學到了什麼？有角色改變了嗎？

介紹（Introduction）
故事的人物、發生的時間，以及故事發生的場景的資訊。

將故事山上剩下或用不到的照片、便利貼黏在山下，可以作為補充故事情節或改變敘說故事方向的參考。

最後再思考這些用不到的照片或便利貼上是否能夠發展成另外的故事？或是未來可能有什麼故事發生？

Unit 8-6 「分享」階段的學習策略（四）～動態回顧循環 4F 反思模式

一、動態回顧循環4F反思模式的基本概念

英國學者羅貴榮（Roger Greenaway）提出「動態回顧循環」（Active Reviewing Cycle）的引導技巧，歸納出4F的提問重點：Facts（事實）、Feeling（感受）、Finding（發現）、Future（未來）。他以撲克牌的花色說明反思的內涵，並依照撲克牌的次序，發展出引導成員從經驗中學習的模式（洪中夫，2010），也稱4F原則。

二、事實♦所代表的意義

方塊（事實）♦代表的是活動中的事實與現象，也就經驗最初的面貌，它有許多的面向，有如鑽石的多面性，因此，方塊用來比喻「事實」，透過不同方向角度的觀察，用以描述事件和經驗。在這個階段，藉由小組成員對感受問題不同角度的觀察，將整個活動歷程中所發生的點點滴滴，類似拼圖一般，將畫面重新回顧一次。

三、感受♥所代表的意義

紅心（感受）♥代表你的感受是什麼？也就是個人的感覺和情緒，用來表達內心所要分享的主觀感受或直覺。在這個階段，個人的感受是主觀體驗，提出這方面的問題能引發成員情感的揭露，這一類問題的特色是「情緒用詞」。

四、發現♠所代表的意義

黑桃（發現）♠代表你學到了什麼？有如尋索內心的一把鏟子，希望挖得更深入，也就是希望能將所提出的問題尋找出真正的原因、解釋、判斷或澄清信念，就在這個階段詳盡的思考，最終總結出經驗對個人或群體所帶來的意義。在這個階段提問目的在將此時的活動經驗，連結到個人過去的生活經驗或價值信念。為了引發反思，這一類問題的結構比較著重在某些抽象的概念、角色聯想、理念的澄清或意義的解釋。

五、未來♣所代表的意義

梅花（未來）♣代表以後你如何做？多瓣的梅花圖案正代表多面向的思考角度，如何把活動歷程中所獲得的體驗，轉化和應用在未來的生活中，其中包括行動計畫、學習計畫、預測未來、思考可能性、描述有哪些選擇、想像或是夢想等。

「動態回顧循環」（Active Reviewing Cycle）歷程圖

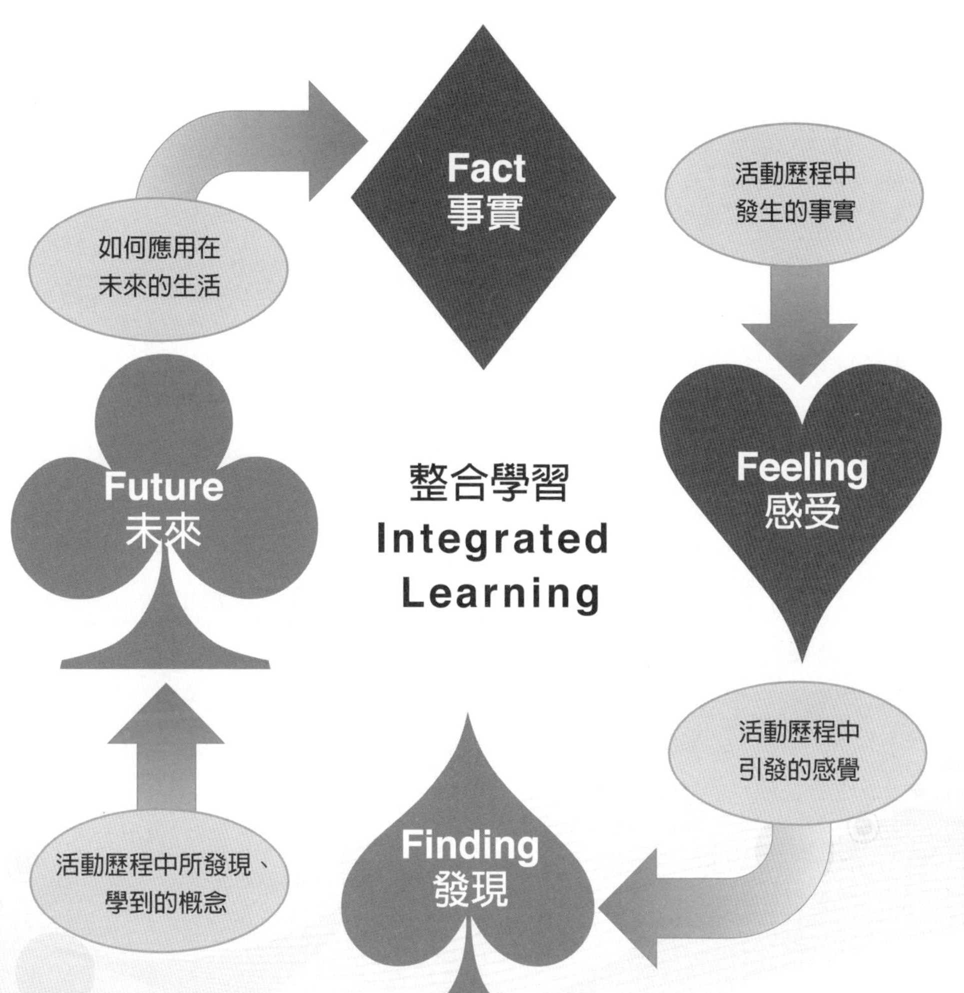

第9章

學校本位課程～以一所學校彈性課程規劃為例

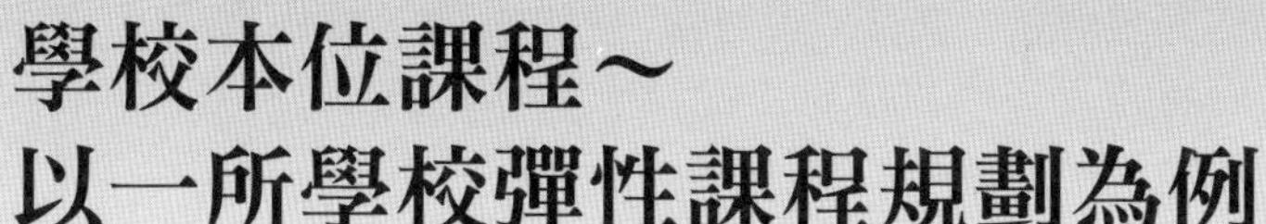

章節體系架構

Unit 9-1 學校本位課程的定義

一、什麼是「學校本位課程」

學校本位課程（School-Based Curriculum，簡稱SBC）是指以「學校」為中心，將學校視為教育革新的主體，賦予學校教育人員權力與責任，主動進行學校的課程計畫、實施與評鑑。學校本位課程是以學生為課程發展的中心，學校呼應學生之學習需求或活動需要所進行自主規劃的課程設計、教學與評鑑。教師必須整合學校及社區的特色與資源，它是「由下而上」（bottom-up）自主性的課程發展，而非「由上而下」（top-down）被動性的教學執行。

二、十二年國民基本教育課程之學校本位課程

核心素養是十二年國教課程發展的主軸，學校本位課程發展則是新課綱課程推動的核心概念（教育部，2014）。十二年國教之課程發展要能因應不同教育階段之教育目標與學生身心發展之特色，提供彈性多元的學習課程，以促成學生適性發展，並支持教師課程研發與創新。學校課程計畫是學生學習的藍圖、課程公共對話與溝通的重要文件，透過學校課程發展委員會的組織與運作，持續精進國民教育及學校本位課程發展。

十二年國教課綱中學校本位課程的概念，並非指特定的教學方案、特色課程或校訂課程而已，而是包括學校整體課程決定與運作的全方位面向。學校宜在課程綱要的基礎上，考量其發展願景、社區需求、產業概況、學生程度、師資人力、家長期待等因素，在校長的領導下，經由教師、家長、業界、專家學者的共同參與，建立符應學生進路需求與務實致用之課程特色（教育部，2014）。

三、學校如何設計素養導向之校本課程

根據十二年國民基本教育課程綱要總綱的相關規範，學校本位課程的涵義包含下列三點（教育部，2014）：

（一）學校本位課程之規劃，包含部定課程及校訂課程。

（二）學校課程發展委員會應掌握學校教育願景，發展學校本位課程。

（三）學校課程計畫為學校本位課程規劃之具體成果。

依照上述三項之要點，學校可以參考總綱之理念與精神、三面九項核心素養具體內涵等，以右圖各項步驟發展素養導向的學校本位課程。

發展素養導向學校本位課程的步驟

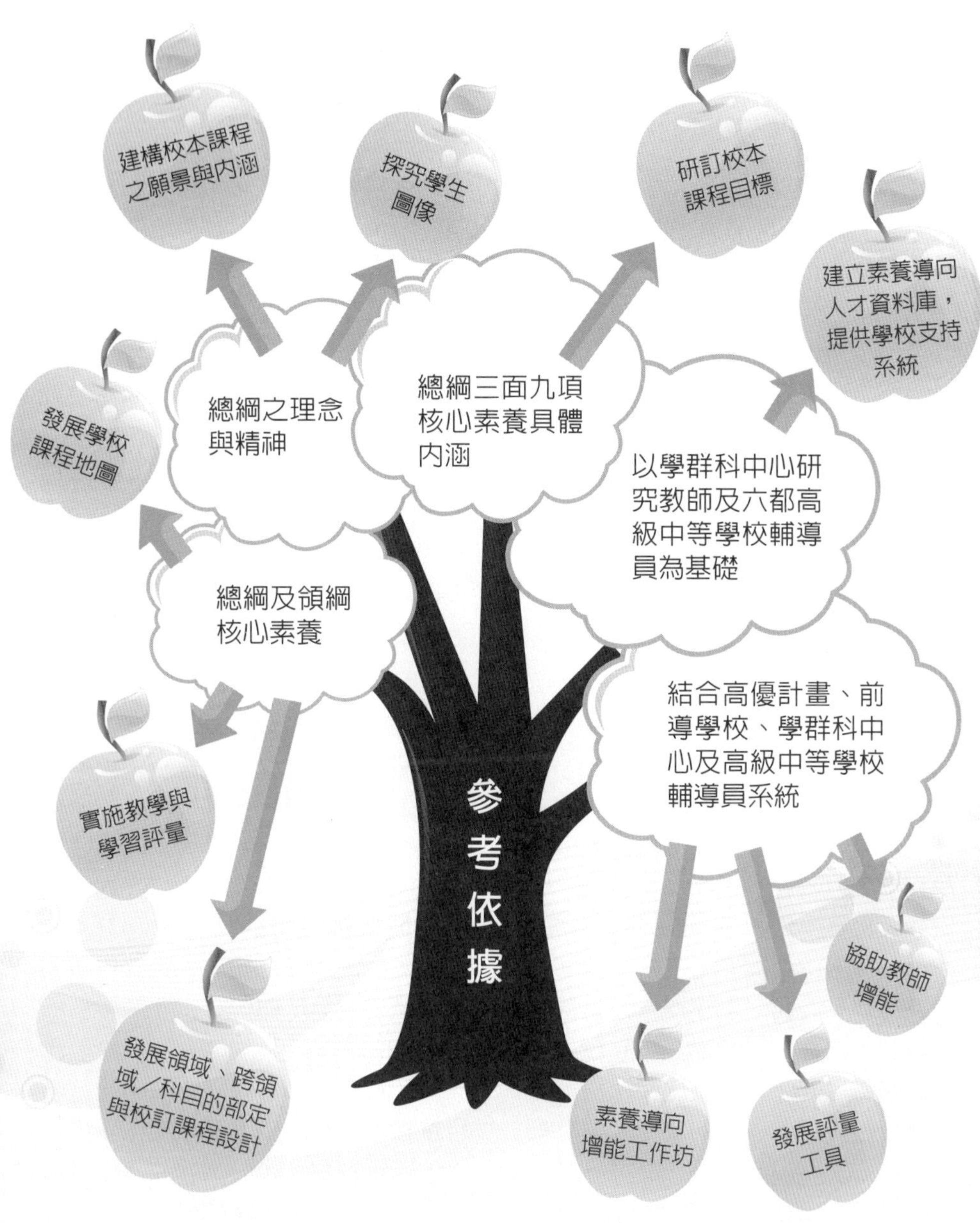

Unit 9-2 部定課程與校訂課程

一、十二年國教課綱中的校本課程發展

學校本位課程的發展具有自主性、參與性、合作性和發展性之機能，賦予學校和教師更多的彈性課程設計和教學自主的空間，將更有助於學校和教師因應學生的個別差異、社區需求、學校特色和社會趨勢，彈性自主的發展課程。十二年國教課綱儘管在不同教育階段對於學校本位課程有不同脈絡描述，其中所揭示的學校本位課程，並不完全等同特色課程，學校本位課程之規劃應包含部定課程及校訂課程。因此，在十二年國民基本教育課程類型區分為兩大類：部定課程與校訂課程。

二、部定課程

「部定課程」是由國家統一規劃，以養成學生的基本學力，並奠定適性發展的基礎，在國民小學及國民中學為培養學生基本知能與均衡發展的「領域學習課程」為主。在領域學習課程規劃方面，學校得彈性調整或重組部定課程之領域學習節數，實施各種學習形式的跨領域統整課程，跨領域統整課程最多占領域學習課程總節數五分之一，其學習節數得分開計入相關學習領域，並可進行協同教學。

「部定課程」雖然是由國家統一規劃，但各校仍可鼓勵教師協同教學及鼓勵跨領域統整，並可將學生混齡或採班群學習，運用課程的彈性組合、減少每週學習科目數，採取適性分組學習，也給予校本課程發展的空間。

三、校訂課程

「校訂課程」可由學校安排，用以形塑學校教育願景及強化學生適性發展。在國小及國中為「彈性學習課程」，包含四類：1.跨領域統整性主題／專題／議題探究課程；2.社團活動與技藝課程；3.特殊需求領域課程；4.其他類課程，例如本土語文／新住民語文、服務學習、戶外教育、班際或校際交流、自治活動、班級輔導、學生自主學習、領域補救教學等其他類課程。在高級中等學校則為「校訂必修課程」、「選修課程」、「團體活動時間」及「彈性學習時間」，其中部分選修課程綱要由領域課程綱要研修小組研訂，作為學校課程開設的參據。

依據十二年國教課綱賦予學校的自主性，學校可依其特性及需求，就上述部定課程和校訂課程的運作內涵以複合式的組合，建構出各校的學校本位課程。

十二年國民基本教育課程各教育階段課程類型

<table>
<tr><th colspan="2">課程類型
教育階段</th><th>部定課程</th><th>校訂課程</th></tr>
<tr><td colspan="2">國民小學</td><td rowspan="2">領域學習課程</td><td rowspan="2">彈性學習課程</td></tr>
<tr><td colspan="2">國民中學</td></tr>
<tr><td rowspan="4">高級中等學校</td><td>普通型高級中等學校</td><td rowspan="4">一般科目
專業科目
實習科目</td><td rowspan="4">校訂必修課程
選修課程
團體活動時間
彈性學習時間</td></tr>
<tr><td>技術型高級中等學校</td></tr>
<tr><td>綜合型高級中等學校</td></tr>
<tr><td>單科型高級中等學校</td></tr>
</table>

十二年國教學校本位課程發展的實施程序

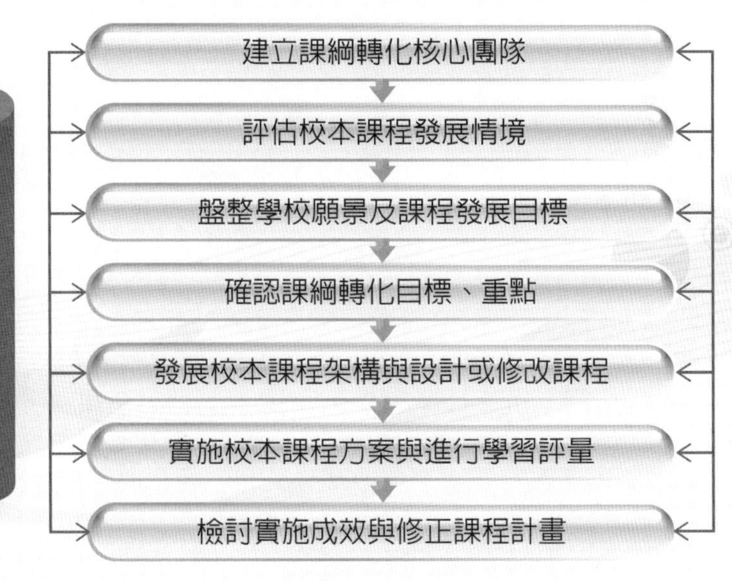

Unit 9-3 學校願景與學生圖像

一、學校願景

「願景」是一種共同的願望、理想、遠景，是團體或組織發展未來的圖像，用以指引團體組織成員行動的方向，並發自內心主動履行承諾的意願。學校願景是學校未來發展的圖像，是信念、使命與價值的陳述，是學校與個人的核心價值，是一參與、分享與形塑的歷程，也是組織成員多數認同，指引行動方向，進而願意承諾行動實踐（吳宗立，2007）。

二、學生圖像

學生圖像是藉由教師團隊、學校行政、家長社區，甚至學生本身所共同訂定之學生在接受完學校所安排的課程，並且經過相當程度的努力學習之後，所可以達到的理想的圖像，也就是說，學生圖像是學校相關人員所共同期望教育出來的理想學生樣貌。

在形塑學生圖像的歷程中，也需注意是否以學校願景作為形塑學生圖像的依據？是否符合學生的身心發展階段？有無掌握學校特殊地理位置、環境及特色？是否融入社區特質及社會趨勢？最後有無相關人員共同討論完成合法化的程序？

三、盤整學校願景及形塑學生圖像的實例

自九年一貫課程開始實施之後，學校本位課程發展的基本概念逐漸成形，各校也多訂定學校願景或學生圖像取代過去的傳統校訓。「願景」並非完全不能修改，學校願景更需要與時俱進，從九年一貫課程到108學年十二年國教正式啟動，正可思考及檢討是否要修改原有的學校願景以回應內外在環境的變遷。

以台中市建功國小為例，在實施九年一貫課程時所制訂的學校願景是「主動探究、尊重民主、快樂學習」，十二年國民基本教育在108年正式實施之前，舉辦新課綱研習，由學校教職員先探討舊的學校願景是否要修改，再考量新課綱中強調的自發、互動、共好間的關聯性，進而檢視核心素養中想加強培養學生的項目，透過學年會議及領域會議時讓校內夥伴充分討論，最後教師週三進修時間及夕會讓全校教師討論、澄清與核對，以及詢問家長代表們的意見，藉此機制產生新的校訂課程願景，重新訂出「自主探索、同理尊重、多元關懷」，之後根據新的學校願景，再重新形塑學生圖像。

十二年國民基本教育課程學校本位課程發展重點

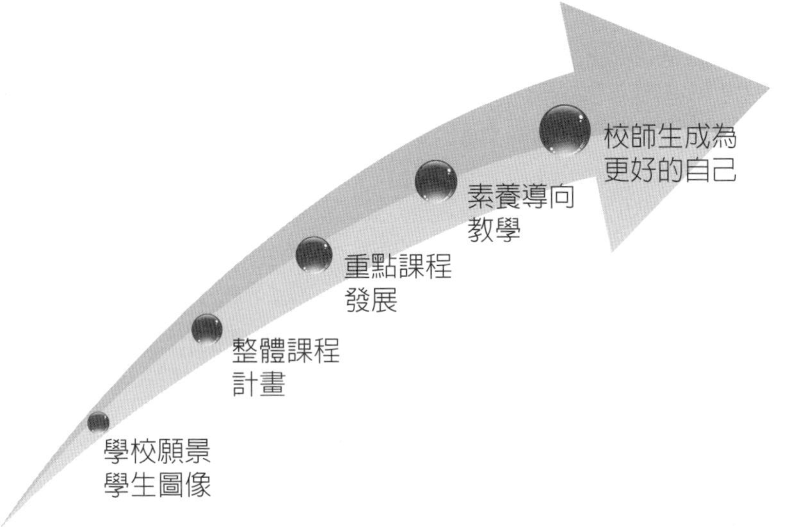

台中市建功國小九年一貫課程及十二年國教前後的學校願景

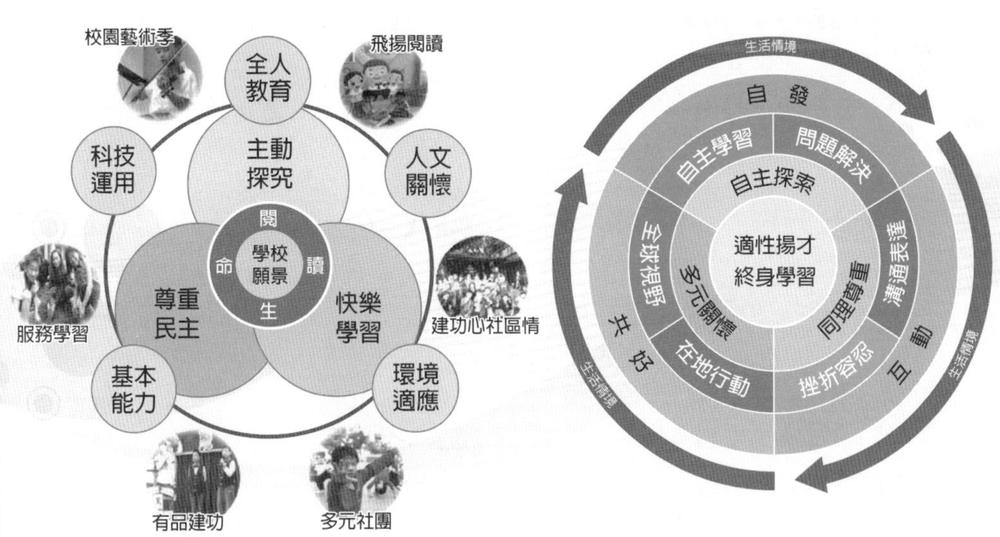

Unit 9-4 設計思考在學校彈性課程的規劃

一、如何建構學校的課程地圖

從九年一貫課程轉化到十二年國教，在面對變化快速的社會環境，又要如何重新建構學校課程地圖？以台中市建功國小為例，在加入十二年國教新課綱前導學校之後，首要目的是認識總綱內容與凝聚校內夥伴的共識，重新思考並發展校本課程架構。在校長與教務主任等課程領導人的帶領之下，先從核心小組成員進行增能，再進行全校課程與師資結構的盤點，結合學校特色，在校訂課程的主題探究課程中，就規劃出閱讀生命課程、DFC課程、Fun看天下、E-Learning之課程架構。

接著邀請各學年及領域教師進行課程規劃與研發，由於學校規模逐漸增大，因此在凝聚共識、核心小組組成及課發會討論等均需較多時間溝通與克服障礙。經由全校教職員及家長代表多方討論之後，重新規劃出學校的課程地圖。

二、如何規劃學校彈性課程

從台中市建功國小學校課程地圖可以看出如何規劃校訂課程架構：1.從學校願景或學生圖像出發。2.從課程理念（自發、互動、共好）、總綱及課程相關的領綱中，找尋符合的核心素養具體內涵。3.將相關的核心素養具體內涵分類，列出低、中、高年段學習目標。4.檢視各年段學習目標，修正不符合學生能力的學習目標，梳理校本課程的學習脈絡。5.將各年段核心素養具體內涵改寫成具體的教學目標。

三、以「設計思考」為核心規劃學校彈性課程

台中市建功國小運用設計思考所規劃DFC課程中，低年級「生活夢想家」在一年級是「認識自己」、二年級是「心情溫度計」，從教學目標就可看出符合設計思考的同理心階段，設計思考是要以人為本，重視使用者的需求，年紀愈小的階段，使用者就可能是學生本身，再慢慢擴及身旁的家人、師長和同學。在同理心階段所包涵的三個核心概念為：打開所有感官感受世界、站在不同角度理解他人、仔細聆聽使用者的故事。而一年級的教學重點就以自己出發，運用各種感官了解自己、觀察別人，到了二年級再來覺察日常生活中自己與他人之間較為抽象、內在的「情緒」，進而表達自己的感受、想法，以及練習解決問題的方法。

台中市北屯區建功國小學校本位課程地圖

課程理念	自發		互動		共好	
學校願景	自主探索		同理尊重		多元關懷	
學生圖像	自主學習	問題解決	溝通表達	挫折容忍	在地行動	全球視野

課程架構

部定課程【領域學習課程】
- 語文領域
- 數學領域
- 社會領域
- 自然科學領域
- 藝術領域
- 綜合活動領域
- 健康與體育領域

校訂課程【彈性學習課程】

主題探索課程
- 閱讀生命課程
- DFC課程
- FUN眼看天下（英語）
- E-Learning（資訊）

其他類課程
- 學校活動
- 學年活動
- 班級輔導
- 學習診斷與補救

課程評鑑：台中市北屯區建功國小課程評鑑計畫

台中市建功國小運用設計思考所規劃的DFC課程

生活夢想家（dreamer）＞冒險部落客（doer）＞創意行動家（maker）

一年級：認識自己
1. 探索自我潛能與肯定自我價值，並能了解自己是獨一無二、無可取代的。
2. 能觀察他人的優點並給予讚美鼓勵。
3. 了解從不同角度看事情，會有不同的解讀。

二年級：心情溫度計
1. 覺察日常生活中自己與他人的「情緒」。
2. 了解情緒有感染作用。
3. 知道自己的行為和言語會影響別人。
4. 學習正向轉念。
5. 透過角色扮演或情境模擬，表達感受、想法或練習解決問題的方法。

三年級：愛的魔力
1. 了解愛的真諦與具體表現。
2. 了解愛的魔力是漸漸浸染的方式。
3. 了解愛的形式，並能感受愛、表達愛。
4. 培養主動關懷他人的習慣。

四年級：別「蚊」我
1. 使了解目前生態環境危機，培育愛護環境好公民。
2. 以問題導向為基礎的探究教學法，訓練自主學習的能力。
3. 培養同儕間團隊合作能力。

五年級：與壓力共存
1. 能探究生活問題，並應用所學知識解決問題。
2. 懂得聆聽、討論、規劃、實作、報告分享。
3. 理解自己，適當調適壓力，以積極樂觀的態度面對挑戰。

六年級：萬物有情～樹的語言
1. 能探究生活周遭相關議題，並以批判思考分析議題，應用所學解決問題。
2. 懂得聆聽、同儕討論、規劃活動、實作解決、報告分享。
3. 養成人文關懷及團隊合作的態度。

Unit 9-5 實例分享～台中市建功國小彈性課程制訂

一、以「設計思考」為核心規劃學校彈性課程

台中市建功國小彈性課程之一──DFC課程就是以「設計思考」為核心，參據十二年國教總綱並進行學校情境分析，以DFC四步驟所培養之能力，運用主題統整課程方式，進行學校跨領域學習，並以本校之學校願景作為課程主軸。DFC四步驟中之「感受」就是發現身邊的問題，引導孩子踏出改變的第一步，「想像」就是尋求各種解決的辦法，「實踐」就是實際執行擬定的計畫，並蒐集使用者回饋、建議及影響力等相關數據，落實最佳情境，最後「分享」就是擴大自己的影響力，藉由分享個人心得及心態上的轉變，了解整體行動對他們自身的影響。藉由DFC四步驟達到「同理感受」、「創意積極」、「行動嘗試」、「團隊合作」及「自信分享」等五項目標。

二、建功國小學校彈性課程「3心5力」關鍵素養之建構

為因應十二年國教課綱的實施，台中市建功國小彈性課程DFC的課程地圖及架構再重新修改的學生圖像之後，在小學階段六年的時間培養出學生們的彈性課程關鍵素養──3心5力（3心：同理心、好奇心、自信心，5力：創造力、合作力、行動力、解決力、表達力），預定透過三大學習階段的課程主題：「生活夢想家（dreamer）」（低年級）、「冒險部落客（doer）」、「創意行動家（maker）」，循序漸進培養出DFC四步驟中「3心5力」的關鍵素養。

三、建功國小學校彈性課程之學習目標及評量方式

在學習目標的擬定部分，按照DFC四步驟所欲培養「3心5力」，依學生不同年齡及學習階段由淺入深逐步規劃實施，期望進入到建功國小的孩子們從一年級開始，從「感受」階段培養同理心及激發好奇心，學校教師依據不同的學習目標設計教學活動，因為是以學生的生活情境問題出發，其評量方式亦不以紙筆測驗為主，更希望透過實作體驗、觀察訪問、田野實察、歷程檔案評量、分享發表方式等，讓從建功畢業的學子均能具備DFC關鍵素養──3心5力。

台中市建功國小彈性課程DFC課程地圖

台中市建功國小彈性課程DFC課程架構

DFC 四步驟				感受（Feel）	想像（Imagine）	實踐（Do）	分享（Share）
核心素養				身心素質與自我精進、符號運用與溝通表達。	規劃執行與創新應變、人際關係與團隊合作。	系統思考與解決問題、道德實踐與公民意識。	多元文化與國際理解、符號運用與溝通表達。
學生圖像				自主學習 溝通表達	溝通表達 全球視野	問題解決 在地行動	溝通表達、挫折容忍、全球視野
DFC 關鍵素養				同理心、好奇心	創造力、合作力	行動力、解決力	表達力、自信心
學習階段、主題名稱、節數			預定課程教學設計	學習目標			
低年級	生活夢想家（dreamer）	10節	一年級：認識自己 二年級：心情溫度計	感受並適切表達自己的情緒，對新奇事物能夠自發關注。	藉由模仿引發創意，並培養天馬行空的想像力，和同儕進行對話。	按照明確的指令操作，完成簡單的任務。	能描述事件發生的現象，運用五官感受說出具象化的句子。
中年級	冒險部落客（doer）	20節	三年級：愛的魔力 四年級：別「蚊」我	感受生活周遭他人的情緒，自己能夠採取適當的方式應對。	運用小組腦力激盪發揮創意，和同儕能共同遵守規則，進行分工。	自行規劃設計解決問題之行動策略，並能找出最佳的方案。	運用簡單圖表，在班級進行有條理的說明。
高年級	創意行動家（maker）	20節	五年級：與壓力共存 六年級：萬物有情～樹的語言	感受陌生人不同的情緒，主動採取相應策略，並能深入探究。	評估可行性行動策略，小組成員合力完成主題任務。	小組成員自主執行主題任務之行動策略，並能檢核評估成效加以修正。	能運用多元的形式呈現任務成果，並在校內或校外對陌生人進行發表分享。
評量方式				實作體驗、分享發表	觀察訪問、田野實察、分組發表	實作評量、歷程檔案評量、分享發表	歷程檔案評量、分享發表

第 10 章

教室層級跨領域課程～以一個班級為單位的課程設計為例

章節體系架構

Unit 10-1 不同課程層級的轉化

課程能夠成為一連串可以實施的活動或材料，必須經過許多不同層次的團體成員，分別針對該層次的任務與需求，進行課程的計畫及發展工作。課程既然是由不同層次的團體成員逐步發展而來，在理想上應存有一個所有層次所認定的共同目標，可是實際上在各層次轉化的過程中，各成員對於課程目標及內容的認知不同，就會產生差距。

Goodlad（1979）針對課程目標和內容的選擇組織與評鑑，將課程的探討分為「應然」和「實然」兩個部分。為了說明其應然與實然之間的差距，Goodlad將課程轉化過程區分為五個階段（黃政傑，1989；Goodlad, 1979）：

一、理想課程（ideal curriculum）

是課程設計者（政府、基金會、利益團體所成立的委員會或學者個人等）對課程所抱持的觀點，它是理想的或可作為模範的。

二、正式的課程（formal curriculum）

是經過教育行政機關同意，藉選擇或命令的方式，由學校或教師採用者。正式的課程為了獲得同意，必須以書面的方式出現（如課程指引、科目大綱、教科書或學習單等），正式的課程特點在於它是經過官方認可的。

三、知覺的課程（perceived curriculum）

是教師或家長所知覺到的課程。因為官方同意的正式課程，在學校人員、教師或家長心中有不同的認知，因此知覺的課程是屬於心目中的課程，家長或教師對現行課程的態度，往往促使其調整課程的行動。

四、運作的課程（operational curriculum）

在教室和學校中實際發生的課程。在實際教學中，因為學校人員或教師在將其所知覺的課程轉化為運作課程時，常出現許多實際上技術和方法之困難，造成知覺課程和實際教學的課程不盡相同。

五、經驗的課程（experiential curriculum）

學生所經驗到的實際課程。學生是具有思想的主動個體，他們會依自己的興趣、價值與需求，由種種學習活動中尋找自己的意義，建構自己的經驗，他們會自我抉擇、創造，而不只是接受的容器。

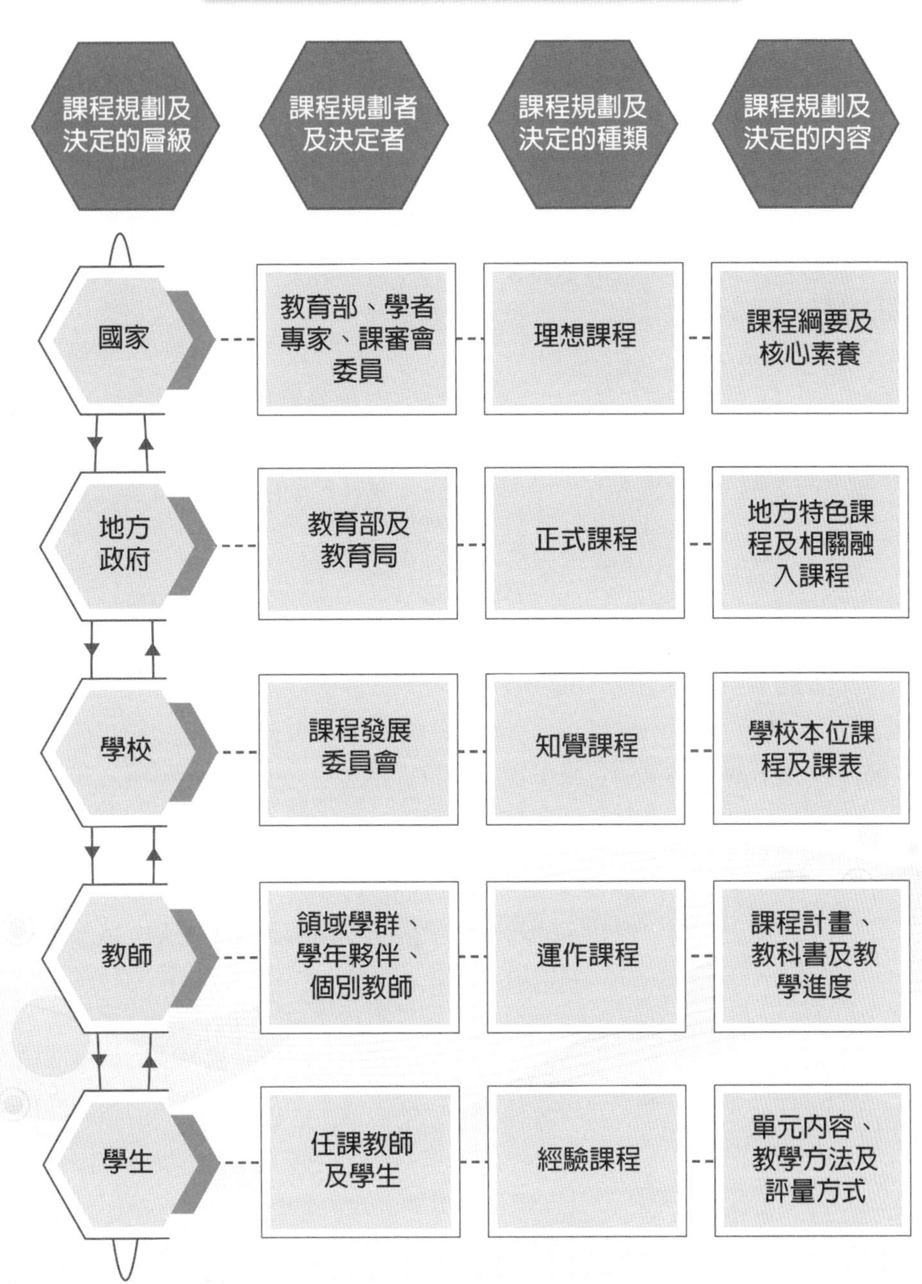
台灣不同的課程規劃及決定的層級
課程規劃及決定的層級
課程規劃者及決定者
課程規劃及決定的種類
課程規劃及決定的內容
國家
教育部、學者專家、課審會委員
理想課程
課程綱要及核心素養
地方政府
教育部及教育局
正式課程
地方特色課程及相關融入課程
學校
課程發展委員會
知覺課程
學校本位課程及課表
教師
領域學群、學年夥伴、個別教師
運作課程
課程計畫、教科書及教學進度
學生
任課教師及學生
經驗課程
單元內容、教學方法及評量方式

Unit 10-2 教室層級的課程規劃與決定

Brophy（1982）以右圖說明課程在各層次之間轉化所造成的差距：

（一）圖中A代表是由州或地方層次所選用的正式課程。

（二）在地區（學校層次）轉化時，被校長或教師所組成的委員會加以改變，這些改變包括由正式課程（A）中刪除Ao的部分，以及加上B的部分。

（三）學校採用的正式課程（C）已非原本的A課程。（C = A + B − Ao）

（四）每一位教師在解釋學校所採用的課程（C）時，可能依據教師本身的喜愛以及對於學生需求的理念，而刪除圖形中Co的部分，加進D的部分。

（五）因此每個個別的教師所採用預定的課程E（E = C + D - Co），既不同於官方的正式課程（A），也和非官方的正式課程（B）不同。

（六）教師在根據自己預定的課程（E）於實際教學的過程中，可能由於時間限制而刪除部分課程（Eo），又以錯誤或偏差的方式教錯了一部分（F），因此學生就被灌輸一些錯誤的引導或不正確的知識。

（七）在學生學習的層次，所有個別的教師實際上所教的正確的（E）或不正確的（F）材料中，學生所學習及保留的部分只有E1和F2，某些部分學生可能因為教師教得太簡略或含糊不清而漏失掉（E2，F1），又可能因為學生本身錯誤的先入概念，扭曲了部分的知識（E3，F3）。到最後，只有E1部分是教師預定所採用的課程（E）中，成功所教授的部分。

從「應然」的層面來看，在各層級間轉化的課程，應該是一套符合共同理想的課程；然而從「實然」的角度來看，課程由於經過層層轉化，一直到學生所經驗到的課程，可能與課程發展最初的理想有很大的差距。

就教室層級的課程規劃及決定而言，其參與者通常包括教師、家長及學生（甄曉蘭、簡良平，2002）。班級是組成學校的基本單位，教師對課程的規劃與決定，雖然有許多部分仍受限制，如國訂課程綱要、授課時數及教科書等，但卻能決定教科書中的教材內容如何銜接、延伸及篩檢，多元的教學方式與評量，因此教室層級的課程規劃才是教師課程改革的實踐現場。

Brophy（1982）課程在不同層級轉化會造成差距

A	（一）州或地方的正式課程
Ao ─ B	（二）校長或教師委員會對正式課程的解釋
C	（三）學校採用的正式課程
Co ─ D	（四）教師對學校課程的解釋
E	（五）教師預定所採用的課程
Eo ─ F	（六）教師實際教學所實施的課程
E_2 E_1 E_3 F_3 F_1 F_2	（七）學生經驗的課程

Unit 10-3 班級本位跨領域課程的規劃

一、班本課程的重要性

從九年一貫課程到十二年國教課程的不同層級實施過程中，課程內容會有所轉化，使得實施結果與原先意圖也會有所不同。任何的課程如果要進入教室教學現場內，勢必先經由教師的篩選與過濾，教師將原有的課程增加、刪減之後，課程的形貌也可能已經與原有課程不一樣，因此，教師扮演著課程選擇的最後裁決者之角色，班本課程也就顯得特別重要。

二、以教室層級進行課程設計

教師要如何在教室層級進行課程設計？

（一）**確認跨領域課程主題：**首先，考量選定方式的因素是教師選定、抑或是學生選定？或者是師生兩者共同決定？其次，選定原則以重大而且切身的議題為優先，並考量學生的身心發展，評估主題的可行性。最後，依教學時間進度及相關課程內容，確認跨領域課程主題數量。

（二）**確認教學方式：**根據課程主題，決定是個人或分組進行？探究或講述方式進行？有其他教師協同教學或是由班級導師一人獨撐？是否要進行社區探究或行動學習？

（三）**搭配學校課程計畫：**考量學校課程總體計畫中各週不同領域課程進度，以及學校安排的定期評量活動。

（四）**擬定不同教學階段的課程內容：**從一開始的課程介紹、主題確認、分組任務分配、擬定進度表與分工表、學習單或提交報告的要點、個人反省、小組反省、全班討論等。

（五）**評量或分享：**包括評量內容（小組或個人分數、學習單或檔案歷程等）及評量方式（教師評分、教師群評分、小組互評、全校評定等）。

三、如何在班級中實踐主題統整跨領域課程

以台中市建功國小的主題統整跨領域課程設計為例，這一則整課程方案是以Drake所提出「超越學科界限」統整課程模式（方德隆等譯，2001）進行規劃，先分析現有各領域教學單元，把現有的教材進行有機的統整，不以外加方式實施統整課程教學。首先確認全班以「改變世界大家一起來」這個主題進行跨領域的課程實施，接著把現有教材中與主題課程相關的單元標示出來（表格中楷體字部分），這樣的教學方式一則能夠兼顧正式課程的教學進度，二則可利用主題跨領域課程的方式加深、加廣學生學習的內容（郭至和，2015c）。

台中市建功國小三年一班冒險部落主題統整課程
各領域教學融入分配表

學習階段 / 領域名稱	第一學習階段 103年09月01日～ 103年11月05日	第二學習階段 103年11月06日～ 104年01月30日
國語 （康軒版）	**第一單元　光陰的故事** 第一課　爸爸的相簿 第二課　長大這件事 第三課　老寶貝 第四課　辦桌 第二單元　生活的智慧 第五課　有點黏又不會太黏 第六課　不一樣的捷運站 第七課　馬太鞍的巴拉告	第三單元　台灣好風情 第八課　淡水小鎮 第九課　回到鹿港 第十課　參觀安平古堡 第十一課　聽神木說話 **第四單元　語文萬花筒** 第十二課　文字變變變 第十三課　數字好好玩 第十四課　神射手與賣油翁
數學 （南一版）	**單元一　數到10000** **單元二　加和減（一）** **單元三　乘法** **單元四　角、正方形和長方形** **單元五　幾毫米**	**單元六　除法** **單元七　加和減（二）** **單元八　分數** **單元九　周界和周長** **單元十　圓**
社會 （翰林版）	第一單元　我會快樂學習 第一課　我會認眞學習 第二課　我會善用時間 **第二單元　我是家庭的一分子** 第一課　家庭與我 第二課　家庭的活動 **第三單元　校園民主生活** 第一課　班級的自治活動 第二課　召開班級會議 第三課　學校自治活動	第四單元　參與學習活動 第一課　豐富的學習內容 第二課　進行戶外學習 **第五單元　與同學相處** 第一課　我和我的同學 第二課　和樂相處 **第六單元　安全的生活** 第一課　校園安全維護 第二課　我會注意安全
綜合活動 （翰林版）	第三單元　玩興趣現專長 活動一　我的興趣與專長 活動二　興趣專長新發現 **第二單元　情緒萬花筒** 活動一　情緒觀測站 活動二　情緒轉運站	第一單元　當我們同在一起 活動一　認識你我他 活動二　共同的任務 第四單元　爲自己加油 活動一　豎起大姆指 活動二　擁抱自己
班級特色活動	改變世界　大家一起來	

1.確認跨領域課程主題

2.考量學校課程計畫及評量次數

3.統整不同領域的單元內容

Unit 10-4 以主題式進行設計思考之跨領域課程設計

一、師生互為主體性的關係下決定跨領域課程主題

從國家層級課程綱要的制訂，到學校本位課程的規劃，甚至教室層級的運作課程，大多課程規劃者及決定者仍然都是成人，學生依然處於教育權力關係中的弱勢地位，因此要如何透過「互為主體性」（Intersubjectivity）師生對話歷程中理解彼此的想法？

在決定全班或小組的課程主題或所「感受」的問題時，可以請全班同學針對不同的主題或問題開始提問，讓學生有問題先提出來討論，以免選出來的主題又覺得窒礙難行，教師多給學生們討論及發表的空間及管道，在這樣師生互為主體性的關係下所決定跨領域課程主題將更能結合學生的生活經驗。

二、課程主題和現有教科書之間的關係

教師進行教學原本就會以課程綱要為依歸，教科書也只是教師進行教學的一項「工具」或「媒材」，教師當然有責任根據課程綱要中的核心素養與學習重點，讓學生進行加深、加廣的學習。師生在思考班上跨領域課程的主題或DFC活動所感受的問題時，是否可以融入現有的教材課程當中？如果可以，建議以統整課程的方式融入教學。班級或小組的課程主題或所進行的DFC主題並不是完全獨立於學校課程之外，也可以試著從課本教材內去發掘可能「感受」到的問題或主題。

以台中市建功國小「改變世界大家一起來」的課程主題為例（見右圖），班上分為七組並各自探索及決定小組主題之後，下一步就可以連結相關領域的單元活動，進行跨領域的主題統整教學。

三、以「設計思考」觀點思考教室層級主題跨領域課程設計

設計思考強調以人為本，教室裡的學習活動當然也要以學生為主。更明確的說，教室層級的課程設計中最主要的「使用者」就是學生，因此在介紹任何新的事物或概念，最好就是和學生的舊經驗連結，不然就從學生最熟悉的人事物開始，這都是能夠吸引學生們的興趣，而且比較容易獲得學生們的認同。另外，教師在學習到新的教學策略就要拿來運用，更可以視自己任教學生的年級、生活經驗和學習風格，轉換成適合自己「當下」的教學策略。

冒險部落主題統整融入現有各領域單元

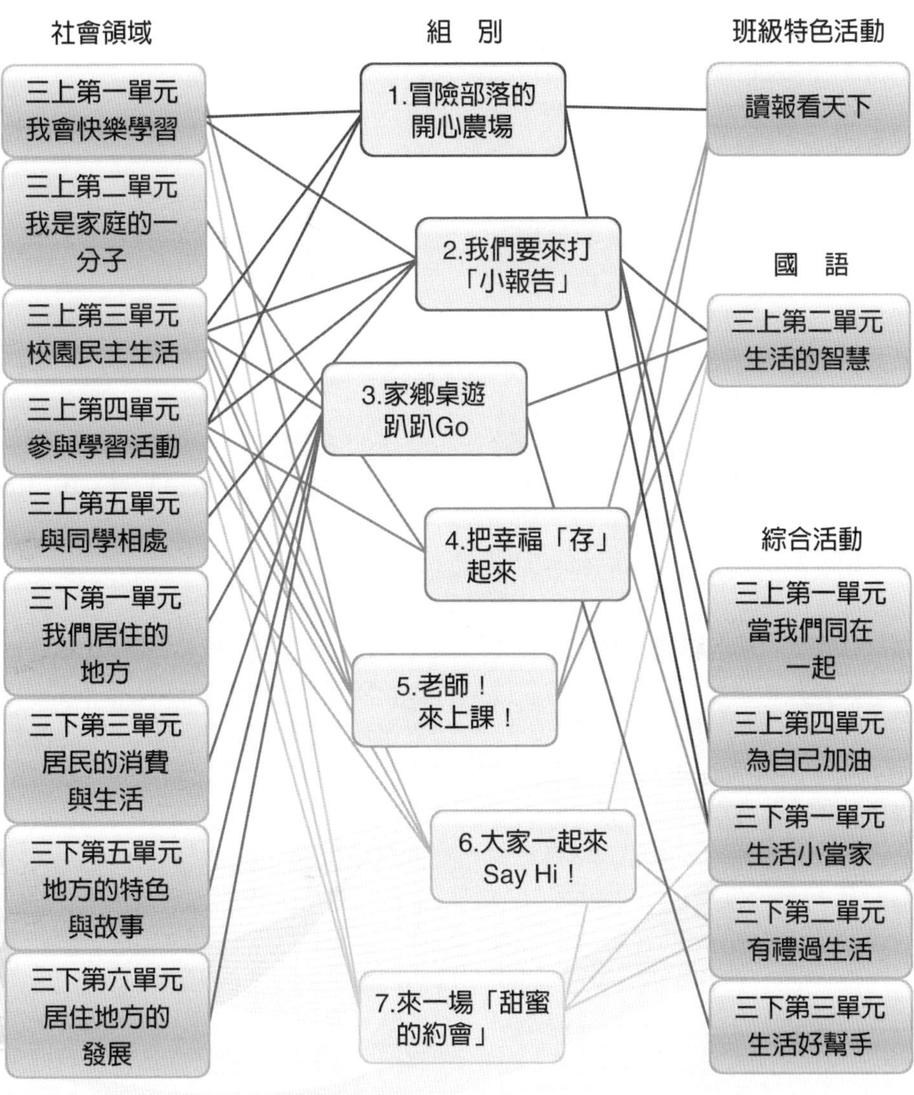

Unit 10-5 實例分享～「改變世界大家一起來」課程的規劃與實踐

本課程規劃及實踐是以台中市建功國小103學年度三年一班「冒險部落」之主題統整課程跨領域教學活動為例，以下為該課程之規劃及實施說明（郭至和，2017）：

（一）十二年國民基本教育之課程發展本於全人教育的精神，以「自發」、「互動」及「共好」為理念，強調培養以人為本的「終身學習者」，分為三大面向：「自主行動」、「溝通互動」、「社會參與」。本班「冒險部落」此次主題統整課程「改變世界大家一起來」即在十二年國民基本教育之核心素養九大項目架構中進行規劃。因此本統整課程最外圍就以十二年國民基本教育之核心素養九大項目，希望培養孩子成為均衡發展的現代國民。

（二）「冒險部落」主題統整課程名稱為「改變世界大家一起來」（中心圓心部分），採取合作學習方式共分七組，每一組成員共同完成一個故事，七組故事名稱為：「冒險部落的開心農場」、「我們要來打『小報告』」、「家鄉桌遊趴趴Go」、「把幸福『存』起來」、「老師！來上課！」、「大家一起來Say Hi！」、「來一場『甜蜜的約會』」。七組故事的主題由來從學生自己生活周遭所面臨的問題去思考，符合由孩子的「生活情境」作為出發。

（三）「冒險部落」主題統整課程各組故事皆融入現有各領域學習內容，由教師先將所任教的學習領域規劃調整，把教材進行有機的統整，並針對現有的資源，結合「全球教育」、「鄉土教育」、「生命教育（班級共讀）」、「讀報教育」、「食農教育」、「家庭教育」、「創意教學」、「公民行動教育」等八大新興教育內涵，不以外加方式實施統整課程教學。

（四）「冒險部落」主題統整課程所採取的教學策略包括「DFC教學策略（設計思考）」、「合作學習」、「問題解決策略」、「田野調查」、「繪本教學」，以及參與台灣世界展望會「愛的麵包」資助兒童活動，其中「DFC教學策略（設計思考）」希望孩子能發現自己生活周遭的問題，發揮想像力和創意提出解決策略，並且付諸行動，讓世界變得更好。透過DFC四個步驟讓孩童實踐課堂所學，進而做出改變周遭的行動。

冒險部落主題統整架構圖

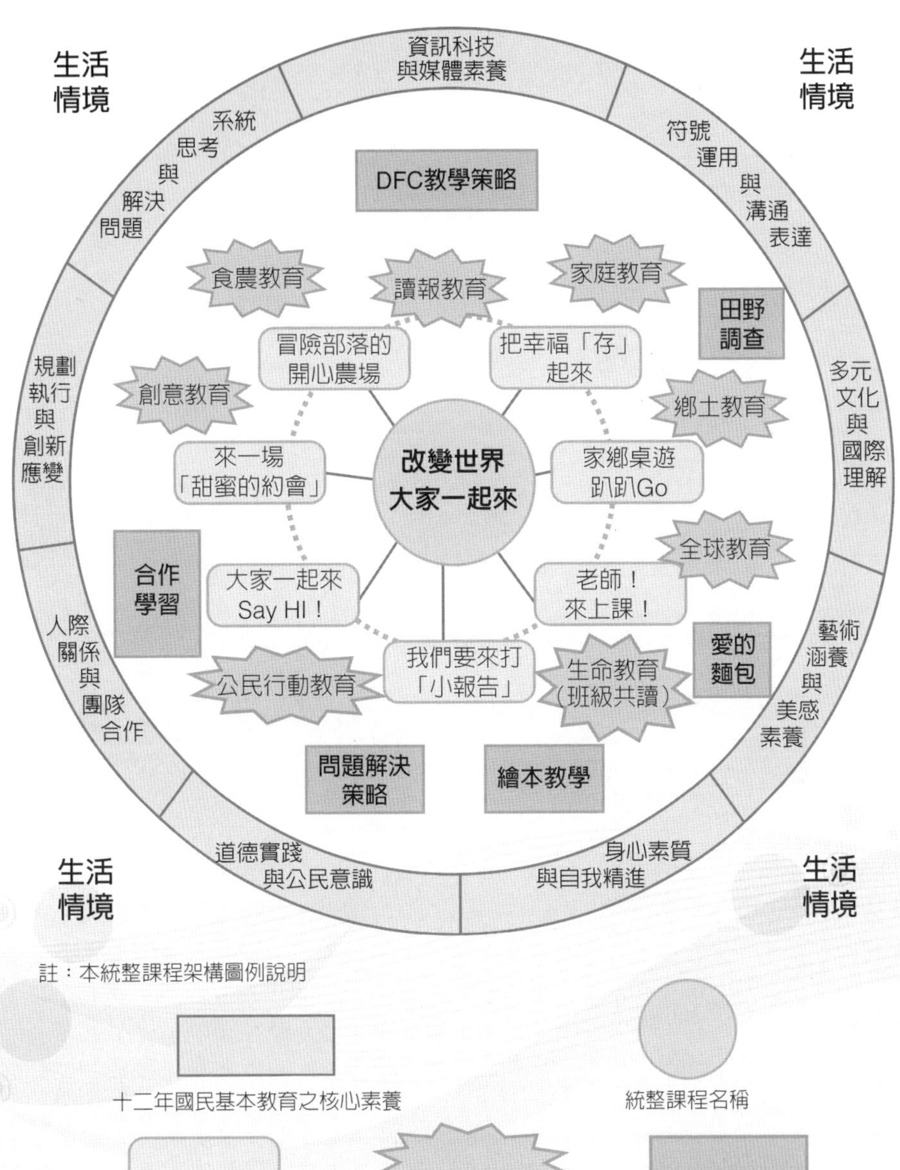

各小組故事主題名稱　新興教育內涵　教學策略

第三篇　素養導向課程之議題教學篇

第 11 章

以主題統整課程進行跨領域之議題融入教學

章節體系架構

Unit 11-1 課程統整的意義

一、傳統分科教學所產生學習的問題

（一）傳統課程標準科目林立，各科課程各自設計，結構鬆散，缺少縱的連貫和橫的銜接，產生教材重複、脫節或矛盾的現象，學習內容僵化而缺乏感性。

（二）知識被切割得支離破碎，學生學習偏重在瑣碎的記憶，僅獲得零碎的知識，無法達到統整的經驗。

（三）傳統分科課程已不能滿足學生的需求，課程的適切性也遭受許多批評，教材與現實生活的疏離，缺少實用性，使得學生缺乏主動學習的熱忱與生命力。

二、十二年國民基本教育課程中在「課程統整」方面的規劃

十二年國教從課綱的內容當中，部分領域依其知識內涵與屬性包含若干科目，惟仍需重視領域學習內涵。在國民小學階段，以領域教學為原則；到了國民中學階段，在領域課程架構下，得依學校實際條件，彈性採取分科或領域教學，並透過適當的課程設計與教學安排，強化領域課程統整與學生學習應用；高級中等學校教育階段，在領域課程架構下，以分科教學為原則，並透過跨領域／科目專題、實作／實驗課程或探索體驗等課程，強化跨領域或跨科的課程統整與應用。

從十二年國教的課程設計與發展來看，學校課程發展應該重視不同領域／群科／學程／科目之間的統整，以及各教育階段間之縱向銜接，由此可看出「課程統整」仍是未來課程設計與規劃的主要方向。

三、「課程統整」的定義

Beane（1997）對於課程統整的定義中，強調透過教育家與年輕人共同合作，在理想狀況之下，希望兩者能夠平等對話的方式共同合作，但這兩者知識不對等的情況之下，真的能擺脫一方權威的地位而共同合作？還是只是某種形式上的合作？以學校課程設計為範圍，「課程統整」是以主題單元或議題方式打破學科界線，貫穿知識領域，並串聯到日常生活中，將學生與抽象的學科知識世界以及真實的經驗世界加以連結，提供一種強調探索性質、反應真實情境的完整學習經驗，亦即統整學生的學習經驗與實際生活情境的課程。

分科課程與活動課程的差異

	分科課程	活動課程
認識論	知識本位	經驗本位
方法論	分析	綜合
教育觀念	社會本位論 「教育為生活做準備」	個人本位論 「教育即生活」
教師角色	教師是學科專家，主要任務在闡釋學科概念	教師是資源協助者，協助學生主動去獲得知識與自我發現
學生角色	學習課本的「標準」知識，傾向於被動學習	學生為主動的探索者，知識的建構者
知識的傳遞方式	間接經驗	直接經驗
知識的性質	學術性分類的學科知識	生活情境中的經驗性知識
課程的排列	邏輯順序	心理順序
課程的實施	重視學生學習的「結果」	重視學生學習的「過程」
教學組織形式上	班級集中授課制	靈活多樣化
學習的結果上	掌握「基礎知識、基本技能」	培養「社會生活能力、態度」

Beane所認為課程統整之主題、概念即活動之間關係網絡

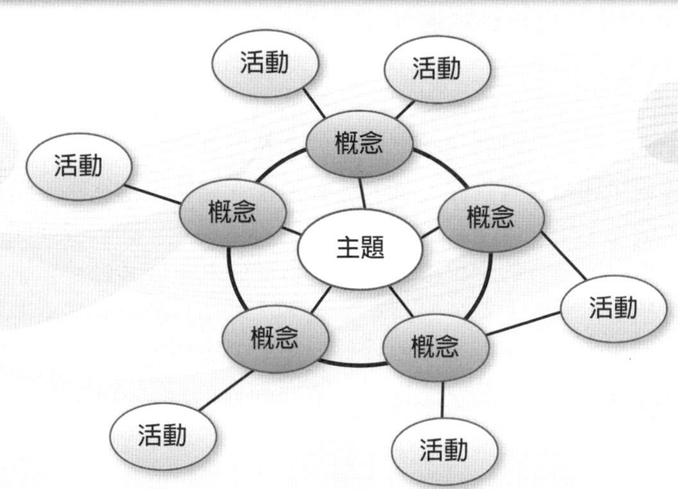

Unit 11-2 課程統整的模式（一）

一、以學校課程為對象的課程統整模式分類

國內外的學者提出甚多課程統整的模式，大多均以學校課程為對象進行分類，例如Forgaty（1991）以單一學科、跨學科、科技整合及學習者本身或學習者之間的統整為指標，就提出十種課程統整模式。Marsh（1997）提出統整形式的連續體為：1.多學科主題；2.廣域課程；3.跨學科概念及標題（由教師或外部人員規劃）；4.跨學科概念及標題（由教師與學生共同規劃）；5.統整式學習取向（學生尋找自我）。林達森（2000）也綜合歸納國內外學者統整模式，將其區分為學科性統整性課程、統整性核心課程及活動課程三大類。

二、以學生為對象的課程統整模式分類

另外，還有從學習者的立場出發，像是Beane（1997）對於「課程統整」就認為應該利用真實世界的議題作為中心，而完全不考慮學科既有的界線。因而他反對分立的學科本位組織，也不贊成平行學科、互補學科單元、統整日等作法。至於多學科和科際整合兩種課程組織，因為它們只是把現有的學科加以重編而已，也為Beane所反對。黃譯瑩（2003）在說明社會領域可能統整的模式以「學科」、「己課」、「己我」、「己世」這四類統整模式為架構，而且四者的關係環環相扣，擴大了統整課程模式的內涵。

三、從九年一貫課程到十二年國教在「課程統整」觀點上的轉變

在九年一貫課程實施之初，單文經（2001）認為即使是較寬鬆的多學科式或是科際整合式的課程統整，對於國內大多數的國民中小學教師而言，也是從未有的經驗。因此，在九年一貫課程階段比較強調學科之間的整合。

而十二年國教則強調學生是自發主動的學習者，學校教育應善誘學生的學習動機與熱情，引導學生妥善開展與自我、與他人、與社會、與自然的各種互動能力，協助學生應用及實踐所學、體驗生命意義，願意致力社會、自然與文化的永續發展，共同謀求彼此的互惠與共好。在這種思考點之下，身為教師就必須思考如何設計與規劃對於學生「有意義」的課程統整方案？

Forgaty（1991）提出十種課程統整的模式

領域內的統整

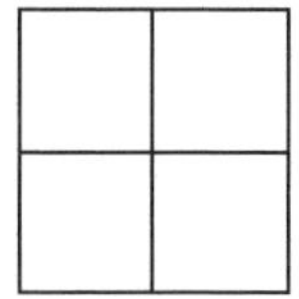
分立式（1）

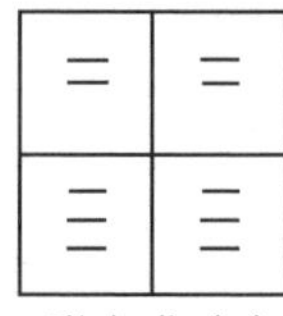
聯立式（2）

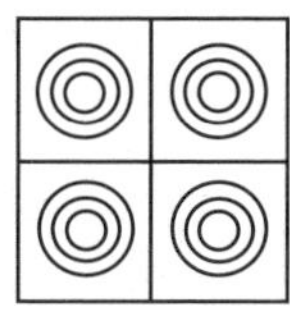
窠巢式（3）

跨領域內的統整

並列式（4）

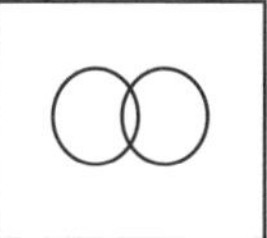
共有式（5）

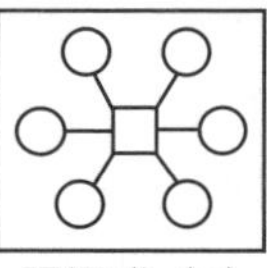
張網式（6）

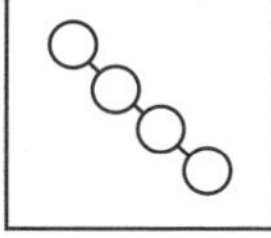
線串式（7）

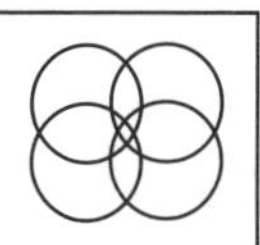
整合式（8）

在學習者心中統整

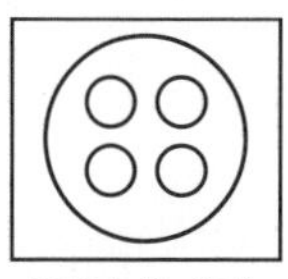

沉浸式（9）

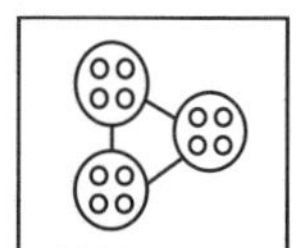
網絡式（10）

黃譯瑩（2003）四類統整課程模式

己世

己我

己課

學科

Unit 11-3 課程統整的模式（二）

一、從學校課程設計觀點到學生經驗課程之間的平衡點

國內外學者提出課程統整的模式已經相當的多，例如Drake（方德隆等譯，2001）曾介紹不同統整課程的模式，從傳統、融合、科目內統整、多學科統整、跨學科統整及橫貫學科統整等這一連續性的架構，他的架構從學科界限的有無這個向度，分析學校課程統整的可能型態，這些類型或模式也提供一般教師在從事統整課程方案中，根據自己的專長、學生的能力、學校的內外在環境等，設計不同的教學方案，提供孩子多元化的學習管道。

從前面所下的「課程統整」定義來看，會以「主題單元」或「議題」作為開端，就是本書所介紹的統整課程方案還是以正式學校內實施為主，除了強調知識、能力的統整之外，更期望融入學生經驗的統整，這也是十二年國教最重要「核心素養」導向的課程規劃。

二、本書所採用的課程統整教學方案設計模式

十二年國教課程的理念與目標是以「核心素養」作為課程發展的主軸，讓各個不同教育階段間加以連貫，並鼓勵各領域／科目間進行統整。Martinello & Cook（1994）就發展出一套統整課程設計主題（theme）學習的引導步驟，以提供不同年級階段的教師，依其各自的興趣及觀點來設計統整課程方案，其步驟如下：

（一）選擇一個主題（theme）。

（二）發展主題網（web）或運用其他的方式來建立構想（idea）的豐富性。

（三）透過不同學門（discipline）的觀點去確認問題。

（四）確認概念（concept）；在主題範圍之內有系統地闡述綜合。

（五）配合當地的課程需求及架構，例如學校、縣市地方政府的指導方針。

（六）繪製整體而具有相關聯的主題型態圖。

（七）以學生探索層面來設計問題。

（八）針對每一系列的學習活動發展構想。

（九）確認概念和歷程目標。

（十）設計學習活動。

（十一）選擇統整課程高潮活動的方案。

（十二）運用各種方式及資源探究問題。

（十三）決定記錄的方式、報導及持續的評估。

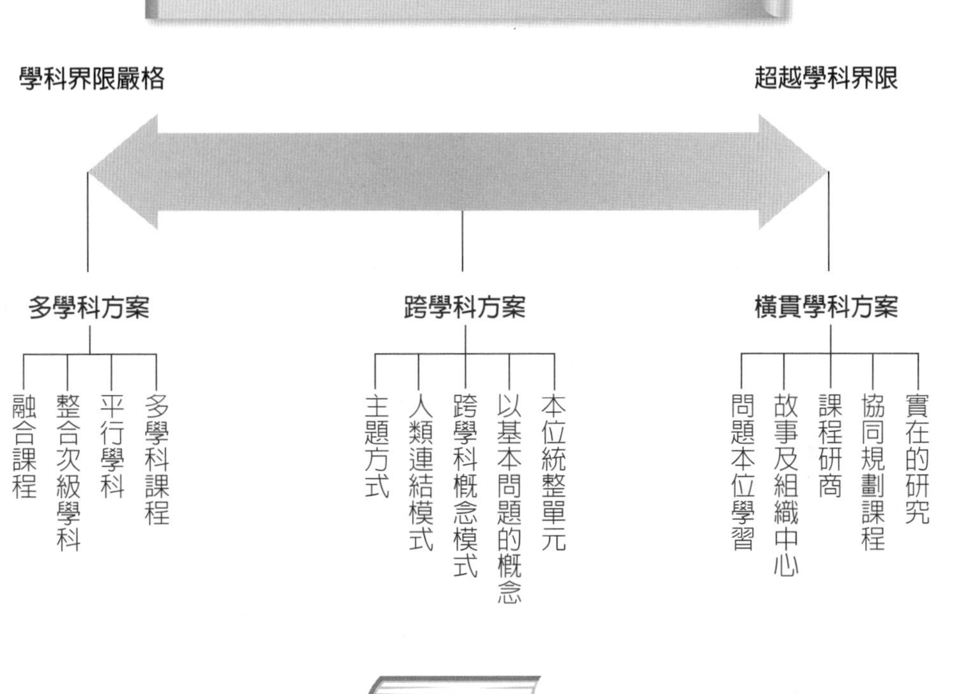
Drake所提出不同統整課程的模式架構圖
學科界限嚴格
超越學科界限
多學科方案
融合課程
整合次級學科
平行學科
多學科課程
跨學科方案
主題方式
人類連結模式
跨學科概念模式
以基本問題的概念
本位統整單元
橫貫學科方案
問題本位學習
故事及組織中心
課程研商
協同規劃課程
實在的研究

Unit 11-4 主題式統整課程的設計步驟（一）～如何形成「主題」？

本書參考Martinello & Cook（1994）的課程統整設計之概念，並以他們的架構在教學現場規劃並實施不同的課程統整之教學內容，以下就此一架構重要的概念以及作者實際設計的歷程做一簡要的說明。

第一個步驟是形成「主題」（theme），其步驟如下：

一、「標題」（topic）不等於「主題」

國內多數的統整課程方案僅停留在「標題」層次，而非掌握整個統整課程的「主題」。有關topic和theme的中文翻譯部分，國內學者均翻譯為「主題」，而單文經（2000）則將topic翻譯為「課題」。本文為分辨兩者的差異，將topic譯為統整課程方案活動名稱的「標題」，而將theme譯為「主題」。

二、什麼是「主題」？

「標題」與「主題」的差別可以用下面的例子作簡要的說明，「標題」是範圍比較小、片段的事實，「主題」是將標題架構起來，如同建築大樓中的鋼架。

Kovalik & Olsen（1994）認為「主題」是一種認知的結構，旨在協助認識各種觀念、理論、和事物間的相互關係。對教師而言，主題是建構課程和蒐集教材的組織器，將相關事物串連起來，使成為一個有組織的、完整的學習方案（Collier & Nolan, 1996）。

因此，「主題」可以是一個概念、議題（issue），或者是概念之間的關係。而統整課程主題發展的方向決定學生學習的內容，找出活動標題名稱、發展概念圖是容易的，但如何找出主題將這些內容串連起來是更為重要的。

三、檢驗有意義「主題」的標準

有意義的主題必須通過下列標準的檢驗，才能確保學生的學習（Martinello & Cook, 1994）：1.主要的觀念（big idea）是確實能跨越時間與空間的？2.能增廣學生對於世界的理解或身為人的意義？3.主要的觀念是跨學科的？4.學生是否真感到興趣？5.是否能引導學生去探索？

以「標題」（topic）為架構的課程統整模式

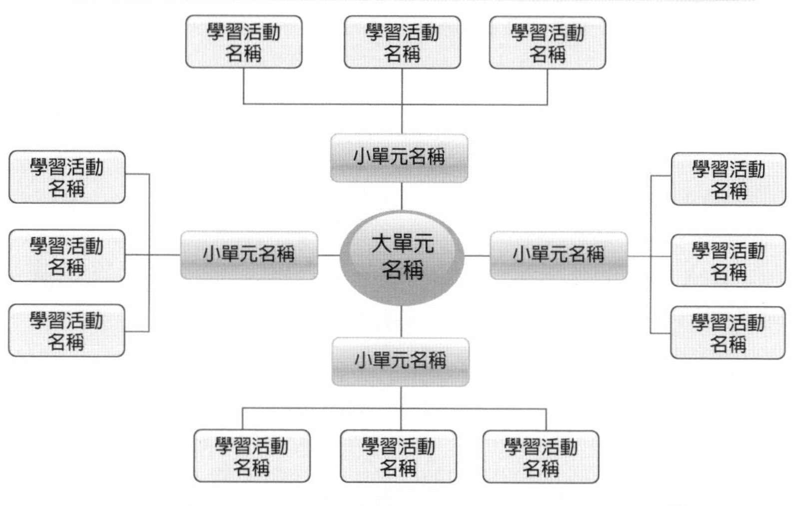

以多元智慧為概念的課程統整模式

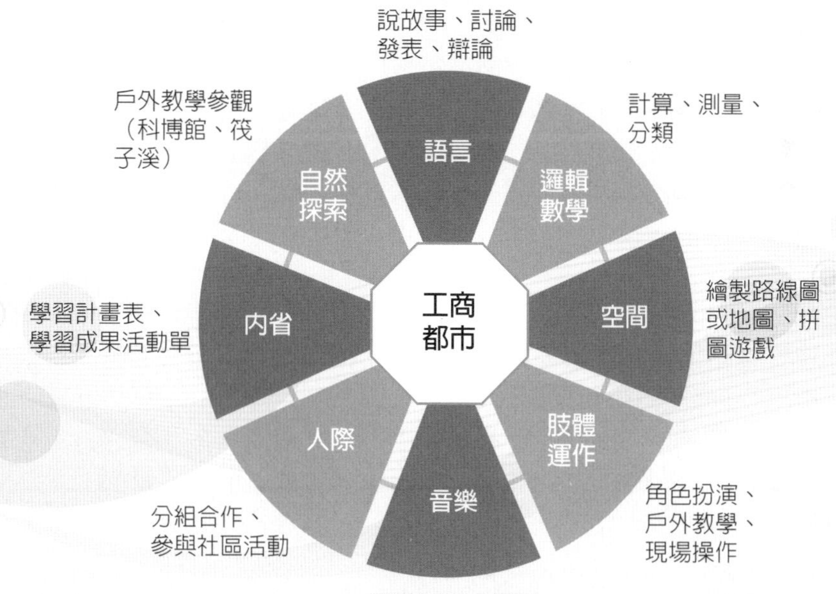

Unit 11-5 主題式統整課程的設計步驟（二）～如何形成「主題」？

一、發展主題的五個步驟

要如何形成「主題」？Kovalik & Olsen（1994）提出主題的發展五個主要的步驟：

（一）決定統整的起始點，將焦點置於學生可經驗的世界，以及必須學會的基本技能和可用的上課時間。

（二）思考學生已具備的學習內容和能力，避免無意義的重複。

（三）選擇學生生活世界以及日常發生的事件作為課程的重要材料。

（四）確認主題的概念是值得學生關心的「主要觀念」、議題或事件。

（五）訂定主題的標題，除了要能表達主題的意涵之外，更要能連結學生的舊經驗，吸引學生的興趣，激發其學習的動機，引發其想像力。

這些思考的方向亦可提供我們從事課程設計時的參考。

二、發展主題的注意事項

課程統整除了知識學科的統整外，也包含學生經驗與社會的統整，因此，課程統整除了考量單元間、學科間的統整外，尚需考量學習者本身興趣專長與學習者之間的合作，並透過課程來統整學生的思考與學習技巧，應注重統整學習者生活經驗的經驗本位或概念導向統整，甚至社會統整和世界統整，較之分科課程，其更加地強調探索導向、親手實作，以及和真實世界之聯繫。

三、如何結合課綱及課本教材發展主題

在考量一般教師仍以教科書的單元為主要教學內容，因此先將學校所使用四年級至六年級之社會領域課程教材內有關「全球關聯」的相關概念畫成概念圖，依據這些概念列出問題，試圖找出這一統整課程方案的主題。

在分析課程綱要內容、社會領域核心素養（九年一貫課程為能力指標）及學校所使用的教科書內容之後，其主要概念有「關係網路」、「相互關聯」、「外來文化」、「文化交流」、「文化衝突」、「文化創新」、「多元價值」、「國際組織」、「全球性議題」等，與全球化課程核心概念交集之處有「相互依賴」、「體系」、「跨文化」、「交流」、「衝突」、「合作」、「權力」、「尊重」、「差異」、「多元」、「公民素養」、「人權」、「問題解決」等。因此在規劃原有教材可與全球化課程交集的概念，就作為融入全球化概念的機會。

一則四～六年級全球化課程方案的課程主題（theme）

編號	統整課程方案名稱	年級	課程主題
C1	家鄉大不同——家鄉與全球的互動	四年級下學期	1. 找出外來的文化、商品和資訊等，影響自己家鄉日常生活的情形，並探討其原因。
			2. 了解不同文化之間（過去到現在、本國與他國）的差異性，並培養相互尊重、欣賞的態度。
C2	台灣的好厝邊——家鄉與鄰國的差異	五年級上學期	1. 藉由地圖或地球儀，了解台灣在亞洲的地理位置，並認識亞洲其他國家的生活型態及文化。
			2. 探討台灣和亞洲其他國家的差異性及關聯性，並培養欣賞家鄉文化及亞洲鄰近國家文化的態度。
C3	台灣伸展台——家鄉走入全球的舞台	五年級下學期	1. 藉由不同時期的台灣古地圖，探討台灣在世界歷史中的角色，並了解台灣的社會型態是由不同族群匯集而成的移墾型社會。
			2. 了解台灣目前新移民女性及其子女教養等相關問題，並培養尊重不同族群及文化的態度。
C4	台灣 Go！Go！Go！——家鄉與全球握手	六年級上學期	1. 在全球化影響之下，了解台灣多元文化的背景，以及可能所產生衝突或促進合作與創新。
			2. 從不同的角度去觀察多元文化的態度，並培養尊重不同文化的精神。
C5	我們的地球村——家鄉與全球的關聯	六年級下學期	1. 認識全球所面臨的相關議題（例如人口、飢餓與貧窮、環境與資源等），探討其原因及問題解決的途徑。
			2. 了解生態體系及政治體系的意義及相關問題，並培養關心全球事務的態度。

Unit 11-6 主題式統整課程的設計步驟（三）～如何發展主題網及形成問題？

一、發展主題網及形成問題的原則

Martinello & Cook（1994）提供一套概念架構作為統整課程方案的設計，其層次包含主要觀念（big idea）、單元名稱、單元概念、中心問題（central question）及子問題（subquestion）。主要觀念就是這一個統整課程方案的主題（theme），而這個方案包含四個單元活動（觀點、地形、在地球上生存、環境保護），右圖中的例子是「在地球上生存」這個單元活動，中心問題則根據單元的概念來設計，子問題再由中心問題細分而來，而每一個學習活動的設計與進行完畢之後，都要回答這些子問題，以確認每個教學活動是否達到教學的目的。

二、以全球教育課程為例發展統整課程方案之主題網

以四年級下學期的課程方案為例，在確定四個小單元主題名稱（家鄉風情話、我是小偵探、我們都是一家人、最美麗的村子）之際，將各個小單元的中心問題列舉出來，而不再細分出子問題，以便設計各小單元的教學活動時，更能掌握核心概念，也讓教學者更明確得知各個教學活動所要達成的教學目的（郭玉霞、郭至和，2016）。

三、形成統整課程方案的中心問題

在確認不同學習階段之統整課程方案主題名稱後，接下來就是列舉各個小單元的中心。以「家鄉大不同一家鄉與全球的互動」統整課程方案為例：

（一）家鄉風情話

1.是否能從日常生活的事物中，找出外來的文化或商品？

2.是否能夠發覺這些外來的文化、商品和資訊影響到我們家鄉的生活？

（二）我是小偵探

1.是否能夠比較從傳統到現在生活型態的轉變？

2.能夠從生活型態轉變的比較之中，找出改變的因素有哪些？

（三）我們都是一家人

1.自己的家鄉利用哪些不同的關係網路和世界各地聯繫？

2.各種關係網路的全球化對家鄉造成哪些影響？

（四）最美麗的村子

1.對於不同國家的文化，我們要採取什麼樣的態度？

2.自己家鄉對全球化趨勢的各種因應措施為何？

一則七年級小組主題探究的架構分析

<table>
<tr><td colspan="3">主要觀念：改變的型態——在區域範圍之內，所有的改變是互為因果關係。

單元名稱：在地球上生存</td></tr>
<tr><th colspan="3">單元概念</th></tr>
<tr><td>概念 1</td><td>概念 2</td><td>概念 n</td></tr>
<tr><td>在自然環境中，食物的生產是受到天氣和氣候的影響。</td><td>人類的生存需要符應不同情境需求。</td><td></td></tr>
<tr><th colspan="3">中心問題</th></tr>
<tr><td>1. 在世界上不同的區域，天氣和氣候如何影響食物的生產？</td><td>2. 人類如何應對在生活中的挑戰？</td><td>n</td></tr>
<tr><th colspan="3">子問題</th></tr>
<tr><td>a，b，c，n</td><td>a，b，c，n</td><td>a，b，c，n</td></tr>
<tr><td>a. 天氣和氣候是如何有相互的關聯？

b. 天氣和氣候以什麼樣的方式來影響食物的生產？</td><td>a. 人類面臨哪些類別的挑戰？

b. 人們透過什麼樣的方式來做調適？</td><td></td></tr>
</table>

Unit 11-7 主題式統整課程的設計步驟（四）～如何連結課程綱要或學習重點，以及設計學習活動？

一、連結課程綱要中之核心素養或學習重點可能產生的問題

在進行統整課程教學活動設計時，可運用十二年國教課程綱要中的核心素養及學習重點進行連結。其實一般教師大多先將教學活動或教學素材選擇好，再回頭去搭配學習重點，這樣的目的還是希望和課程綱要中的學習重點做連結，但這樣的連結是否有意義？更重要的是，在教學活動與學習重點連結完畢之後，教師會檢核學生是否真能培養到核心素養嗎？

二、規劃教學活動設計的原則

接下來再根據課程目標、核心素養及學習重點等，設計各個小單元的中心問題及教學目標。此歷程最重要的就是將「全球化課程」目標、學習重點（學習內容及學習表現）、本統整課程方案的主題、各個小單元的中心問題及教學目標能夠緊密扣在一起。在完成統整課程方案的中心問題之後，接下來可以根據下面的四個原則進行活動設計（Martinello & Cook, 1994）：1.提供不同的認知和思考方式，2.儘量擴大學科之間的關聯，3.符合課程標準，4.尋找多方的資源。

三、設計學習活動的注意事項

Martinello & Cook（1994）強調教學活動群可以包含不同的形式（例如文字、感官及情感），或包含下列的思考技巧：1.發現及尋找焦點，2.簡化問題，3.注意，4.流暢性及創造性思考，5.形成假設，6.設計實驗，7.尋找組型，8.運用模式及隱喻，9.尋找適合的解決方式，10.所遭受到的風險，11.協同合作，12.堅持不懈，13.堅持且能自律。

規劃統整課程方案是以主題為核心，所以在設計教學活動時，不以花俏或新奇的活動為主，而是真正思考到什麼是孩子所要的？正如Martinello & Cook（1994）書中所述，從教科書教材的內容來找活動，其實比較能夠節省時間及連結核心素養，因此教師在實際運作時，可以刪除一些原本教科書中重複性或與主題無關的活動，並增加相關的學習活動。

統整課程之教學設計的要素

教學設計理念

統整課程之主題（theme）

了解領域／學科本質和特性

學生是學習的主體

1.課綱領域（領域／學科）課程目標
2.課綱領域（領域／學科）核心素養
3.單元學習目標

1.提供不同的認知和思考方式
2.擴大學科、領域之間的關聯
3.符合課程綱要

目標　**教學**　**評量**

1.學習動機

2.學習歷程

3.學習結果

Unit 11-8 主題式統整課程的設計步驟（五）～如何運用教學資源及設計評量活動？

一、如何運用教學資源

教學資源包括（Martinello & Cook, 1994）：物件及手工藝品；視聽材料；出版資源，包括教科書、圖書館、文件；訪談；實驗；實地參觀；科技產品等。以國內教師規劃統整課程方案為例，除了原本的課本及習作之外，教師還可以自行設計學習單，透過學生調查、訪問的方式，實際觀察自己居住的環境從以前到現在、從本地至他地之間的差異，更能從學生的生活情境中出發。

二、如何進行評量活動

評量活動在統整課程方案的設計與實施亦是相當重要的一環，Martinello & Cook（1994）提出評量的標準有下列五項：1.學習目標和評量的方法是否有一致性？2.評量的方式是否能證明學生的學習結果？3.評量的方式是否能證明是可信的？是否有一致性？4.評量的方式是否能證明學生在精熟學習內容的發展？5.評量的方式和結果是否能讓教師、學生、父母及行政人員明確的了解？

在學習過程當中，師生可以運用學校或社區圖書館的資源、博物館的收藏、錄影帶、影片，甚至光碟或網路資料。換言之，主題式教學時，資料蒐集的來源是多元的且可謂日新月異。而評量的方式包括運用卷宗（portfolio）、評分規準（rubric）、學習記錄、評分及溝通（grading and communicating）來進行評量。教師在實施統整課程方案，除了原有教材習作之外，更可以運用學生自評和互評的方式，師生共同檢視整個課程實施的歷程。

三、素養導向的評量原則

十二年國民基本教育的素養導向學習評量不僅評量學生的知識與技能，而且更要評量學生的態度，因此素養導向的評量主要有下列幾項原則：

（一）引導學生明瞭學習目標並建立自評機制。

（二）採取多元的評量方式，讓不同的學生能夠從中探索興趣與獲得學習成就。

（三）保留學習歷程的紀錄。

素養導向教學設計與實施四原則

領綱／總綱目之核心素養、學習重點

＋

整合知識、技能與態度

情境脈絡化的學習

學習方法及策略

活用實踐的表現

教學 ⇕ 評量

引導學生明瞭學習目標並建立自評機制

建立多元化的教學與學習情境

採取多元的評量方式

保留學習歷程的紀錄

課程統整與十二年國教教師運作課程的改變方向

	課程統整的運作	十二年國教教師需改變方向
課程取向	● 連結不同的領域、學科 ● 主題教學	● 從單一學科或領域轉向跨領域主題統整教學
課程目的	● 培養創造知識和終身學習的素養	● 從學科內容知識的學習，轉向認知、能力、態度、價值觀、溝通等素養的培養
教師工作文化	● 跨領域專業的合作 ● 教師專業社群團隊的提倡 ● 教師協同文化的培養	● 從教師個人、學科分科轉變為跨領域的同儕合作
評量方式	● 生活情境式的任務作為評量的方法	● 從量的評量方式走向質性多元的評量

第 12 章

議題融入統整課程設計之實例

章節體系架構

Unit 12-1 家庭教育～幸福來敲門（一）【課程設計與實施】

「幸福來敲門」的故事以設計思考為本，運用跨領域主題統整課程的方式，先將社會領域、綜合活動和健康與體育領域課程教材內容進行統整，以學生所面臨到家人吵架的生活情境問題出發，採取小組合作解決所面臨到的問題。

一、感受

在學校看到同學因為爸媽吵架而心情不好，後來老師上課時問什麼是「幸福」？很多同學覺得和家人在一起是最幸福的，所以看到家人吵架，很多同學心裡就會很難過，因此這一組所感受到的問題是家人能不能不要吵架？每一個家庭都能幸幸福福的！

二、想像

經過小組討論之後，有同學說要研究、發明一種幸福丸，讓全世界的爸媽吃了，不離婚、不吵架，讓小孩子們在一個完整、幸福的家庭中成長。

所以第一步想出的解決方法有讓家人簽署「幸福宣言」，家人一起約定不輕易吵架。第二步以糖果（蔓陀珠）當作「幸福小仙丹」，如果家人快要吵起來，就拿出「幸福小仙丹」，家人嘴巴吃甜甜的小仙丹，心裡回想家人甜蜜的相處情形，讓大家幸幸福福的。

三、實踐

我們推動「幸福來敲門」第一步請同學將「幸福宣言」帶回去讓家人簽名，結果全班25位同學，所有家庭都簽名參與，並且共有116名家人簽名。

接下來一個星期我們持續推動「幸福來敲門」活動，並調查統計全班同學在家推動的結果，全班25人中，有24人家中都沒有吵架，完成率達96%。

四、分享

班上孩子在小組討論及上台發表均增強自信力，發問的意願增加，並願意接受別人的意見。後來班上各組的行動方案參加第三屆「全球孩童創意行動挑戰」（DFC）活動，其中「幸福來敲門」入選十大特色故事，小組成員中的致其和昱翔獲邀在2013年與沈芯菱一起到印度參加改變世界小推手同樂會，向全世界的孩子分享改變世界的故事。

在此次主題活動中，學生運用網路上的資料分析並釐清問題，隨時注意文字資料及圖片來源的說明，找出解決問題的行動策略，最後再將自己的成果分享在部落格上。

● 故事影片連結：http://www.youtube.com/watch?v=kwS1Z9lS8D8

以設計思考為本的「幸福來敲門」活動之關聯

設計思考步驟	設計幸福宣言及幸福小仙丹之目的及作法		DFC步驟
同理心（Empathy）	目的	設計幸福小仙丹時的有效性，當家人服用幸福小仙丹時能夠不再吵架。	感受（Feel）
	作法	為符合使用者的期待，將我們的目標設定為吃起來會有一點甜的幸福小仙丹。	
需求定義（Define）	目的	服用幸福小仙丹的過程中，活動的通知與規則需要更深入思索和家人（使用者）的需求，進一步整理同理心的資訊並融入活動規則中。	
	作法	先讓家人簽署「幸福宣言」，讓大人們認同這一次的活動，再說明幸福小仙丹的使用時機。	
創意動腦（Ideate）	目的	腦力激盪討論出在需求定義時衍生的問題，例如真實世界中沒有仙丹，要找什麼物品作為幸福小仙丹？此時需要創新的點子加以解決。	想像（Imagine）
	作法	在選定幸福小仙丹有疑慮時，將各種的創意點子寫下，經過幾番討論構思後，選出最佳的解決方案。	
製作原型（Prototype）	目的	設計過程的後段，需要將幸福小仙丹原型呈現出來，例如巧克力、軟糖等，並對此原型再做修改與精進。	實踐（Do）
	作法	將擬好的幸福宣言和小仙丹，整合成一套具備完整性但仍待修正的活動規則。	
實際測試（Test）	目的	透過擬定的原型進行實際測試，並針對試驗者反應，重新改正缺失與調整。	
	作法	設計完成幸福宣言和幸福小仙丹後，將試驗版本給其他同學試做，並蒐集眾人的意見以改進活動設計。	

Unit 12-2 家庭教育～幸福來敲門（二）

【教師教學省思】

一、原來故事就是從自己的身邊開始

最初帶三年級「幸福部落」的孩子，第一次小組討論各組提出來所「感受」到的問題，大多以家人和班級為範圍，這樣說要改變世界的「影響力」會不會太小？不過當我看到孩子們認真參與的過程，突然我自己「感受」到：**行動的價值，不是取決於想要解決問題的「大小」，而是願意付出的那一份「用心」**。例如，「幸福來敲門」的故事緣由就是該組中有一位孩子，偶見他下課時顯得悶悶不樂，我原先以為他和班上其他的孩子發生爭吵，後來找他聊一下，說沒幾句他就流下眼淚，對我說出前幾天他在臥房聽到爸媽在客廳爭吵而無能為力。這一位貼心、善良的小男孩露出無助的表情，不過所謂「清官難斷家務事」，我一時也想不出要如何幫助他。因為我們班的班名是「幸福部落」，於是在課堂中我詢問班上的孩子什麼是「幸福」？想不到孩子的想法都是天真的，許多孩子希望和家人快樂的在一起就感到幸福。後來又問到生活中遇到哪些不幸福的事，更令我吃驚的是太多孩子都認為是爸媽吵架，顯然在孩子的心中，爸媽的關係是十分重要的，所以當他們提出想要改變「家人能不能不要吵架」時，我才驚覺：**原來故事就是從自己身邊的人事物開始**。

二、如何和現有教科書結合

其實現有教科書的編排還是和孩子的發展有密切關係的，孩子所提出來的問題其實和課本教材內容有密切的關係，例如，「幸福來敲門」的故事剛好社會領域第二單元就以家庭為單位，於是不妨就以這個為起點，或許這樣學校正式課程的教學活動更有意義，而且將各組學生的故事和課本內容做連結，這樣家長也不至於認為班上孩子的活動是「不務正業」，因為這些活動都跟課程有關，也就減少家長的疑慮和阻力。

三、不要小看孩子們的潛力，也不要忽視自己的力量

在這些故事中究竟要聽到的是誰的聲音？孩子們又在這些故事中獲得什麼？這都是我在陪伴孩子身旁完成這些故事之際，身為教師必須再努力及思索的課題，而當我們期望孩子能為世界改變些什麼的時候，也不要忽視我們大人自己的力量。

學生DFC行動方案與相關教材單元統整架構圖

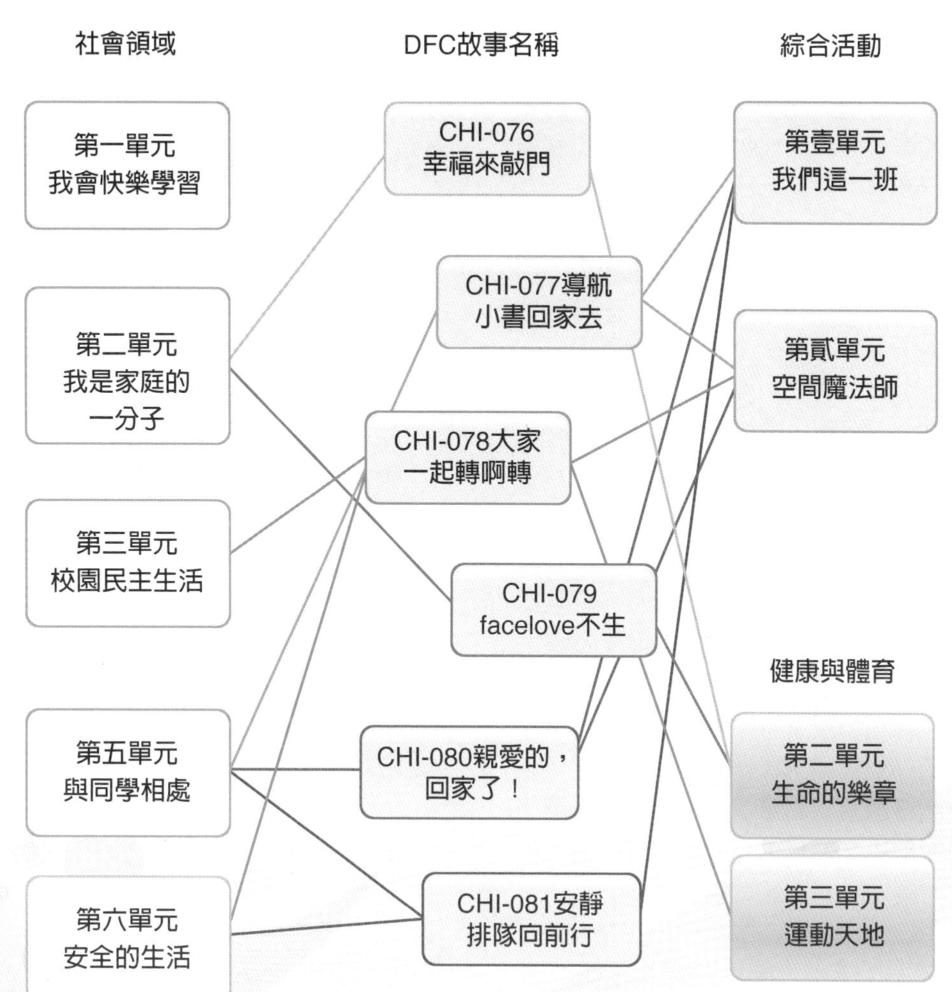

Unit 12-3 兒童人權及環境保護～找回建功的大象溜滑梯（一）【感受階段】

「找回建功的大象溜滑梯」是2018年9月至2019年6月期間所完成，以下分別以DFC四步驟，說明本跨領域素養課程如何以設計思考的方式進行統整學習。

一、「感受」階段之發現問題

學生們在上三年級社會領域第六單元「安全的生活」、綜合活動單元五「安全的校園空間」的時候，以「感受地圖」讓全班同學進行學校大調查，許多同學對學校的遊戲器材區都非常喜歡，畫上許多的笑臉，不過也有些同學畫上哭臉，雖然遊戲器材區有許多的遊樂器材，但很多都是罐頭塑膠的遊戲器材。

同學們查詢學校相關資料，原來以前在學校有石頭大象溜滑梯，後來因為要興建樂學樓教室而拆掉，所以大家想讓「大象溜滑梯」復活，讓學校的遊樂器材更具有特色並使用天然材質。

二、「感受」階段之深入了解問題

學生們去學校教務處借學校的歷屆畢業冊，查詢畢業紀念冊中有關大象溜滑梯的照片。原先在建功校園有一座大象溜滑梯，而且常出現在歷屆的畢業紀念冊之中，不過在2002年因為要興建樂學樓教室，於是這一座大象溜滑梯就被拆除。大家把畢業紀念冊中有大象溜滑梯的照片用平板電腦翻拍下來，希望能喚起以前校友的美好回憶。

三、「感受」階段之人時地物分析

學生們首先以繪製心智圖的方式，把相關的「人、時、地、物」列出來，再慢慢確認大家所要探討的問題焦點線放在如何讓大象溜滑梯「復活」。

確認問題的焦點之後，以小組腦力激盪的方式寫出這個問題的原因有哪些，把所有原因列出來之後，再考量處理這個原因的「難易程度」及「信心程度」兩個向度，利用圓點貼紙分析這些原因的處理考量因素，把所要解決的問題更聚焦：如何讓學校的遊樂器材有特色並使用天然材質？

四、「感受」階段之訪問學校總務主任

接下來訪問總務主任，總務主任跟學生們提到如果要設置大象溜滑梯有關位置、安全、材質、經費等問題。最後，總務主題提醒大家在校內設置大象溜滑梯是班上幾位小朋友的想法？還是全校許多學生也有這樣的需求？所以學生們計畫要蒐集全校學生的意見，了解所有小朋友的需求。

「找回建功的大象溜滑梯」之「感受」階段歷程分析

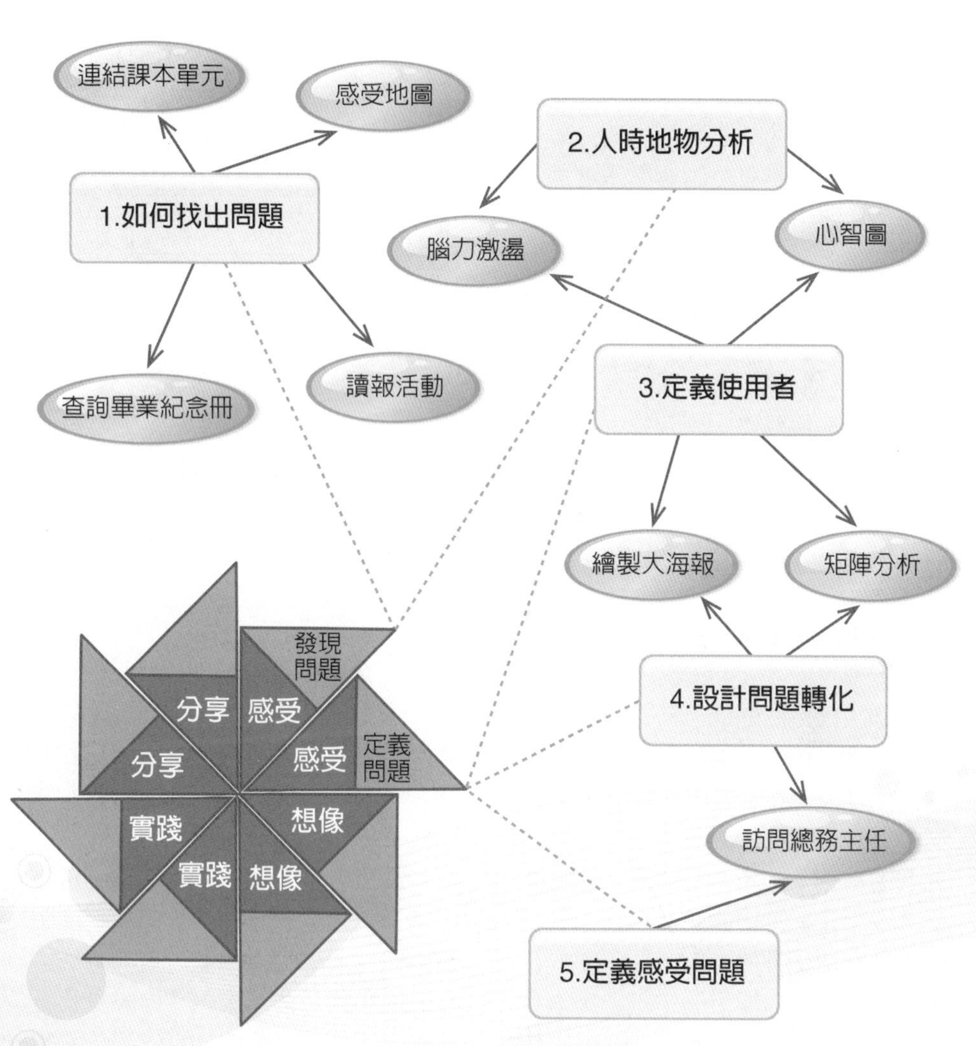

Unit 12-4 兒童人權及環境保護～找回建功的大象溜滑梯（二）【想像階段】

一、「想像」階段之最佳情境分析

在上一個「感受」階段，學生所聚焦的問題是如何讓校內的「大象溜滑梯」復活，讓學校的遊樂器材更具有特色並使用天然材質？因為學生才小學三年級，所以同學們用繪畫的方式來呈現這個問題如果被解決，最美好的狀況圖像。

學生們的最佳情境圖像是希望在校內可以重新興建一座新的大象溜滑梯，而且是使用磨石子天然材質，這樣下課時間大家就可以排隊去玩大象溜滑梯。

二、「想像」階段之發散找尋解決方案

學生確定問題的方向、使用者及需求之後，接著就開始進行腦力激盪活動。為了能獲得更多的參考意見，同學們先把所要探討的主要問題寫在四開圖畫紙上，請全班同學一起提供點子。大家把自己的想法寫在不同顏色的便利貼上，然後每個人再把自己的便利貼貼在四開大圖畫紙上，全班同學可以一起觀看彼此提出來的可能解決方案。

全班再利用圓點貼紙選出目前可能實際執行的方案，最後進行整理和歸類，把一些具有創意的點子或比較可行的想法記錄下來。經過思考後，學生把可採用並實踐的方案條列出來，並在下面表格「是否採用」的欄位中打V。

	辦法內容	是否採用	
		是	否
1.	調查全校學生意見之後向校長說明。	V	
2.	發動募款，請家長及校友捐錢。	V	
3.	詢問學校各班學生能不能捐錢。		V
4.	建議學校未來建造遊樂器材時多考慮一下怎樣的設施才最有特色。	V	
5.	建議學校未來建造遊樂器材時使用天然材質。	V	
6.	可以寫市長信箱反應，大象溜滑梯是磨石子材質，可以一直使用，環保又可愛。	V	

三、「想像」階段之收斂實踐方案

學生腦力激盪找出許多行動方案，後來決定從兩個最可行的行動方案開始：「調查全校學生意見」和「向家長及校友尋求支持」。

「調查全校學生意見」是希望在調查全校學生意見之後，向校長說明校園興建大象溜滑梯並不是只有班上少數同學的想法。接著「向家長及校友尋求支持」，希望在隔年學校運動會六十週年校慶之前，請家長及校友捐錢，蓋大象溜滑梯。

另外也考量小學生還不會賺錢，所以向全校同學募款可能不太好。

「找回建功的大象溜滑梯」之「想像」階段歷程分析

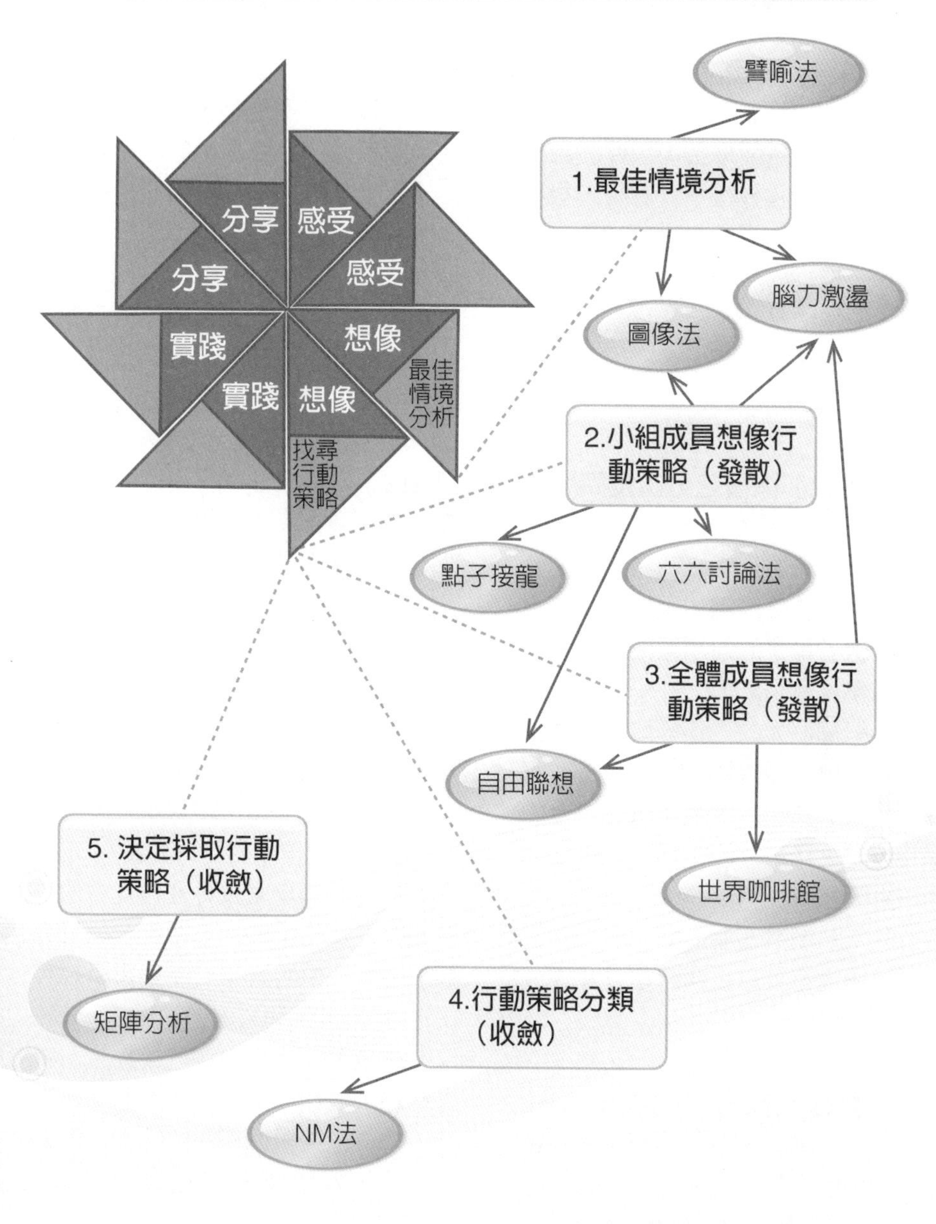

Unit 12-5 兒童人權及環境保護～找回建功的大象溜滑梯（三）【實踐階段】

一、「實踐」階段之擬定行動計畫

這一次的活動剛好配合社會和綜合活動課本的單元學習，因此教師會讓全班同學一起分組進行討論，根據兩個所欲採取的行動方案擬定計畫，安排預定進行的時間、地點及器材準備等，同學們根據不同的專長進行分工，例如由電腦比較厲害的同學進行搜尋並整理資料。

二、「實踐」階段之分工及時間規劃

在進入正式行動之前，明確的分工可以事半功倍，例如製作海報時會請具有繪畫專長的同學幫忙，而拜訪校長和家長會長之前，在學校也做好分工，把每個人的工作分配好，例如拿海報、說明調查結果、向校長及家長會長陳述問題等，大家依據自己的專長分配工作，才能讓小組成員彼此合作愉快。

其次，制訂活動時間表也是相當重要，讓大家可以按照時程逐步完成任務。

三、「實踐」階段之採取行動

（一）**調查全校學生意見：**經過總務主任的提醒，首先進行全校性的「讓大象溜滑梯復活」計畫調查活動。學生一班一班地進行意見調查，總共詢問全校共45個班級，到各班調查之前，除了說明調查活動的緣由之外，更希望大家能夠支持提出的活動。經過半個多月的調查活動，開始把各班調查完的數據輸入電腦進行分析。

將全校各班數據資料輸入電腦，把統計圖表列印出來，並製作海報，讓更多人知道調查的結果。

（二）**尋求校方支持：**進行全校性的「讓大象溜滑梯復活」計畫調查活動，製作完大海報之後，接著就要尋求學校的支持，所以學生拜訪校長，希望校長能支持這一項活動。校長非常認同這一次的活動計畫，也跟學生分析設置大象溜滑梯除了相關位置、安全、材質之外，最重要就是經費的問題，這可分為申請政府經費及向大眾募款兩部分，不過學校方面當然希望滿足全校小朋友的需求。

（三）**尋求家長會及校友會的支持：**因為學校建校六十週年，如果要募款，最主要的對象可能是家長或校友，所以學生也拜訪不但是學校校友、亦是家長會長的黃乙展先生。黃會長聽了之後非常認同，訪問結束之後，表示還要預估相關的經費，並會在家長會及校友會提案建議。

「找回建功的大象溜滑梯」之「實踐」階段歷程分析

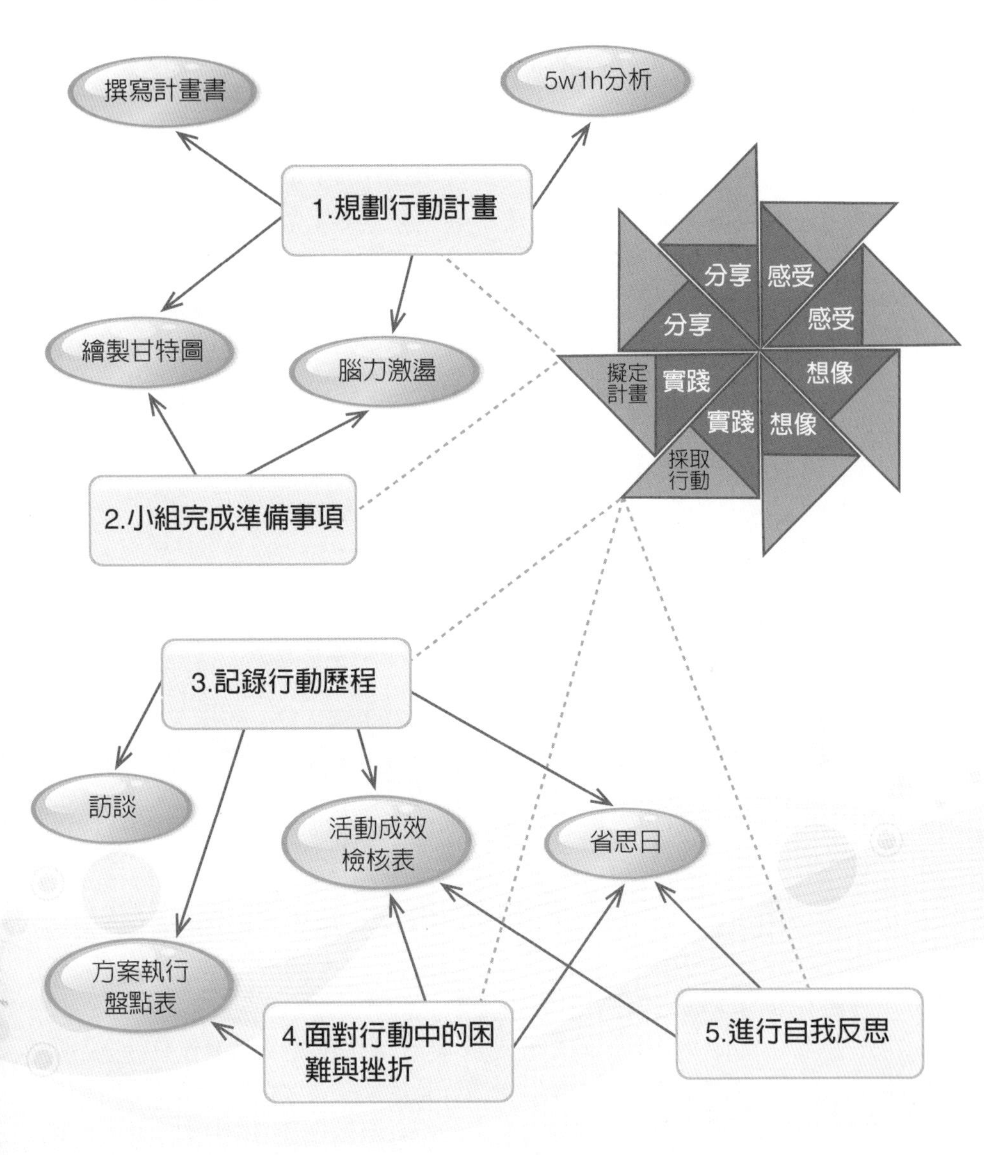

Unit 12-6 兒童人權及環境保護～找回建功的大象溜滑梯（四）【分享階段】

一、「分享」階段之整理故事內容並進行省思

進行完「感受」、「想像」、「實踐」三個步驟，最後讓學生回顧和整理本次「找回建功的大象溜滑梯」所經歷與改變的種種，轉化成一個故事分享出去。

學生藉由他人的建議，可以如何修改行動方案呢？例如學生訪問校長和家長會長都獲得正面肯定的答覆，不過要讓大象溜滑梯「復活」真的需要一大筆經費，有可能要過好幾年，所以有人建議可以先找花錢少的替代方案，因此就想到在大象溜滑梯還沒有「復活」之前，先嘗試製作紙做的大象溜滑梯，一方面可以讓學弟、學妹下課玩耍，另一方面或許能更快興建一座大象溜滑梯。

二、「分享」階段之製作故事影片及分享

鼓勵學生整理完故事之後，將整個歷程製作成影片及簡報，運用各種方式及場合，把故事分享出去。以下就是本次活動的故事分享：

分享方式	具體說明或提供相關連結	觀眾的反應是？
（1）製作大海報分享	我們將進行的過程製作成大海報，讓更多人可以清楚了解我們故事發展的歷程。	同學反應可以清楚看見我們努力完成故事的過程。
（2）班級分享	寒假結束之後，2019 年 2 月 21 日在班上進行分享，讓全班同學了解目前讓大象溜滑梯「復活」的進度。	雖然要花很多錢，同學們還是很期待能真的重建一座。
（3）校園分享	我們將訪問的成果和相關活動的訊息製作成大海報，在校園內進行分享，2019 年 2 月 26 日於校內弘道館舉辦分享會，分享我們這一次活動歷程的故事心得。	讓學校更多師生知道我們想大象溜滑梯「復活」的活動，大家因為有接受過調查，清楚知道我們的內容。

三、「分享」階段之蒐集各方意見與回饋

在分享發表的同時，也可同時訪問受到本次行動影響的人們有沒有什麼回饋或心得？最後再引導學生思考接下來的後續行動是什麼？會想解決哪些問題呢？例如學生在這一次行動之後，認為除了學校的遊戲器材之外，也要調查社區公園的遊戲器材是否安全？未來是否能更具特色？也希望少用塑膠材質，多使用天然材質，讓社區公園能成為一般大眾假日休閒活動的場所。

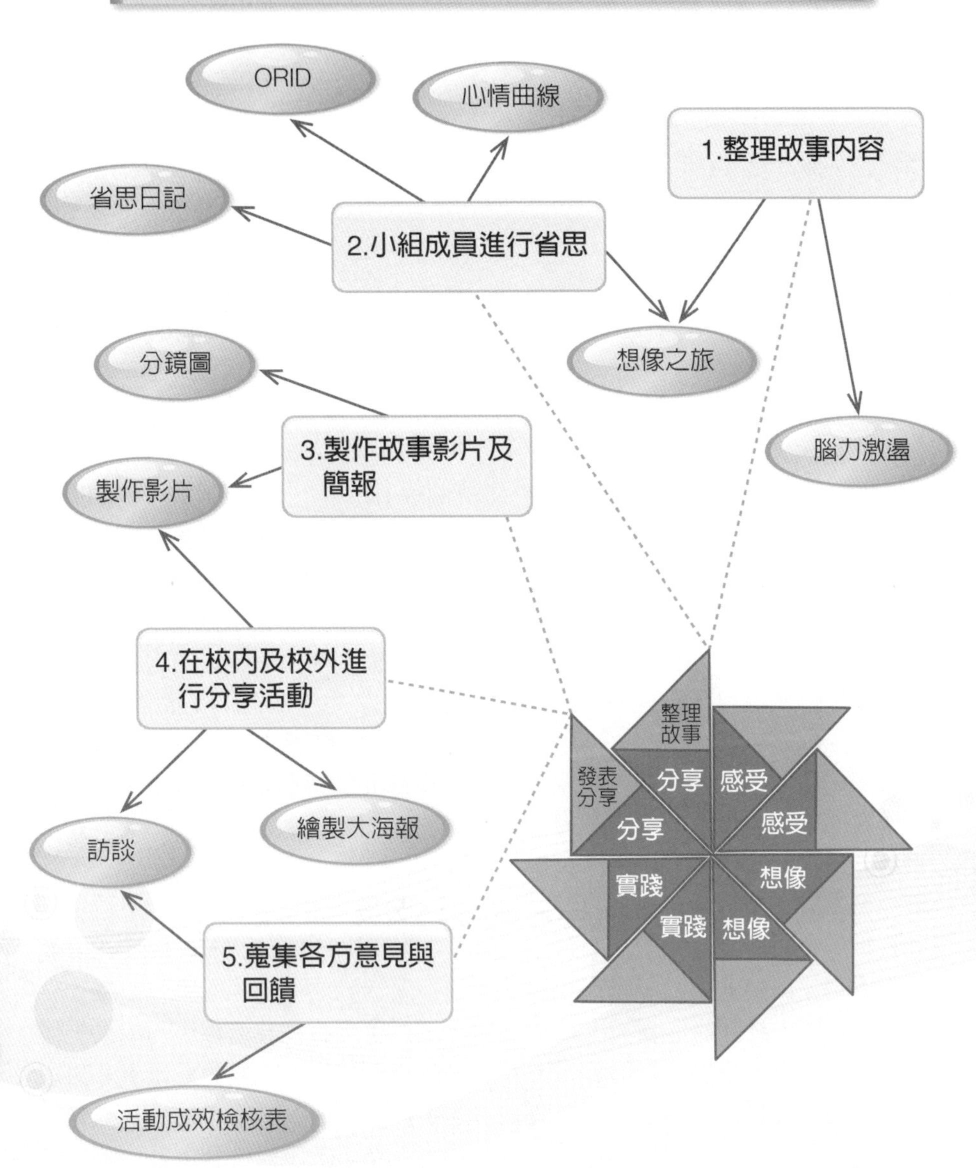
「找回建功的大象溜滑梯」之「分享」階段歷程分析
ORID
心情曲線
1.整理故事內容
省思日記
2.小組成員進行省思
想像之旅
分鏡圖
腦力激盪
3.製作故事影片及簡報
製作影片
4.在校內及校外進行分享活動
整理故事
發表分享
分享
感受
分享
感受
實踐
想像
實踐
想像
訪談
繪製大海報
5.蒐集各方意見與回饋
活動成效檢核表

Unit 12-7 品德教育～我們要來打「小報告」

以下就以「冒險部落」主題統整課程七組故事中的「我們要來打『小報告』」為例，說明如何透過DFC四步驟完成「設計思考」的故事。

一、感受

每次上課鐘聲響，很多同學就會跟老師打「小報告」，到最後一有小事情，同學都會「告來告去」，影響到我們上課的時間。進行第一次小組討論的時候，我們提出要改變的問題當中，覺得打「小報告」的情形愈來愈嚴重。

後來小組討論就決定所要改變的問題是：班上同學很愛打小報告，同學們互相告來告去，老師也會覺得很煩，所以我們想減少同學打小報告。

二、想像

在向全班說出我們的構想，最後我們討論出可能解決的方法是：班上的同學們喜歡告來告去，大家只看同學的缺點，我們想讓同學們換個角度想，努力去找同學的優點，所以我們在教室裡設計一棵「甜心樹」，請全班同學看到誰有什麼表現好的行為，就寫在一張小蘋果便利貼上，這樣同學就會去多注意別人的優點，打「小報告」的內容慢慢都是同學的好表現。

三、實踐

首先全班同學準備好雲彩紙，在雲彩紙上畫出自己雙手的外型，還在每根手指上寫出「I CAN」四個英文字母，表示自己可以努力做到。接著我們把全班同學製作好的「雙手」拼貼起來，完成全班同學「雙手」所組成的「甜心樹」，把「甜心樹」黏在教室牆壁上。

然後請班上同學看到別人有什麼好的行為表現，就寫在一張小愛心形狀的便利貼上，再請被讚揚的同學在這一張小愛心便利貼簽名，讓他知道自己有哪些好的表現。完成小愛心便利貼的讚美活動之後，把它黏貼在「甜心樹」四周。全班27人在兩個星期另類的「打小報告」活動中，在「甜心樹」旁總共貼滿446張小愛心，平均每天都有超過30張以上同學好的表現行為。

四、分享

我們在生活週記寫出自己參與這一次活動的心得，回家也跟家人分享，以後也會把我們實施的成果上傳到班級部落格上。我們把班上「甜心樹」故事寫出來之後，投稿到校刊，預定在今年出版的校刊上就會有我們的故事，希望全校師生及家長都知道我們進行的活動，讓所有的小朋友都能去發現別人好的行為。

我們要來打「小報告」故事中製作「甜心樹」的歷程

Unit 12-8 古蹟保存文化議題～搶救詔安堂大行動（一）【課程背景及設計】

一、主題統整課程背景說明

台中市發生多起傳統三合院建築因為面臨都市重劃而被拆除，這也凸顯出台中市正面臨都市開發與文化保存的衝突。而位在台中市北屯區的詔安堂已有七十多年的歷史，仍保留日治時代的生活聚落，不過卻因為被劃入台中市北屯捷運機廠預定地，面臨可能被拆除的命運，這一座最後僅存的閩客代表建築，能不能和公共建設共存，還是個變數。

在社會課本剛好有認識及維護家鄉古蹟的單元主題，不過除了學生認識現有的家鄉古蹟之外，針對家鄉具有保存價值的歷史建築但未列入古蹟者，要如何付諸行動進行搶救？所以這一則統整課程就是從學生自己家鄉的詔安堂開始進行搶救大行動。

二、主題統整課程概念架構

此次教學是以統整課程設計的方式進行，Martinello & Cook（1994）就發展出一套統整課程設計主題（theme）學習的引導步驟，以提供不同年級階段的教師，在課程規劃的過程中，整個統整的軸心即是「主題」，而教學設計者在考量一般教師仍以教科書的單元為主要教學內容，因此先將四年級社會領域課程教材內的相關概念畫成概念圖，依據這些概念列出問題，試圖找出這一統整課程方案的主題。

三、主題統整課程教學活動設計

以社會行動取向的課程設計觀點來看，它強調反省實踐的社會行動力的培養，希望造就學生成為具有公民效能感的公民（陳麗華、彭增龍、王鳳敏，2003）。其特性就是跨越學科疆界，統整地呈現每個研討的課題，整合知識、技能、信念、價值和態度到行動中。

因此在進行課程設計之初，在九年一貫課程可先找出確實相關且能達成的能力指標，十二年國教部分可連結欲培養的核心素養及學習重點，之後再設計本統整課程方案各個小單元的中心問題及教學目標。此歷程最重要的就是將核心素養及學習重點、本統整課程方案的主題、各個小單元的中心問題及教學目標能夠緊密扣在一起。

「搶救詔安堂大行動」主題統整課程架構

1.在我們家鄉的傳統建築或古蹟面臨哪些問題？
2.這些問題與自己之間的關係是什麼？

1.是否能夠透過小組討論，找出問題形成的原因？
2.是否能透過小組成員腦力激盪，想出有創意的解決策略？

1.是否能夠透過小組合作，擬定具體行動解決策略？
2.是否能夠評估解決策略可行性而付諸行動？

1.是否能完整記錄小組行動的過程及結果？
2.是否能透過集體創作的方式，分享及展現小組的成果？

 主題名稱  活動單元名稱 由theme所轉換的問題

「搶救詔安堂大行動」主題統整課程教學目標

單元名稱	搶救詔安堂大行動	適用年級	國小中年級	教學時間	15 節（600分鐘）
單元目標	1. 認識家鄉的古蹟與歷史建築。【認知】 2. 覺察家鄉古蹟或歷史建築被破壞的情形及相關議題。【認知】 3. 了解維護家鄉古蹟及歷史建築的重要性。【認知】 4. 了解在團體活動中，表達自我並與人溝通的重要性。【認知】 5. 培養關懷家鄉，隨時主動察覺生活周遭環境的問題。【情意】 6. 欣賞家鄉古蹟及歷史建築的特色及價值。【情意】 7. 培養積極參與活動且樂於與人分享的精神。【情意】 8. 增進探究並記錄家鄉古蹟的技巧和能力，了解家鄉的歷史與故事。【技能】 9. 能與小組同學合作完成訪問活動。【技能】 10. 針對家鄉古蹟所面臨的問題，提出解決策略和參與行動。【技能】 11. 能積極練習與準備成果分享活動的項目。【技能】				

Unit 12-9 古蹟保存文化議題～搶救詔安堂大行動（二）【教學策略及特色】

一、以讀報教學讓學生覺知與關懷家鄉的議題與現象【感受階段】

班上從三年級開始加入「國語日報讀報實驗班」，從《國語日報》的新聞中實際來分辨及找尋哪些新聞是屬於公共政策議題，增加學生問題解決的能力。再針對家鄉詔安堂面臨拆除的問題，利用電腦網路搜尋相關資料，還有其他報紙相關報導，並且利用「5W1H」分析新聞報導的內容。

二、以田野調查及訪談培養學生探究及解決問題的知能【想像階段】

學生們利用暑假期間訪問詔安堂屋主江儀文先生，並實地田野調查，了解詔安堂的保存價值。在訪問屋主江儀文先生之後，才發現有法條上的疏漏，現行法條只有屋主自己拆這些重劃區內的房子有補助金可以拿，沒拆的反而沒錢拿，所以在台中市已經發生很多件這樣的傳統三合院被拆了。

三、以多元創意的問題解決策略提升學生改造社會的行動能力【實踐階段】

●行動策略1：查詢相關資料，記錄詔安堂的點點滴滴，並製作大型海報。

●行動策略2：設立「搶救詔安堂大行動」部落格，記錄詔安堂的建築特色與先民生活的狀態。

●行動策略3：寫信給台中市文化資產管理中心主任，詢問有關詔安堂保存的問題。

●行動策略4：訪問台中市市議員，市議員非常認同要保留這些具有文化歷史價值的建築，而且也保證會制訂《保留文化歷史建築物和古蹟獎勵金自治條例》，希望通過之後，地主能夠至少領到八成以上（甚至全額）的保留獎勵金，讓屋主有更大的意願自動保存歷史建築。

●行動策略5：班上的同學設計「愛鄉酷卡」，請班上的昱翔、致其和沈芯菱姐姐前往印度參加「改變世界小推手同樂會」時，帶去印度送給全世界的朋友當禮物，藉由「愛鄉酷卡」讓外國大大小小的朋友認識台中詔安堂。

四、以公開場合分享的方式達到「全球視野、在地行動」的目標【分享階段】

學生們整理相關資料並製作大型海報之後，利用全校升旗時間，分享「搶救詔安堂大行動」的故事，請全校師生一起來關心詔安堂保存的問題。除了在學校分享自己的行動之外，也利用其他公開場合分享故事。

「搶救詔安堂大行動」學習單

搶救詔安堂大行動

◎第_____組　◎組 名：________________

◎組 長：________________◎組 員：____________________

一、感受（Feel）：覺察到生活中的潛在問題（大家開始腦力激盪，提出一個平時困擾自己以及身邊的人的問題。活動以安全、有趣、有正面意義為原則，不一定要做很大的事情）。

你所要改變的問題點是：__________________________

____

____

二、想像（Imagine）：想像出可能的解決方法（詳細設計出一個在七天之內可以執行並看到結果的解決方法，計畫一個禮拜內需要做的事情與細節。問題的解決方法需要有建設性和創意，尤其希望你們能夠去訪問和這個解決方法相關的老師、朋友、大人物們，讓計畫變得更完整，更可行。記得喔！計畫以安全、節省資源、使用最少金錢為原則。）

你目前有哪些解決的想法：__________________________

____

____

____

____

三、執行（Do）：選擇活動期間中任一個禮拜的時間，蒐集現有資源並去改變現況，記錄下每個點滴。

Unit 12-10 古蹟保存文化議題～搶救詔安堂大行動（三）【延伸活動及回饋】

一、文史專家的回饋

師生們第一次訪問詔安堂屋主江儀文先生，後來全班二度訪問詔安堂並更深入實地田野調查。在田野調查活動中，首先送給江儀文先生由班上學生繪製的詔安堂「愛鄉酷卡」，再由致其致贈小禮物，分享在印度2013 BTC年會上說明「搶救詔安堂大行動」的故事。

接著在2014年1月2日老師從臉書收到台中鄉土學會理事黃宗仁先生傳來的訊息，內容如下：

老師，我是台中鄉土學會理事黃宗仁，昨天我和黃教授到詔安堂，聽江老師提到你帶學生去參訪並把學生圖掛在廳堂上，很難得學生圖畫得眞好，老師你很認眞保護古蹟，我們早在三年前就在做這區塊，一年前我們出版《台中鄉土12期》對舊社開發史和三合院菸樓都有書面保存，江家對面雷公汴附近在1895年日本據台時曾發生「溝背戰役」，經長期爭取應會在附近做個公園以資紀念，12期期刊對溝背戰役也有詳細描述。（2014年1月2日 22:51）

二、台中市政府修改自治條例

台中市政府終於在2014年1月24日公布修改後的《臺中市辦理公共工程拆遷建築改良物補償自治條例》，其中第十六條之一：「因辦理公共工程需拆遷第三條之建物，經台中市政府公告指定或登錄為文化資產並配合保存者，於台中市政府文化資產主管機關接管後，得比照本自治條例第四條、第九條及第十條規定標準發給損失補償費及保存獎勵金。前項保存獎勵金計算方式同自動拆遷獎勵金計算方式。」

三、詔安堂屋主的回饋

江儀文先生在2014年2月5日拜訪作者，並分享在元月份有受邀到台中市文化資產管理中心開會情形，台中市修改後的《臺中市辦理公共工程拆遷建築改良物補償自治條例》終於排除萬難通過公告，台中市文化資產管理中心人員說許多人都很關心詔安堂保存的問題，現在詔安堂可以完整保存下來，接下來就是文資中心發包請人編撰保存報告書，當地將結合溝背古戰場等都市計畫變更之後設立文化公園。江儀文先生還帶一支筆說要送給班上的孩子，感謝所送的詔安堂「愛鄉酷卡」。

「搶救詔安堂大行動」解決問題的計畫與執行情形

★第一組：＿＿＿＿＿＿★組　員：＿＿＿＿＿＿＿＿＿＿＿＿＿＿＿＿

★我們「故事」的名稱：＿＿＿＿＿＿＿＿＿＿＿＿＿＿＿＿＿＿＿＿

★解決問題的計畫與執行表

日期	預定解決問題的策略（寫下小組成員在這七天想要改變問題的具體方法）	執行結果（記錄小組成員確實執行的情形）	備註
第一天（09/ __）			
第二天（09/ __）			
第三天（09/ __）			
第四天（09/ __）			
第五天（09/ __）			
第六天（09/ __）			
第七天（09/ __）			

參考書目

中文部分

《親子天下》編輯部、台大創新設計學院、DFC 台灣團隊（2017）。**設計思考：從教育開始的破框思維**。台北市：親子天下。

于承平（2018）。探討芬蘭國家基本教育核心課程變革。**師資培育與教師專業發展期刊，11**(2)，1-25。

方吉人（譯）（2010）。Michael J. Marquardt 著。**你會問問題嗎：問對問題是成功領導的第一步**。台北市：臉譜。

方德隆等譯（2001）。S. M. Drake 著。**統整課程的設計**。高雄市：麗文文化。

王友龍（2012）。**會圖解思考的人最厲害**。台北市：臉譜。

吳宗立（2007）。學校願景及願景領導策略。**國教新知，54**(1)，66-73。

李友君（譯）（2016）。高橋晉平著。**先有爛點子，才有好點子**。台北市：日月文化。

周文敏（2004）。**「創造性圖畫書教學」對國小學童創造力與繪畫表現之研究**。國立中山大學教育研究所碩士論文，未出版。

周若珍（譯）（2019）。AND 股份有限公司著。**解決問題的商業框架圖鑑**。台北市：采實文化。

周若珍（譯）（2020）。AND 股份有限公司著。**把問題化繁為簡的思考架構圖鑑**。台北市：采實文化。

林永豐（2012）。 **教育大辭書**。 取自 http://terms.naer.edu.tw/detail/1453916/

林達森（2000）。論析統整性課程及其對九年一貫課程的啓示。**教育研究資訊，7**(4)，97-116。

洪中夫（2010）。**玩出反思力：101 個活化教學的動態反思技巧**。台北市：校園書房。

洪哲男（2003）。全球化與全球社會運動──反全球化行動之研究。**玄奘社會科學學報，1**，391-417。

洪朝輝（2000）。全球化──跨世紀的顯學。**問題與研究，39**(8)，73-84。

洪雯柔（2002）。**全球化與本土化辯證中的比較教育研究**。國立暨南國際大學比較教育研究所博士論文。未出版。

洪鎌德（2002）。全球化下的認同問題。**哲學與文化，29**(8)，689-695。

桂宏誠（2001 年 11 月 20 日）。邁向全球化，先了解反全球化。**國政評論，2020** 年 3 月 6 日。取自 https://devilred.pixnet.net/blog/post/6661453- 邁向全球化 %ef%bc%8c 先了解反全球化

高子梅（譯）（2014）。Juanita Brown, David Isaacs 著。**世界咖啡館**。台北市：臉譜。

國民及學前教育署（2020）。**十二年國民基本教育課程綱要宣講（第七版）（國民中小課程綱要公播版─完整篇）**。台北市：作者。

教育部（2000）。**國民中小學九年一貫課程暫行綱要**。台北市：作者。

教育部（2008）。**國民中小學九年一貫課程綱要**。台北市：教育部國教司。2020 年 3 月 6 日，取自 https://www.k12ea.gov.tw/Tw/Common/SinglePage?filter=F34E9417-8374-4A02-97CC-0DEDFD13514F

教育部（2011）。**教育部中小學國際教育白皮書**。檢索日期：2019.10.20。取自 http://ietw.moe.gov.tw/GoWeb/include/index.php?Page=A-2

教育部（2014）。**十二年國民基本教育課程綱要總綱**。台北市：作者。

莊坤良（2001）。迎／拒全球化。**中外文學，30**（4），8-23。

許芯瑋、上官良治（2013）。**報告！這裡沒有校長室：印度河濱學校的七堂課，化知道**

為做到的熱血教育。台北市：親子天下。
郭玉霞、郭至和（2016）。國小全球化課程融入社會領域的設計與實施。載於高教出版主編，**國小課程發展與設計（Development and Design in Primary Schools）**（頁34-68）。台北市：高教出版。
郭至和（2014）。「不寫功課」也是個研究主題。載於陳雅慧主編，**親子天下翻轉教育實戰指南**（頁 96-97）。台北市：親子天下股份有限公司。
郭至和（2015a）。自己的老師自己找。載於陳雅慧主編，**翻轉教育特刊**（頁 92-93）。台北市：親子天下股份有限公司。
郭至和（2015b）。看新聞 救古蹟。載於陳奕伶主編，**讀報 Follow me**（頁 42-45）。台北市：財團法人國語日報社。
郭至和（2015c）。打造我們的全球教室。載於郭至和主編，**2015 台中創意學習行動節～翻轉教學動起來特刊**（頁 22-25）。台中市：台中市教師職業工會、台中市霧峰國小。
郭至和（2015 年 4 月 12 日）。全球教育下 DFC（Design for Change）教學策略之運用。**親子天下翻轉教育**。取自 https://flipedu.parenting.com.tw/article/904
郭至和（2016 年 11 月 20 日）。運用「五個為什麼（5 Whys）」釐清 DFC 小組成員所「感受」的問題。**親子天下翻轉教育**。取自 https://flipedu.parenting.com.tw/article/2933
郭至和（2017）。全球孩童創意挑戰活動（DFC）融入國小教學之設計與應用～以統整課程為途徑。發表於國立彰化師範大學師資培育中心主辦之〔**中小學教師教學實務研究研討會**〕（頁 44-52）。彰化縣。
陳伯璋（1999）。九年一貫新課程綱要修訂的背景及內涵。**教育研究資訊，7**(1)，1-13。
陳新轉（2002）。能力指標轉化模式（二）：能力指標之「能力表徵」課程轉化模式。載於黃炳煌編：**社會學習領域課程設計與教學策略**（頁 95-123）。台北市：師大書苑。
陳錦瑩（2003）。**Roland Robertson 全球場域模式及其在比較教育上之啟示**。國立暨南國際大學比較教育研究所博士論文。未出版。
陳龍安（2005）。創造思考的策略與技法。**教育研究集刊，30**，201-266。
陳麗華、彭增龍、張益仁 （2004）。**課程發展與設計：社會行動取向**。台北市：五南。
單文經（2000）。統整課程教學單元的設計。載於中華民國課程與教學學會主編：**課程統整與教學**（頁 339-367）。台北市：揚智。
單文經（2001）。解析 Beane 對課程統整理論與實際的主張。**教育研究集刊，47**，57-89。
黃政傑（1989）。**課程改革**。台北市：漢文書店。
黃富順（2003）。全球化與成人教育。**成人教育，71**，2-12。
黃譯瑩（2003）。**統整課程系統**。台北市：巨流。
楊洲松（2002）。全球化理論初探。**教育研究月刊，93**，116-122。
甄曉蘭、簡良平（2002）。學校本位課程發展權力重整問題之批判分析。**教育研究集刊，48**，65-94。
趙文衡（2003 年 9 月 23 日）。從反全球化浪潮看全球化分配問題。**台灣日報**。2020 年 3 月 6 日。取自 https://www.globalpes.org/-18.html
劉慧玉（譯）（2010）。Edward de Bono 著。**6 頂思考帽：增進思考成效的 6 種魔法**。台北市：臉譜。
潘裕豐（2006）。為何及如何做創意教學。**生活科技教育月刊，39**(2)，38-55。

參考書目

蔡清田（2019）。**核心素養的學校本位課程發展**。台北市：五南。

戴曉霞（2001）。全球化及國家／市場關係之轉變：高等教育市場化之脈絡分析。**教育研究集刊，47**，301-328。

羅美慧（2005）。**圖畫書創意教學策略對兒童藝術創造力表現之影響**。國立新竹教育大學美勞教育學系碩士論文，未出版。

西文部分

Barr, R. D., Barth, J. L., & Shermis, S. S. (1977). ***Defining the social studies. Arlington***, VA: National Council for the Social Studies.

Beane, J. A. (1997). ***Curriculum integration: Designing the core of democratic education.*** New York: Teachers College Press.

Brophy, J. E. (1982). How teachers influence what is taught and learned in classroom. ***The Elementary School Journal, 83***(1), 1-13.

Brown, T. (2008). Design Thinking. ***Harvard Business Review, 86,*** 84-92.

Burbules, N. C. & Torres, C. A. (2000). Globalization and education: An introduction. In C. A. Torres (Ed.), ***Globalization and education: Critical perspective*** (pp.1-26). New York: Routledge.

Collier, S., & Nolan, K. (1996). ***Elementaries' perceptions of integration.*** Paper presented at the Annual Meeting of the Mid-South Educational Research Association (Tuscaloosa, AL, November 7, 1996). (ERIC Document Reproduction Service. NO. ED.405328)

Design Council (2005). ***Eleven lessons-Managing design in eleven global brands: The design process.*** Retrieved March 13, 2015, from http://www.designcouncil.org.uk/sites/default/files/asset/document/ElevenLessons_Design_Council%20%282%29.pdf

Fogarty, R. (1991). Ten ways to integrate curriculum. ***Educational Leadership, 49***(2), 61-65.

Giddens, A. (1990). ***The consequences of modernity.*** Cambridge: Polity Press.

Goodlad, J. I. (1979). ***Curriculum inquiry.*** New York: McGraw-Hill.

Harvey, D. (1989). ***The condition of postmodernity.*** Oxford: Blackwell.

Held, D., McGrew, A., Goldblatt, D., & Perraton, J. (1999). ***Global transformations: Politics, economics and culture.*** Cambridge: Polity Press.

Kovalik, S. & Olsen, K. (1994). ***ITI: Integrated thematic instruction*** (3nd ed.). (ERIC Document Reproduction Service. NO. ED.374894)

Marsh, C. J. (1997). ***Planning, management and ideology: Key concepts for understanding curriculum 2.*** London: Falmer Press.

Martinello, M. L. & Cook, G. E. (1994). ***Interdisciplinary inquiry in teaching and learning.*** NY: Macmillan College pub. Co.

Masini, E. B. (1993). ***Why Future Studies?*** London: Grey Seal Books.

McLuhan, M. (1962). ***The Gutenberg Galaxy: The making of typographic man.*** Toronto: University of Toronto Press.

McLuhan, M. (1962). The Gutenberg Galaxy: ***The making of typographic man.*** Toronto: University of Toronto Press.

Micklethwait, J. & Wooldridge, A. (2001). The globalization backlash. ***Foreign Policy, September/October***, 16-26.

Osborn, A. F. (1963). ***Applied imagination: Principles and procedures of creative thinking*** (3rd ed.). New York, NY: Charles Scribner's Sons.

Parnes, S. T. (1967). ***Creative behavior guidebook.*** New York: Charles Scribner's Sons.

Peter G. Rowe (1987). ***Design Thinking.*** Cambridge: MIT Press.

Robertson, R. (1992). ***Globalization: Social theory and global culture.*** London: SAGE.

Tomlinson, J. (1999). ***Globalization and culture.*** Chicago: The University of Chicago Press.

Waters, M. (2002). ***Globalization*** (2nd ed). London: Routledge.

國家圖書館出版品預行編目（CIP）資料

圖解素養導向課程的規劃與實施：以設計思考觀點出發 / 郭至和著. -- 初版. -- 臺北市：五南圖書出版股份有限公司，2020.06
面； 公分
ISBN 978-957-763-975-2（平裝）
1. 課程規劃設計 2. 教學研究 3. 國民教育 4. 文集
521.7407 109004225

1I2D

圖解素養導向課程的規劃與實施

以設計思考觀點出發

作　　者 - 郭至和（245.7）
發 行 人 - 楊榮川
總 經 理 - 楊士清
總 編 輯 - 楊秀麗
副總編輯 - 黃文瓊
責任編輯 - 劉芸蓁、李敏華
封面設計 - 姚孝慈
出 版 者 - 五南圖書出版股份有限公司
地　　址：106 台北市大安區和平東路二段 339 號 4 樓
電　　話：（02）2705-5066　傳　　真：（02）2706-6100
網　　址：https://www.wunan.com.tw
電子郵件：wunan@wunan.com.tw
劃撥帳號：01068953
戶　　名：五南圖書出版股份有限公司
法律顧問　林勝安律師事務所　林勝安律師
出版日期　2020 年 6 月初版一刷
　　　　　2022 年 3 月初版二刷
定　　價　新臺幣 300 元